U0743274

钢铁工程管理理论与实践

项目编写组　著

北　京
冶 金 工 业 出 版 社
2023

内 容 提 要

本书结合我国钢铁工业发展的实际，系统全面介绍了钢铁工程项目管理的理论与实践，全书共8章，主要内容包括：钢铁与国民经济、钢铁企业的战略定位、钢铁工程的管理与优化、钢铁工程的组织架构、钢铁工程管理信息技术创新、钢铁工程的后评价、钢铁工程与企业管理、钢铁工程管理案例。

本书可供从事钢铁工程管理及相关专业的技术人员阅读，也可供大专院校相关专业的师生参考。

图书在版编目 (CIP) 数据

钢铁工程管理理论与实践/项目编写组著. —北京：冶金工业出版社，2023.7

ISBN 978-7-5024-8609-9

Ⅰ.①钢… Ⅱ.①项… Ⅲ.①钢铁工业—工业发展—研究—中国 Ⅳ.①F426.31

中国版本图书馆 CIP 数据核字 （2020） 第 244347 号

钢铁工程管理理论与实践

出版发行	冶金工业出版社	电　话	（010）64027926
地　址	北京市东城区嵩祝院北巷 39 号	邮　编	100009
网　址	www.mip1953.com	电子信箱	service@ mip1953.com

责任编辑　戈　兰　郭雅欣　美术编辑　彭子赫　版式设计　孙跃红
责任校对　石　静　责任印制　窦　唯
北京捷迅佳彩印刷有限公司印刷
2023 年 7 月第 1 版，2023 年 7 月第 1 次印刷
710mm×1000mm 1/16；12.5 印张；243 千字；186 页
定价 86.00 元

投稿电话　（010）64027932　投稿信箱　tougao@cnmip.com.cn
营销中心电话　（010）64044283
冶金工业出版社天猫旗舰店　yjgycbs.tmall.com
（本书如有印装质量问题，本社营销中心负责退换）

《钢铁工程管理理论与实践》
编 委 会

前　言

　　钢铁工业是国民经济的重要基础产业，是衡量国家综合国力和国防实力的重要标志。新中国成立以来，中国钢铁工业坚持自主发展道路，立足于中国国情的实际，艰苦创业、奋发图强，实现了由小到大、由弱到强的飞速发展，建立起了全世界产业链最完备、规模最大的现代化钢铁工业生产体系，成为中国最有全球竞争力的行业之一，创造了世界钢铁发展史上的奇迹，为中华民族强国富民奠定了"钢铁"基础。与此同时，极其丰富的钢铁生产建设实践经验，也为中国钢铁工业高质量发展提供了强力保障。

　　众所周知，钢铁建设与生产是一项复杂的、系统的大工程。日韩等钢铁强国建设 1 座大型高炉一般需要 3 年以上的时间，中东、东南亚等国家甚至需要 10 年之久。而中国一般只需要 1~1.5 年的时间，"基建狂魔"在中国钢铁工业中同样表现得淋漓尽致。中国钢铁自 1996 年钢产量跃居世界第一以来，在发展速度、发展效益和发展质量上倍受世界瞩目，成为世界钢铁生产消费中心，并将长期引领世界钢铁发展。究其原因，除了归功于中国人民的勤劳智慧，还要得益于中国钢铁工程管理理论的不断创新、管理实践的持续丰富。从"鞍钢宪法"到首钢承包制，再到鞍钢"高起点、少投入、快产出、高效益"的老企业技术改造之路、武钢走质量效益型道路、"邯钢经验"、宝钢现代化企业管理经验等，一批闻名全国的管理创新经验，为中国钢铁插上了腾飞的翅膀，也为中国钢铁建立了自信的道路。党的十八大以来，钢铁企业开启了新一轮深化改革和管理创新，如中国宝武投资公司"以管理资本为主"的运作模式，鞍钢从产线管理向集团管控的转变，首钢深化改革综合试点等，从计划经济到社会主义市场经济，中国钢铁工业面对不同历史阶段发展中的难题不等不靠不要、锐意改革创新，引领了工业经济的快速发展、支撑了国民经济的稳定发展。

经过供给侧结构性改革的持续推进，中国钢铁工业整体实力大幅提升，有了接受各种挑战的实力和底气，但发展不平衡、水平参差不齐的问题仍然存在，特别是在下游需求支撑不足的当下，控产能扩张形势依旧不容乐观，这将是一个长期的调整，同时也是一个艰难的选择。企业分化加剧是必然的，企业竞争加剧也是必然的。此时，产业布局、产品定位、产能规模、工艺技术、管理模式、组织架构的选择正确与否，以及建设中后期的科学评估及时调整，都关乎钢铁企业的生存发展。《中共中央关于制定国民经济和社会发展第十四个五年规划和二〇三五年远景目标的建议》明确提出"防止低水平重复建设"。钢铁工业具有典型的投资密集型特点，2017—2021年的5年间，仅中国钢铁工业协会重点统计会员企业固定资产投资和研发投入就超过1万亿元。当前，企业产能置换、技改升级全速推进，据中国钢铁工业协会统计，拟建项目中有1.14亿吨的炼钢产能和9300万吨的炼铁产能尚未开工建设，初步估算投资规模将达到3500亿元。同时按照国家环保政策要求，2025年之前还有约4亿吨钢铁产能需要完成全过程超低排放改造，按平均吨钢投资360元计，需要新增投资也不少于1500亿元。这不仅需要巨额的资金投入，更需要企业发展战略的理性选择。资金安全既是钢铁企业的生命线，也是防范系统性金融风险的保障线。据统计，"十一五"至"十三五"期间淘汰落后和去产能近 5 亿吨（含"地条钢"），初步估算造成直接资产损失约为 1.5 万亿元，与钢铁相关的服务行业等大量间接资产损失难以计数。为此，全行业企业必须高度重视，加强钢铁工程管理理论的学习，汲取钢铁工程建设实践的经验，慎重对待每一次工艺装备和产业布局的选择。

古人云"前事不忘，后事之师"，习近平总书记也指出"以史为鉴，察往知来"，钢铁工业高质量发展承载着"钢铁强国梦""制造强国梦"等诸多期待，在钢铁工业高质量发展事业上筑梦、在钢铁工业高质量发展道路上追梦、在钢铁工业高质量发展实践中圆梦，坚定前行，人间值得。也正是基于此，我们编撰了《钢铁工程管理理论与实践》一书，系统阐述了钢铁企业战略定位、工程管理、组织架构、技术创新、企业管理和后评价等内容，并详细介绍了国内钢铁典型工程案例，在聚焦经验总结、完善发展理念的同时，与钢铁同仁一起共谋行业发展。

真诚感谢所有为本书提供帮助的各位领导、同事和朋友们，你们的关爱和支持是我们继续探索、不断前行的动力源泉。因编者水平有限，本书必有需完善之处，恳请广大业内同行和读者给予批评指正，我们将继续努力学习提高，以期为钢铁行业高质量发展贡献绵薄之力！

项目编写组

2023 年 6 月

目　　录

第1章 钢铁与国民经济

1.1 我国现代钢铁工业的现状

钢铁素有工业粮食之称，钢铁产业长期以来一直是国民经济的重要基础产业。中国现代钢铁工业的发展始于 1949 年中华人民共和国成立。近 70 年来，伴随着国家的成长、发展，中国现代钢铁产业也经历了恢复、壮大、崛起的风雨历程，总体上分为四个阶段：第一阶段，是从 1949 年中华人民共和国成立伊始到"文化大革命"结束，处于探索阶段，呈现波动发展态势；第二阶段，是从改革开放之初到 20 世纪末期，处于起步阶段，呈现稳定发展态势；第三阶段，是从 21 世纪初到 2014 年，处于加速阶段，呈现跨越发展态势；第四阶段，是 2015 年起至今，处于减量阶段，呈现创新发展态势。我国现代钢铁工业发展阶段如图 1-1 所示。

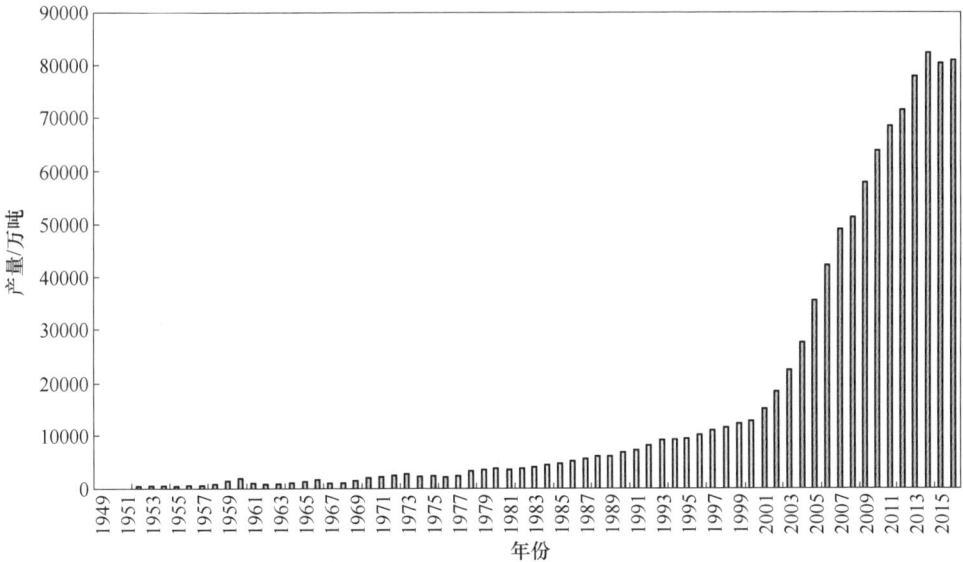

图 1-1　我国现代钢铁工业发展阶段

1.2　我国钢铁与国民经济密切相关

钢铁产业是典型的周期型产业，这里的周期，指的就是钢铁工业发展与国民经济发展的周期紧密相关。下面以我国钢铁产业发展最快、增量最大的时期（从21世纪初到2014年）为例来说明。

在亚洲金融危机影响逐渐消退后，伴随着国内居民消费结构的升级，以及我国加入世贸组织，新一轮经济增长周期带来了钢铁工业发展的黄金十年。尽管其间受到国际金融危机的冲击，但总体上我国粗钢产量保持快速增长态势，由2000年的12850万吨提高到2014年的82270万吨，品种质量显著改善，实现了由净进口大国向净出口大国的历史性转变，长期困扰我国经济发展的钢铁短缺时代一去不复返了。这一时期可以说是我国钢铁工业的加速阶段，实现了跨越式发展。

1.2.1　市场驱动钢铁规模扩张

在这一时期，国内经济高速增长，工业化、城镇化加快推进，对外贸易快速发展，钢铁市场需求空间急速剧增，驱动了我国钢铁产量、产能的规模扩张。如"十五"期间，我国经济年均增速接近9.8%，城镇化率每年提高1.356个百分点，同期粗钢产量增长了2.75倍，年均增速高达22%，"十一五"期间，我国经济年均增速接近11.4%，城镇化率每年提高1.39个百分点，同期粗钢产量增长了1.81倍，年均增速高达12.6%。国民经济发展与粗钢产量增长（2001~2014年）如图1-2所示，城镇化率与粗钢产量增长（2001~2014年）如图1-3所示。

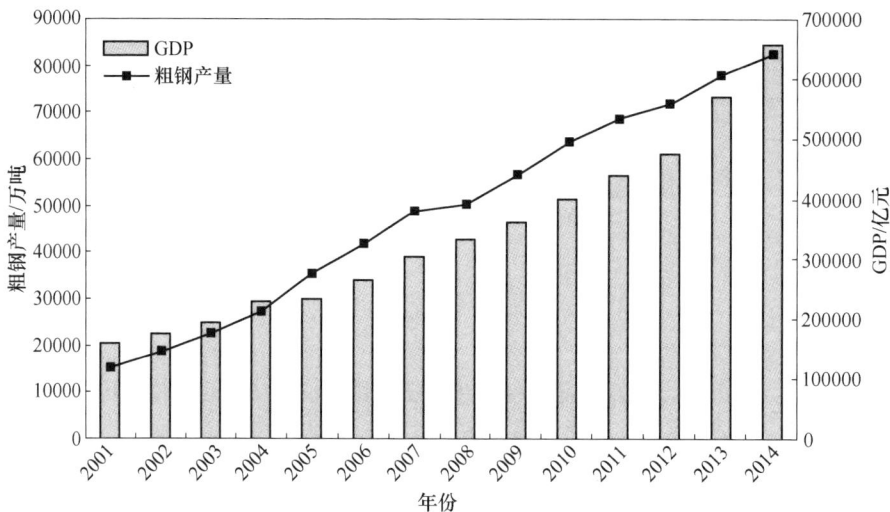

图 1-2　国民经济发展与粗钢产量增长（2001~2014 年）

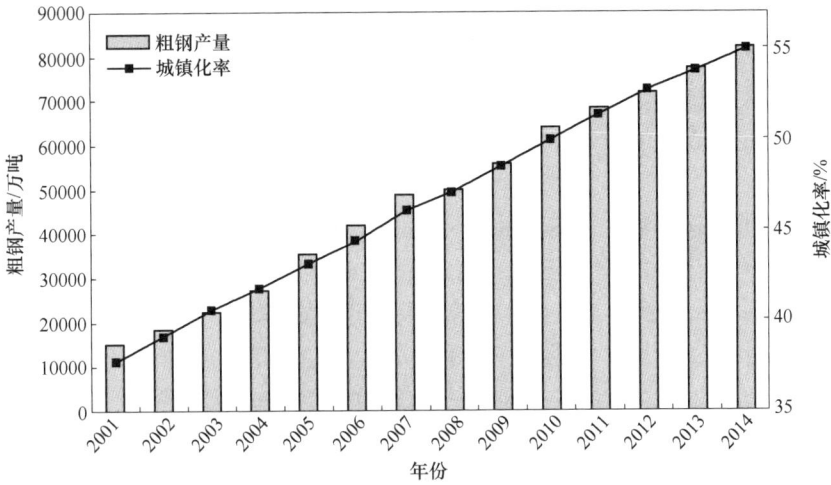

图 1-3 城镇化率与粗钢产量增长（2001~2014 年）

1.2.2 我国钢铁短缺时代宣告结束

在中华人民共和国成立以后长达五十多年的时间里，我国始终面临着钢铁产品数量难以满足国民经济发展需求的问题，钢材长期净进口。由此，解决钢铁产品供给不足的矛盾，成为中国几代钢铁人矢志不移的奋斗目标。2006 年，我国出口钢材 4301 万吨，进口钢材 1851 万吨，全年实现净出口 2450 万吨，结束了 1949 年以后连续 57 年钢材净进口的历史。实现了由净进口国向净出口国的历史性转变，长期困扰我国经济发展的钢铁短缺时代一去不复返了。图 1-4 为我国钢材进口量、出口量对比演变（2001~2014 年）。

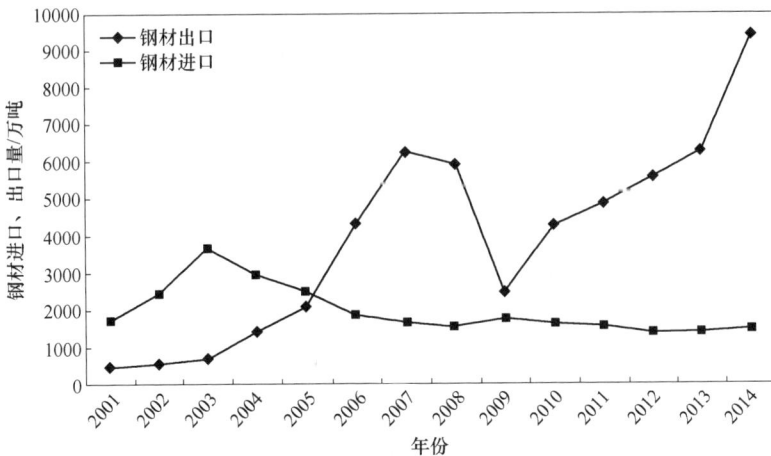

图 1-4 我国钢材进口量、出口量对比演变（2001~2014 年）

1.2.3   技术装备水平进一步提升

这一时期，随着大量新建炼铁、炼钢、轧钢设施的投产，以及不断淘汰落后工艺装备，我国钢铁工业技术水平进一步提升，装备大型化、自动化和高效化持续推进。

首钢京唐、鞍钢鲅鱼圈等国家生产力重大布局项目建成投产，我国具备了自主集成建设现代化沿海钢铁基地的能力，宝钢、鞍钢、武钢、首钢、马钢、太钢、包钢、沙钢、唐钢、邯钢、兴澄特钢、东特大连基地等企业的技术装备达到了国际先进水平，唐钢、太钢等探索城市钢厂绿色发展、转型升级，打造成世界最清洁的钢铁厂，成为全球钢铁业学习的典范。"十一五"期间，我国淘汰落后炼铁能力 11700 万吨，淘汰落后炼钢能力 6900 万吨，"十二五"期间，我国又淘汰落后炼铁能力 9100 万吨，落后炼钢能力 9480 万吨。

截至 2014 年底，符合规范条件企业中，1000m³ 及以上高炉占炼铁总产能 65% 左右，100t 及以上转炉（电炉）占炼钢总产能 56% 以上。全行业已建成热轧宽带钢轧机 89 套、中厚板轧机 84 套、冷连轧轧机 58 套。冶金自动化、信息化水平大幅提高，以电商为代表的新型业态模式在一些钢铁企业落地生根，展现出蓬勃的生命力。

1.3   我国钢铁工业的发展道路

从历史维度、全球视角来看，中国钢铁产业的发展、崛起和调整是一种必然，是世界钢铁产业发展规律和中国钢铁实际、特点共同作用的结果。与欧美等发达国家钢铁工业不同，中国钢铁产业起步于计划经济，崛起于改革开放进程中，走了一条独特的、前所未有的发展道路，有力支撑了国民经济发展需要，实践证明这条路是成功的，没有别的道路能够满足我国快速发展对钢铁的需求。同时，中国钢铁产业在崛起发展、满足需求的过程中，也承接了世界钢铁产业转移的接力棒，扩大了钢铁材料的应用领域，采用了大批的新技术、新装备，将世界钢铁产业发展水平推向了新高。

我国钢铁产业固定资产投资（含矿山）额在 2002 年之前一直在 1000 亿元以下，自 2003 年后，出现了加速增长，数量上不断突破，跨越了 2000 亿~6000 亿元的多个台阶。

从投资增速上看，钢铁工业投资与国家经济形势发展密切相关。一方面，我国钢铁产业投资增速的几个高峰点分别是：邓小平同志 1992 年南巡后的 1993 年，加入 WTO 后不久的 2003 年，以及 4 万亿刺激政策后不久的 2011 年。另一方面，我国钢铁产业投资增速的低谷则分别出现在："六四"前后、亚洲金融期间、国际金融危机期间，以及新常态之后，特别是进入新常态以来，我国钢铁投资增速、总量都出现下降。1989~2015 年钢铁产业投资年度变化如图 1-5 所示。

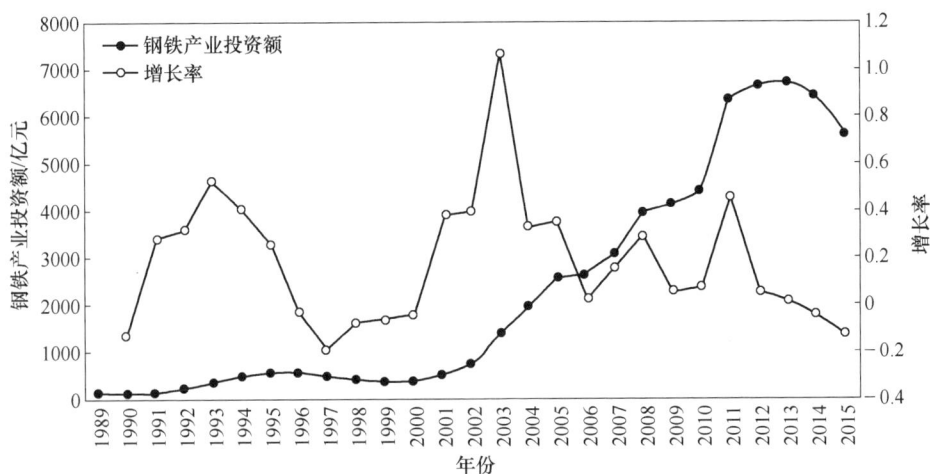

图 1-5　1989~2015 年钢铁产业投资年度变化

第 2 章　钢铁企业的战略定位

2.1　钢铁企业的总体布局

中国钢铁产业布局是在新中国成立后逐步形成的，20 世纪 50 年代奠定了"三大、五中、十八小"的产业布局基础；"三线"建设期间，又建设了攀钢、水钢、酒钢、长城特钢等钢铁企业；到改革开放前，依托资源的内陆钢铁产业布局基本形成，改革开放之前中国钢铁产业布局更多的出于国家产业安全的角度，多数属于政策型布局。

改革开放以来到 2015 年，国内钢铁工业处于快速发展阶段，中国钢铁企业的建设，大多呈现出"资源+物流+市场型"布局特征；例如，改革开放初期举全国之力建设第一个沿海型钢铁基地——宝钢，以及鞍钢鲅鱼圈、首钢曹妃甸、日照钢铁、宝钢湛江基地等沿海基地建设加快，江苏、江西、湖北、安徽等地沿江型钢铁企业快速发展，这些沿海沿江基地绝大多数属于"物流+市场型"布局；在此期间，资源型布局特点也很突出，20 世纪 90 年代以后，辽宁、山西以及河北的唐山、邯郸等地，依靠自身铁矿石或煤炭资源优势，钢铁企业也得以快速发展。

2016 年以来，中国钢铁行业进入化解产能过剩矛盾的转型阶段，其间通过搬迁调整、兼并重组等方式，钢铁产业布局除了与资源支撑、市场需求、运输条件相协调外，由于环保政策收紧，环境因素也成为钢铁产业布局重要的影响因素，包括近年正在实施或计划实施的多个退城入园、沿海迁建以及跨省的产业转移项目，大多是因为受到原址所在地环境的制约，而不得不重新布局。

总体来看，我国钢铁产业布局的影响因素很多，但主要有物流条件、资源能源条件、环保制约、市场条件、人才集聚条件等几个方面。

2.1.1　降低物流成本需要

物流成本是制约钢铁企业布局的重要因素之一。我国钢铁企业华东地区以水运为主，外销比例最低，物流成本也是最低；东北地区外销比例最高，但物流条件较好，因此，钢铁企业在此布局也能得到物流运输方面的成本优势；华北地区水路和铁路并重，综合看其物流成本也相对较低，且更有利于满足钢铁企业日益增长的清洁化运输需求；中南地区物流成本中等；西南、西北地区以铁路、公路为主，外销比例较高，物流成本最高。整体来看，物流成本通过影响成本端发挥重要作用，供需相对平衡、物流便利性高且物流成本低的区域，钢铁企业生存环境相对较好，如华东地区；而供需严重失衡、物流成本高企的区域内钢铁企业生存压力将显著加大，如西北地区。

2.1.2 资源能源条件驱动

东北、华北地区钢铁企业多属于靠近资源型。中国铁矿石生产空间格局较为集中，主要位于河北、辽宁、内蒙古等地，大部分铁矿石生产大省同时也是钢铁生产大省。之前钢厂多是围绕当地矿山建设而成，以河北唐山为例，唐山具有丰富的钢铁产业基础，庞大的产业工人，有铁矿、煤炭资源，毗邻渤海，发展钢铁有先天优势。经过 70 多年的发展，唐山市已是中国钢铁产能最集中的区域，其产能占河北省 55%。煤与焦炭是钢铁行业重要的燃料资源，山西和内蒙古地区的钢铁产能居全国前列，与其丰富的煤炭资源有着密切的关系。近年来新疆地区钢铁产能增长，也得益于本地区相对廉价且产量丰富的煤炭资源。但是资源优势也是相对的，例如在国际矿价相对较低的情况下，华东地区、华南地区沿海主要以采购国外矿资源为主的企业，反而更具利用海外资源的优势。

2.1.3 靠近消费市场

钢铁是国民经济发展的重要原材料之一，被广泛用于建筑业、机械制造、交通运输装备、石油天然气化工、家电等领域。这些下游行业的发展决定了钢材的需求量、品种结构等，进而影响了钢铁产业布局。市场因素最直接的体现就是钢铁企业与下游用户之间的运输距离，进而影响了运输量、运输时间以及信息反馈周期。此外，市场规模、市场结构以及市场竞争对产品的需求量、产品结构以及产业聚集协同发展都有着较大的影响。随着现代交通的完善，特别是国内钢铁行业所需的优质铁矿、优质焦煤主要来自进口，原燃料对钢铁行业区位影响有所减弱，市场因素影响日益增强，越来越多钢铁企业向下游消费市场布局。宝钢的建立是市场影响产业布局的典型案例，宝钢选址在上海宝山区，立足我国经济最发达的长三角地区，充分利用该地区工业城市群市场，瞄准高端制造业需求，市场条件优越。"十三五"以来，中国宝武通过一系列兼并重组，在战略层面强化了在我国沿海、沿江的钢铁产业布局，形成了"弯弓搭箭"的布局，进一步提高了在长江经济带、珠三角等地的市场影响力。

2.1.4 环保改善需要

京津冀及周边"2+26"城市、长三角、汾渭平原等大气污染防治重点区域的钢铁企业，面临的环保压力巨大，采暖季、重污染天气停限产与常规月份常态化限产制约企业生产，持续投入进行超低排放改造的企业也因进度不一，一直面临着生产管控问题。因此，近年来重点区域的部分钢铁企业，尤其是京津冀及周边 "2+26" 城市地区钢企，纷纷通过产能置换或搬迁，向省内沿海钢铁基地，甚至向广西、内蒙古等环境容量相对宽松的省外地区重新规划布局，环境因素正在对重点区域的钢铁企业布局产生重要影响。

2.1.5 人才集聚条件

人才是钢铁产业布局中最容易被忽视的因素之一，也是影响钢铁企业发展的重要影响因素。一方面，钢铁产业发展需要人才支撑，特别是随着我国钢铁工业逐步进入高质量发展阶段，企业在生产、运行中对技术、管理方面的要求进一步提高，需要大量高端人才的支撑。另一方面，与其他因素不同，人才因素最大的特点在于流动性和发展性，不但要引得来，也要留得住，更要展得开。中国宝武正是借助上海、武汉两座国家中心城市对人才的吸引作用，聚集了大量的技术、管理人才，形成了钢铁行业人才高地，助力宝武集团发展壮大。首钢集团虽然已经将主要钢铁生产基地外迁至河北地区，但在北京仍然保留了技术研究院、发展研究院等机构，依靠北京人才集聚优势，为钢铁产业招揽、培育技术和管理人才。鞍钢集团虽然地处东北地区，但在北京成立了鞍钢未来钢铁研究院，也在为鞍钢集团发展广罗人才。

2.2 市场分析与产品定位

2.2.1 市场分析及产品定位的核心理念

市场分析是对市场现有规模、特点、市场容量等内容进行分析，目的是研究商品潜在需求，开拓潜在市场，提高企业经营商品市场占有率。产品定位是确立产品在市场中的位置，是企业对选择怎样的产品特征及产品组合以满足特定市场需求的决策。产品定位需要充分体现产品的个性特色，如产品的结构、性能、用途、质量、档次、规模等来表现。从市场分析和产品定位的内容上可以看出，产品定位是对市场分析的具体化，受市场分析指导。

做市场分析和产品定位，其核心理念是通过科学的市场分析，结合企业基本竞争战略，得到合理的产品定位，创造更多的市场用户，实现投资回报率的最大化。对于钢铁工程项目而言，充分的市场分析和准确的产品定位，直接决定了该项目的可行性和盈利能力，尤其对新建项目，产品方案将直接影响到全工序工艺路线选择、工艺装备选型及工序间产能耦合计算，是工程项目设计的重要基础。钢铁工程项目的市场分析、产品定位通常是围绕企业、消费者和竞争者三方因素，根据当前下游用钢市场特点及下游用钢行业未来发展方向，结合企业优势及目标市场，以产品适应性和竞争性为原则，确定产品的最终目标市场和规模。

2.2.2 市场分析、产品定位的方法论

2.2.2.1 市场分析方法论

钢铁项目中，市场分析一般通过定性、定量相结合的方式，从现状、未来五或十年两个时间节点，对钢铁行业宏观发展环境进行分析，确定钢材供需总量的现状及未来趋势；对下游用钢行业现状及发展趋势进行判断，确定钢材细分品种的市场容量及需求变化趋势。

A　根本任务

以提高项目产品市场竞争力和经济效益为目的，推荐符合市场需求的产品方案和建设规模。

B　基本要求

（1）资料数据准确可靠。主要资料数据有：钢铁产业政策、下游用钢行业产业政策；政府部分发布的国家、地方年度统计公报；行业协会发布额度行业运行数据。

（2）方法科学。经验判断法：依据钢铁产业政策、下游用钢行业产业政策，从行业发展的规律性，判断钢铁行业及下游用钢行业发展方向。数据分析法：依据政府部分发布的国家、地方年度统计公报、行业协会发布的行业运行数据，对钢材产量进行统计、对下游用钢行业钢材消费量进行测算。

（3）定量与定性相结合，以定量分析为主。定性分析主要用于对钢铁及下游用钢行业发展趋势的判断。定量分析主要用于钢铁及下游用钢行业钢材供需量的测算。

C　主要方法

钢铁项目市场分析运用的主要方法包括：经验判断法、数据分析法、现场调研法、调查问卷法。

2.2.2.2 产品定位方法论

产品定位是针对用户对某种产品某种属性的重视程度，塑造产品或企业的鲜明个性或特色，树立产品在市场上一定的形象，从而使目标市场上的顾客了解和认识本企业的产品。钢铁项目中，产品定位主要依据市场分析结论，结合企业规划规模、属地环境，已建企业还要考虑企业装备、产品品种及质量、科技研发水平等现状，确定企业用怎样的产品组合满足目标消费市场的需求。

A　根本任务

以满足目标用钢行业市场的需求为目的，对钢材产品的种类、钢种、使用性能等进行定位，确定产品组合。

B　基本要求

（1）符合国家产业政策。产品方案应符合国家钢铁产业政策要求，不存在落后产品。如热轧硅钢片、普通松弛级别的钢丝、普通松弛级别的钢绞线、HRB335 热轧钢筋、HPB235 热轧钢筋等列入国家产业政策指导目录落后产品类产品。

（2）符合企业发展战略。产品定位应综合考虑企业发展战略，包括企业规划目标、企业定位、市场目标等。

（3）满足市场需求。产品方案应充分结合市场分析，根据拟规划产品的市场供需情况，确定产品的种类、规格及规模。

（4）工序耦合。保证产品方案与技术、设备、原燃料供应方案协调一致。

C　主要方法

产品定位运用的主要方法为数据分析法。

2.2.3　钢铁工程产品定位分类及典型案例

钢铁企业的产品定位分类，主要包括填补空白型、以产顶进型、成本竞争型。

2.2.3.1　填补空白型案例

山东沿海某企业山东沿海某企业山东沿海某企业成立于 2003 年 5 月，现已发展成为集烧结、炼铁、炼钢、轧材、酸镀、发电为一体的大型钢铁联合企业，主营产品包括热轧卷板、热轧薄板、冷成型板、酸洗薄板、镀锌薄板、型钢等，精品钢占钢材总产量的 80% 以上。2016 年、2017 年连续 2 年在中国钢铁企业竞争力评级排名中，与宝武钢铁等企业并列全国钢铁企业竞争力第一梯队。2017 年，山东沿海某企业实现销售收入 680 亿元，同比增长 73.3%；实现净利润 74 亿元，同比增长 477.2%；上缴税金 72.6 亿元，同比增长 101.7%。

2013 年，山东沿海某企业确立未来发展战略目标：以终端客户为中心，立足客户需求，实现终端客户订单式直供销售的发展模式，力争在 10 年内从市场原材料型销售升级转化为满足客户个性化需求终端产品的销售。集团投资 300 多亿元引进意大利达涅利、德国西门子、奥地利奥钢联等世界顶级冶金公司装备，引进意大利阿维迪工艺技术，建设了 3 条世界领先水平的 ESP 无头带钢生产线，被列为山东省首批智能制造试点示范项目；集团独家引进意大利阿维迪 ESP 工艺技术，该技术能够批量轧制 0.8mm 超薄热轧钢卷，实现了带钢"以热代冷"，填补了市场空白。集团积极发挥 ESP 先进产线优势，开展产品创新、结构优化调整，研发生产了海洋工程用钢、高技术船舶用钢、汽车用钢、先进制造基础零部件用钢等高端钢铁品种。其中船板钢通过了九国船级社认证；ESP 产品超薄规格比例达到 30%，0.8mm 规格热轧超薄板已进入家电生产线；全球首发 LA 级（低合金）1.0mm ESP 薄板成为商用车轻量化降本关键性材料，实现降重 18% 降本 5% 目标，并获得英国标准协会 ISO/TS16949 质量体系认证；2017 年通过长城汽车供应商认证，标志着汽车行业开始批量性的使用 ESP 高强产品。

未来，山东沿海某企业将继续深挖"以热代冷"的产品特色，着力打造以高强汽车钢、薄规格高强度集装箱钢、低铁损电工钢、优质管线钢、超厚锌层镀锌板为代表的、具有国际领先水平的山东沿海某企业品牌，大幅提升产品综合竞争力，显著扩大行业领先优势。

2.2.3.2 以产顶进型典型案例

青岛特殊钢铁有限公司（简称"山东某企业"）坐落于青岛市黄岛区泊里镇董家口重化工业园区，成立于 2011 年 7 月 12 日，其前身为山东某企业有限公司，此迁建项目是国家实施钢铁产业转型升级，城市钢厂向沿海搬迁重大战略的试点项目。项目总体规模 417 万吨铁，417 万吨钢，400 万吨材，包括焦化、烧结、炼铁、炼钢、轧钢及配套公共辅助设施，分两步实施。目前已建成 280 万吨特钢的生产规模。企业主要产品已特钢为主，2017 年累计生产特钢 281 万吨，264 万吨材（特钢）。140 万吨钢的建设工程正在实施中，预计 2019 年 3 月竣工，届时将完成发改委批复的 417 万吨钢的产能规模。

山东某企业重点关注高端优特钢长材专用品种，聚焦"以产顶进"。线材重点发展帘线钢、冷镦钢、高强度等级预应力制品用钢、合金弹簧钢、专用焊条钢等主流品种，坚持走产品差异化、高端化战略，在巩固提高优势品种胎圈钢丝、帘线钢、预应力钢绞线用钢、焊接用钢等产品质量档次的基础上，实施产品升级换代，达到国际先进水平，高强帘线钢、大跨度桥梁缆索用线材等陆续对进口产品实现了替代。其中，92 级钢帘线用钢已实现批量应用；桥梁缆索用钢采用自主研发建成的国内外第一条线材离线盐浴索氏体化处理（QWTP）线生产，研制的 2000MPa 级桥梁缆索用钢在世界范围内首次实现工程应用，工艺技术水平和产品质量国际领先。

未来，山东某企业将进一步优化产品结构，加大技术创新力度和国内外市场营销力度，提升品牌影响力，持续培育、提升企业优特钢线棒材产品的质量和品牌核心竞争力。同时，适度发展深加工，获得可持续的竞争优势。实现生产效益显著提升，成为一流市场影响力和竞争力的先进特钢企业。

2.2.3.3 成本竞争型典型案例

山东某内陆企业是一家集焦化、炼铁、炼钢、轧钢、机械制造、资本运作、钢铁物流于一体的大型钢铁联合企业。山东某内陆企业多年来坚定不移地贯彻

"差异化+精细化"的企业战略，以经济效益为中心，调整产品结构，着力改善经济技术指标，优化原料入炉结构，实现效益最大化。2017 年山东某内陆企业钢材产量 560 万吨，全年实现营业收入 236 亿元，利润 56 亿元。整体来看，山东某内陆企业无地缘、人才和区域市场优势，装备和生产规模在行业中属于中等水平，产品结构并不高端，但山东某内陆企业凭借差异化、专业化的产品结构及低成本战略，实现了企业逆市增利。

企业产品以建筑用钢为主，主要包括电力塔架用角钢、高强钢筋、精轧钢筋，面对同质化竞争严峻的局面，山东某内陆企业充分发挥现有装备水平的优势，致力于产品结构优化，确立了差异化战略和产品"五化"方针，即小规格化、高强度化、专业化、微合金化、精品化，创造了自己的竞争优势。目前，企业已形成建筑用钢材、专业化线材、型材三大产品体系。以高强度化为龙头，400MPa 及以上高强度钢材比例达到 100%，500MPa 高强度钢筋的比例大大超过同行业平均水平，全面实现产品升级。微合金化是低成本战略的重要组成部分，目前，超细晶粒钢占全部钢材比重的 50%以上，生产技术达到国际领先水平。锚杆钢、电力用钢、链条钢占全部产品的 40%；锚杆用钢在全国的市场占有率达到50%以上。自 2006 年起，山东某内陆企业把改善经济技术指标作为主攻方向，确定了"主要经济技术指标进入同行业先进平均水平（或达到所定目标值）"的目标，同时，建立了"高效、长效、有突破"的管理模式，以成本计划制定、执行、结果检查为手段，以健全激励约束机制为基础，通过车间旬成本核算、主要产品旬效益测算、经济运行协调机制、同行业对标挖潜、降成本与员工收入挂钩等措施，将事前、事中、事后的成本控制有效结合，实现了成本控制型向成本开发型的转变。截至 2017 年底，山东某内陆企业已连续 8 年吨钢财务费用在行业中处于领先水平。

2.2.3.4　市场分析和产品定位小结

我国钢铁行业已进入减量发展新时期，市场变化速度加快，产品竞争愈发激烈。通过研究市场需求，构建具有核心竞争力的产品体系，使产品充分满足用户需求，是钢铁项目建设和钢铁企业转型升级的关键之一。

2.3　技术路线的选择

2.3.1　转炉流程与电炉流程的选择

2.3.1.1　炼钢技术概述

世界炼钢工艺发展史上，主要有三种冶炼工艺，即平炉炼钢、转炉炼钢和电炉炼钢。其中，平炉炼钢工艺以在炉膛内燃烧高发热值燃料为主要热源；转炉炼钢工艺的热源是铁水中易氧化元素在高速纯氧气吹炼时，发生氧化反应放出的大量热量；电炉炼钢是以电能作为热源，靠电极和炉料间放电产生的电弧，使电能在弧光中转变为热能熔化金属和炉渣。

2.3.1.2 炼钢技术特点比较

由于平炉投资大、能耗高、成本高、效率低、环境污染重、劳动强度大、与连铸机匹配性差等原因，20世纪70年代各国开始逐步淘汰平炉。21世纪以来，全世界平炉钢占比不及1%，转炉钢比例保持70%以上，电炉钢比例为25%~30%。

转炉具有快速炼钢、生产效率高，机械化、自动化程度高，投资费用省、产品成本低、易与连铸工艺匹配等优点。电炉具有工序短、占地小、投资省、建设快、节能减排效果突出等优势，且生产组织与炉料结构相对灵活，可实现全废钢冶炼。

从品种结构角度分析，目前转炉炼钢和电炉炼钢对绝大部分钢种冶炼的适应性相当。我国电炉流程产品结构主要包括：转炉流程不适合生产的高合金钢、高温合金、大型铸锻件用钢等；转炉流程能够生产但国内产量不大，用于大型机械部件，特别是铸锻件合金钢种；过去仅能用转炉流程生产，现代电炉流程也能生产的品种，如高附加值板材、优质高碳钢和低合金钢等。

从生产效率角度分析，转炉炼钢生产效率较高，适于大批量连续生产，电炉炼钢生产组织相对灵活，适于生产小批量、多规格、大尺寸等产品。例如大型铸锻件、军工产品等，即使转炉流程能够生产，但为避免重复试车、物资浪费等现象，采用随时可以启动、停产的电炉流程冶炼较合适。

从低碳发展角度分析，电炉炼钢可实现全废钢冶炼，比转炉炼钢更具备节能环保优势。据测算，炼钢使用1t废钢，可以减少1.7t精矿的消耗，比使用生铁节省60%能源、40%新水，可减少排放废气86%、废水76%、废渣72%、固体排放物（含矿山部分的废石和尾矿）97%。

2.3.1.3 炼钢技术应用典型案例

A 渤海湾某沿海基地

为办好2008年奥运会，落实北京市城市总体规划，2005年2月18日，国家发改委正式批复首钢实施搬迁、结构调整和环境治理方案，同意首钢在河北唐山曹妃甸建设一个现代化的大型钢铁企业。2005年10月22日，渤海湾某沿海基地挂牌成立，一期工程总投资677亿元，设计年产铁898万吨、钢970万吨、钢材913万吨，2010年6月26日，一期工程全面竣工投产。渤海湾某沿海基地发展定位是建设具有国际先进水平的精品板材生产基地和自主创新的示范工厂，流程选择高炉—转炉流程主要考虑以下两方面因素：（1）生产规模较大，大型化转炉匹配高效板坯连铸生产效率较高，且产品定位精品板材，"脱磷转炉＋脱碳转炉"双联工艺以及配套铁水预处理、LF、RH 等设施有利于提升产品质量；（2）临海靠港的区位优势明显，与高炉—转炉流程大宗物料进出的特点相吻合，可实现原料海上进、产品海上出，大幅度降低运输成本。

  B 天津某企业

天津某企业天津某企业天津某企业于 1989 年开工建设，1992 年投产，是我国于"八五"计划期间建成的大型现代化无缝钢管生产企业。经过近 30 年发展，天津某企业已具备 350 万吨无缝钢管的生产能力，在生产规模、工艺技术、科技研发、装备水平、品种规格等方面具有行业竞争优势。天津某企业致力于高端钢管产品的研发生产，建成之初设计生产规模 56.3 万吨，产品以石油套管等高合金钢为主，随着企业生产规模逐步扩大，产品规格不断丰富，配套建设多条不同规格的无缝管轧机，与电炉流程可生产高合金钢、生产组织灵活的特点相吻合。此外，为获取稳定、优质的炉料资源，天津某企业与周边废钢加工配送企业紧密合作，且配建一座高炉，根据市场变化情况，可灵活选取全废钢冶炼工艺或热兑铁水工艺，进一步降低生产成本。

2.3.1.4 炼钢技术选择主要考虑因素

  结合转炉流程与电炉流程的技术特点和典型案例分析可以推断，选择何种炼钢工艺流程主要考虑因素是成本竞争力。

  从世界范围看，各国工业化程度不同，钢铁行业发展背景不同，导致电炉钢竞争力水平体现不同。例如，美国由于废钢资源充沛且电价较低，电炉钢产量比例已超过 60%，产品以普钢为主。多年来，我国国内废钢资源供应长期偏紧，且工业电价偏高，电价优惠补贴力度难以支撑成本竞争力，导致电炉炼钢发展速度明显低于转炉炼钢，且一度出现电炉转炉化趋势；随着地条钢的全面取缔，大量废钢资源回归正规市场，电炉企业受市场预期向好影响纷纷复产，电炉产能置换项目增多；未来我国钢铁产业将向峰值区中后期发展，随着国家产业政策、环保、财政等政策倾斜及废钢、电力等支撑条件的逐步完善，电炉炼钢成本竞争力将有所提升，炼钢流程结构将进入动态调整期，并逐步适应届时的市场、资源、环境、技术、电力等条件，逐渐达到新的平衡。

2.3.2 "高炉"与"直接还原""熔融还原"的选择

2.3.2.1 炼铁技术概述

  A 高炉技术

高炉技术是指采用焦炭、含铁原料和喷吹煤粉在竖式反应器——高炉内连续生产液态生铁的方法，是现代钢铁生产的重要环节，高炉炼铁历经数百年的发展，工艺已日趋成熟。尽管世界各国研究开发了很多炼铁方法，但由于此工艺相对简单、技术成熟可靠、单体规模巨大、生产效率高效、能耗较低、冶炼成本低，故高炉炼铁仍是现代炼铁的主要方法，其产量占世界生铁总产量的90%以上。

B 直接还原技术

直接还原炼铁工艺主要产品是固态海绵铁，供电炉炼钢用。按还原剂的类型，分为气基和煤基直接还原两大类；按反应器的类型，分为竖炉法、流化床法、回转窑法、转底炉法以及罐式法等。气基直接还原是在竖炉、固定床罐式炉或流化床内，用天然气或经裂化产出的 H_2 和 CO 作为还原剂将铁矿石中的氧化铁还原成海绵铁。气基竖炉直接还原炼铁主要有 Midrex 法和 HYL/Energiron 法。煤基直接还原是用煤作还原剂在回转窑或转底炉内将矿石中的氧化铁还原。

C 熔融还原技术

熔融还原技术是以煤为主要能源、以氧或富氧空气为反应介质进行还原和熔化的氧煤工艺（如 COREX、DIOS、HIsmelt 等）；或以煤为还原剂、以电为主要热源的电煤工艺（如 INRED、ELRED 等）数十种熔融还原工艺。熔融还原是一种发展中的炼铁新技术，由于流程短、环保好、排放污染物少，受到许多国家的重视。熔融还原的产品是铁水、炉渣，2008 年金融危机前，由于焦煤和铁矿石价格飞涨，适应环境保护、节能降耗的需求，以及生产及投资成本压力不断增长，激发了熔融还原技术的开发热情，成为炼铁新工艺研究热点，被寄予取代高炉炼铁工艺的厚望，工艺上也取得了较明显的进步，并且逐步开始大规模进行工业化生产。目前已具备工业规模生产的有 COREX 工艺、FINEX 法和 HIsmelt 技术等。

2.3.2.2 炼铁技术比较

A 各类炼铁技术的特点

a 高炉技术特点

高炉反应器的优点是热效率高、技术完善、设备已大型化、长寿化，单座高炉年产铁最高可达 480 万吨左右，一代炉役的产铁量可达 5000 万吨以上。可以说，没有现代化的大型高炉就没有现代化的钢铁工业大生产。在今后相当长时期内，高炉流程在中国将继续是主要产铁设备，继续占统治地位。中国已完全掌握现代先进高炉技术，单位建设投资和生产成本相对较低。

另一方面，高炉炼铁也存在自身缺陷：（1）高炉必须要用较多焦炭，而炼焦煤资源短缺，价格趋高；（2）环境负荷高，特别是焦炉的水污染物、粉尘排放，烧结的 SO_2、粉尘排放，高炉的 CO_2 等排放很高；（3）从铁、烧、焦全系统重复加热、降温、增碳、脱碳、资源、能源循环使用率低，热能利用不合理。在炼铁工序的结构优化中重点应抓好高炉流程的优化，高炉流程优化的主要目标是降低能耗，节省资源、改善环保。

b 直接还原技术特点

直接还原的优点是工艺流程短，没有烧结和焦化工序，污染较少（其中气基竖炉直接还原法有单套设备产能大、不消耗焦煤、环境友好、低能耗、低二氧化碳排放的显著特点）。

缺点是对原料要求严，需要使用高品位的铁矿；气基直接还原必须有廉价、丰富的天然气，回转窑使用灰熔点高、反应性好的煤。此外，直接还原海绵铁的生产成本一般比废钢价格高，故许多钢厂只是用直接还原铁（DRI）作为纯净原料的配料来保证钢材的质量，而不是作为一般废钢使用。因此，气基竖炉直接还原工艺虽然是比较成熟，但受到各地的资源条件的限制，发展缓慢。目前多用于高炉炼铁的辅助工艺，如用于处理和回收钢厂含锌粉尘的转底炉工艺，近年开始在沙钢、日照、大津荣程、莱钢、马钢等厂有生产实践。

c 熔融还原技术特点

和高炉流程比，熔融还原的特点是主要用煤，用焦很少或不用焦炭，因而可以不建焦炉，可全用氧气而不用空气鼓风，氧气消耗量大。COREX 法可使用和高炉同样的块状含铁原料；FINEX 法、HIsmelt 法可直接用粉矿作原料，但从实际使用效果来看，在替代高炉长流程中尚有许多明显的不足。南非、印度、韩国已建成 4 套设计年产能力 70 万吨铁水的 COREX 熔融还原工业生产装置，现在生产基本正常，作业率可达 93%，吨铁耗氧约 $600m^3$，耗煤约 1050kg，同时副产大量中热值煤气，其产出的铁水成分和温度都与高炉基本相同。

与高炉法相比，目前 COREX-3000 熔融还原炼铁生产装置在铁水成本、设备利用率、原料使用范围方面还有较大差距和较大的技术创新空间。

直接利用粉矿粉煤的 HIsmelt 法对钢铁生产者有很大的吸引力，但该工艺要实现工业化生产在热煤气利用、提高设备利用率及降低炉衬成本方面还有很长的路要走，在拥有丰富廉价高磷铁矿资源的地区和企业强化对铁浴法熔融还原炼铁工艺及装置的研究开发工作，因地制宜研制出适合中国国情的低成本铁浴法熔融还原炼铁工艺。

B 典型炼铁技术指标

主要炼铁方法的技术经济指标比较见表 2-1，COREX、FINEX 和 HIsmelt 工艺技术比较见表 2-2。

表 2-1 主要炼铁方法的技术经济指标比较

序号	项 目	单位	特大型高炉	小型高炉	COREX	FINEX	HIsmelt
1	燃料比	kg/t	500	600	1000	1000	800
2	入炉焦比	kg/t	290	450	50~180	50~180	0
3	煤比	kg/t	200	150	820~950	820~950	800
4	粒度	mm	0~3	0~3	10~40	10~40	0~6
5	氧耗（标态）	m^3/t	200	80	550	550	
6	吨铁输出煤气（标态）	m^3	1500	1700	1700	1700	2200
7	输出煤气热值	kJ/m^3	3140	3767	7535	7535	2512
8	最大炉缸面积利用系数	$t/(m^2 \cdot d)$	70	63	63	63	50
9	日产铁能力	t	2500~12000	1000~2500	2000~4400	2000~4300	2000
10	铁水含 [S]	%	0.03	0.03	0.05	0.05	0.10
11	高温区活动部件		无	无	多	多	较多
12	年均设备利用率	%	98	98	93	80	30
13	铁水成本	%	1.0	1.0	1.3	1.3	1.0
14	全流程单位投资	%	1.0	0.8	0.9	1.3	0.7

表 2-2 COREX、FINEX 和 HIsmelt 工艺技术比较

类 别	COREX	FINEX	HIsmelt
技术成熟度及风险	较成熟、风险较小	较成熟，但有嫁接的接口问题，有一定风险	正在试验中（2008 年已停），有较大风险
原、燃料要求	块矿、块煤、球团、少量粉矿和焦炭	粉矿、块煤、少量焦炭	粉矿、粉煤
投资成本	较高	最高	较低
生产成本	较高	最低	最低
系统结构	复杂	最复杂	较简单
产品	铁水和煤气、使用好煤气是效益的关键	铁水和煤气，使用好煤气是效益的关键	铁水不适合直接炼钢
环保排放	良好	良好	良好
CO_2排放	CO_2排放为 905kg/t	CO_2排放为 1050kg/t	较低

C 各炼铁技术适用条件

a 高炉炼铁

高炉炼铁工艺技术成熟、生产能力大和生产效率高，适合自产或便于进口丰富的铁矿资源和煤炭资源（尤其是焦煤资源）的地区。目前，我国炼铁生产仍然是以高炉工艺流程为主，这是因为我国的自然资源条件和生产现状决定了高炉

炼铁流程的优势，并在今后一段时间里，仍是生产的主流。中国"贫矿多、组分杂"的铁矿资源特点和"多煤少气"的能源结构适合高炉炼铁工艺，加之快速工业化过程中，市场需求旺盛，技术成熟可靠，生产成本、工序能耗低和人力资源优势等，故高炉工艺仍将长期在中国未来炼铁工业中占据垄断地位。

b　竖炉直接还原

竖炉直接还原具有还原速度快、产品质量稳定、自动化程度高、单机产能大等优势。竖炉直接还原适宜在天然气资源丰富且价格低廉、高品位铁矿石资源比较丰富的地区（如南美洲、中东和北非地区等）建设。典型的气基竖炉直接还原炼铁技术依赖于高品位铁精矿和丰富廉价的天然气资源。随着煤制气直接还原技术（取决于成本和经济性）的发展，为气基竖炉技术在中国的推广应用提供了成熟条件，并且对目前中国钢铁行业的产品结构升级和节能减排具有重要的战略意义。

c　熔融还原

熔融还原炼铁适宜建在缺焦煤，依靠进口焦炭炼铁，并拥有适合 COREX 炼铁用块矿和块煤的地区，如南非、印度；或适宜建在环保要求特别严格，不能建烧结和焦化的地区，所用球团矿和焦炭依靠外购解决；或国家限制建小高炉，而缺乏高热值煤气，并具有一定经济实力的特钢企业。

2.3.2.3　炼铁技术应用典型案例

A　高炉炼铁案例

a　国内最大高炉之江苏某企业 5800m³ 高炉

江苏某企业 5800m³ 高炉是目前国内高炉有效容积最大、吨铁占地面积最小（0.022m²/t）的炼铁系统工程，设计年产量 450 万吨，燃料比 490kg/t。该工程由中冶南方设计，2008 年 2 月 14 日高炉开工建设，2009 年 10 月 21 日建成投产。在设计中，充分结合老厂区的总图布置特点和限制条件，最大程度优化集成了当今一系列的高效、长寿、节能、降耗和环保的工艺技术，装备水平和主要指标均代表了国际先进水平。江苏某企业 5800m³ 高炉工程主要设计指标如表 2-3 所示。

表 2-3　江苏某企业 5800m³ 高炉工程主要设计指标

序号	项　　目	单　位	数　值	备　注
1	高炉有效容积	m³	5800	
2	高炉日产铁水	t	12876	最大 14500
3	年产量	万吨	450	
4	年平均利用系数	t/(m³·d)	2.22	最大 2.50
5	焦比	kg/t	≤290	含焦丁

续表 2-3

序号	项　目	单　位	数　值	备　注
6	煤比	kg/t	≥200	最大 250
7	炉顶压力	MPa	0.25~0.28	最大 0.30
8	热风温度	℃	1250	最大 1310
9	加热风量（含富氧）（标态）	m^3/min	8300	最大 9500
10	鼓风机出口风压	MPa	0.52	最大 0.55
11	高炉煤气发生量（标态）	m^3/a	80.5×10^4	最大 90.0×10^4
12	渣铁比	kg/t	≤300	
13	入炉矿品位	%	≥59	
14	富氧率	%	4	最大 6
15	高炉年平均工作日	d	350	
16	年产水渣	万吨	155.25	含水率 15%
17	炉料结构	%	77%烧结矿+18%球团矿+5%球团矿	
18	高炉一代寿命	a	>20	
19	热风炉一代寿命	a	30	

b　西南某企业 3 座 2500m^3高炉

西南某企业环保搬迁一期工程规划了 3 座 2500m^3高炉，总产能 600 万吨。3 座 2500m^3高炉分别于 2009 年 12 月、2010 年 11 月、2011 年 9 月投产。3 座高炉投产后，开炉均实现了第一炉铁渣铁分离、冲水渣的目标，炉矿稳定顺行。同时，实现了喷煤后一周达产的目标。高炉逐渐强化冶炼后，利用系数稳定在 2.25t/($m^3 \cdot$ d)，煤比 145kg/t，风温 1200℃，焦比 390kg/t。

西南某企业 3 座 2500m^3高炉采用了多项新技术、新工艺，如铁水"一罐制"、全软水密闭循环冷却系统、综合长寿技术、改进型高温顶燃式热风炉及其长寿技术、改进型嘉恒水渣处理工艺、全干法布袋除尘技术、高炉操作专家系统等，为实现高炉高效、低耗、长寿、环保创造了条件。西南某企业 3 座 2500m^3高炉主要设计技术经济指标如表 2-4 所示。

表 2-4　西南某企业 3 座 2500m^3高炉主要设计技术经济指标

序号	项　目	单　位	数　值	备　注
1	高炉有效容积	m^3	2500	
2	生铁生产能力	10^4t/a	603.75	
3	利用系数	t/($m^3 \cdot$ d)	2.3	设备能力 2.65
4	焦比	kg/t	390	含小块焦 15

序号	项　目	单　位	数　值	备　注
5	煤比	kg/t	150	设备能力 200
6	炉顶压力	MPa	0.22	设备能力 0.25
7	热风温度	℃	1250	设备能力 1300
8	富氧率	%	2.5	设备能力 5
9	年高炉工作日	d	350	
10	炉料结构	%	74%烧结矿+16%球团矿+6%块矿+4%钒钛球团矿	
11	高炉一代炉龄	a	≥15	无中修
12	热风炉寿命	a	30	

B　直接还原案例

MIDREX 竖炉是直接还原铁生产中最重要的方法，自 20 世纪 80 年代以来，MIDREX 的产量占世界直接还原铁总产量的 60% 以上。

MIDREX 工艺以天然气为原料气，天然气用炉顶气作转化剂。炉顶气经冷却净化后，取其 60%~70% 用压缩机送入混合室与天然气按反应化学当量混合，再送入装有镍催化剂反应管的重整转化炉。剩余的炉顶气兑入少量的天然气用于重整转化炉的加热。重整转化炉的转化温度控制在 900~950℃。重整转化不另外加氧、空气或水蒸气，转化后的还原气温度 850~900℃，H_2+CO 含量约为 95%，直接进入竖炉。该工艺的标准流程如图 2-1 所示。

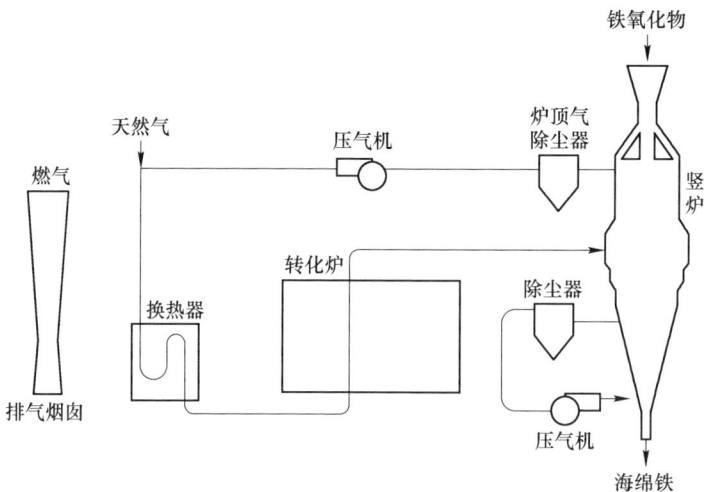

图 2-1　MIDREX 竖炉法工艺流程图

还原竖炉分上、下两部分，上部为预热和还原带，断面为圆形。炉料经炉顶料仓、下料管进入还原炉，炉料在还原带停留约6h。还原气从竖炉的中部周边喷口进入，参加反应后从炉顶排出，炉顶气经过冷却、洗涤后 H_2+CO 含量约为70%，还原气的一次利用率26.0%。

竖炉的下部为冷却带，呈圆锥形，还原后的物料用从底部气体分配器送入的冷却气冷却到100℃以下排出炉外，获得产品直接还原铁（DRI），或还原后的物料不经冷却高温直接排出，压块后再冷却，获得产品热压铁（HBI）。冷却带下部装有控制排料速度的装置。冷却气由冷却带上部的集气管抽出炉外，经冷却、净化后重复利用。

MIDREX 法依据天然气及铁原料的含硫量和对产品的要求对工艺作适当调整，形成冷却气大循环；附加热能回收系统；不同热压块系统等变形的工艺方法，但还原竖炉形式基本不变。

MIDREX 法已形成单机年产量分别为：30 万吨、50 万吨、75 万吨、100 万吨、150 万吨系列，竖炉还原带直径分别为：4.25m、5.00m、5.50m、6.50m、7.50m。

C 熔融还原案例

FINEX 是在 COREX 的基础上，由韩国浦项公司（POSCO）和奥钢联（VAI）于 1992 年开始联合实施开发的。在通过试验室进行的铁矿流态化还原工艺试验及 150t/d 试验厂流态化还原试验，获得必要的操作数据后，于 2001 年动工，2003 年 5 月建成一座年产 60 万吨的 FINEX 示范厂。该装置的流化床还原反应器是新设计安装的，同时利用了原有的 COREX 的熔融气化炉。2004 年 9 月开始建设世界第一座 FINEX 3000 设备，年生产铁水能力 150 万吨。该装置于 2007 年 5 月 30 日正式投产，目前生产运行正常，生产环保指标优于传统的大中型高炉。年产 200 万吨 FINEX 工程于 2011 年 6 月 28 日开工，流化床由 4 级减少到 3 级，设计产能 200 万吨铁水，2013 年 7 月建成投产。FINEX 工艺流程如图 2-2 所示。

2007 年 4 月，浦项建成了 150 万吨的 FINEX 工业装置。据报道现已达到正常生产水平。2008 年 10 月，成功实现了 3 个反应器的试验，在减少 1 个反应器的情况下，仍保持了同样的操作指标和产品质量及作业率，可显著降低投资和运行成本。

FINEX 工艺除了将 COREX 的竖炉改为流化床预还原工艺设备外，其在粉煤处理利用和炉顶煤气循环利用等方面做了改进创新，对用矿、用煤资源有更广泛的适应性，原燃料成本具有更大的优势，在煤气高效利用和节能环保方面也比 COREX 有更大的潜力。但流化床的设备运行、对原料的要求、还原能力等也存在一定的困难和问题。流化床能否使用精矿粉，工序能耗高于传统高炉炼铁工序

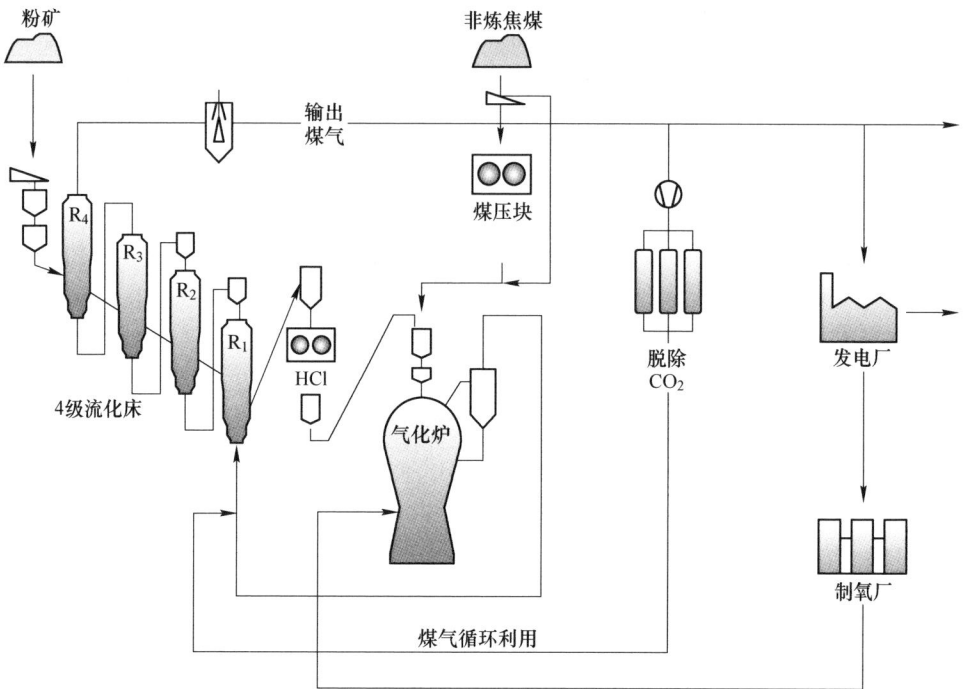

图 2-2　FINEX 工艺流程

能耗；运行的稳定性，预还原矿粉的压块，以及生产成本和投资问题还有待生产实践的检验；作业率低（91%~93%），比传统炼铁系统低 5~7 个百分点，造成与后续工序连接难度大等问题未得到很好的解决。COREX 与 FINEX 主要运行结果如表 2-5 所示。

表 2-5　COREX 与 FINEX 主要运行结果

指　标	单　位	FINEX	COREX
燃料比	kg/t	720~750	980~1000
焦比	%	10~15	15~20
金属化率	%	65~75	50~60
熔炼率	t/h	180	130~140
工厂压力	MPa	0.43	0.37
燃料粒度	%	(-8mm)<4	(-8mm)10~20
矿石粒度	%	(-10mm)<5	(-10mm)5~15

2.3.2.4 炼铁技术选择的主要考虑

A 技术选择主要考虑的因素

技术选择主要考虑原料适用性、生产规模、经济性、工序能耗、环保、运行成本、生铁质量和寿命等方面。

高炉炼铁因技术成熟，生产规模大，生产成本和能耗低，在今后相当长时期内，高炉流程在中国将继续是主要产铁设备，继续占统治地位。

由于国内天然气资源短缺且价格昂贵，还缺乏有效获取廉价还原气的手段，加之供给直接还原铁生产用的高品位球团的生产基地尚未形成，直接还原铁的产业化还有待推进。

熔融还原工艺在原燃料的适应性、工艺与设备的稳定性、生产操作的难易程度以及铁水成本竞争力和生产规模方面，与传统大高炉相比还有一定差距，但熔融还原炼铁工艺具有一些独有的优势和自有的竞争力。

B 技术选择理念导向

a 低碳炼铁技术

在全球努力减少温室气体排放的大背景下，国际钢铁业界正积极开发减少炼铁过程 CO_2 排放的技术（高炉低碳炼铁技术），主要集中于研究高炉使用碳铁复合炉料等新型炉料、高炉炉顶煤气的循环利用、含氢物质（富氢、天然气、COG）喷吹、高富氧（富氧率≥30%或全氧）喷吹、极限量喷煤等方面。其中含氢物质喷吹（富氢喷吹）具有明显减少碳排放的效果，增大氢气的喷吹含量是高炉技术的发展趋势，尤其应予重视。此外，高球团比炉料结构优化、入炉料粒度配比及分布优化的配矿优化、低碳高效高炉冶炼技术也在执行中。

b 低碳、减排的非高炉炼铁技术

与高炉炼铁技术相比，非高炉炼铁技术有利于摆脱焦煤资源短缺的困扰，改变能源结构，节省能源，大幅减少焦化、烧结中的 SO_x 与 NO_x 排放，保护环境，是钢铁工业实现节能减排重要方向和手段。非高炉炼铁技术采用氢还原可以大幅度减少 CO_2 排放。

c 技术选择价值取向

高炉、直接还原和熔融还原技术最终体现成本竞争力上，价值取向主要表现为经济、环保、先进的生产工艺。

（1）高炉：高炉炼铁主要向低消耗、低排放、高效益的低碳炼铁方向发展。

（2）直接还原：直接还原两大气基竖炉工艺 MIDREX 和 Energiron 各有其优势和不足，应该根据资源和能源条件、当地水电价格，以及后续工艺生产要求等，因地制宜地选择最具有经济效益的技术方案。随着直接还原技术进步，以及全球经济、资源和能源条件的变化，气基竖炉技术正朝着设备大型化、气源多样化、矿源扩大化的方向发展。

（3）熔融还原：炼铁工艺的竞争力应当体现在对资源、能源的适应性和有效利用以及它对环境保护的优越性等方面。熔融还原炼铁工艺应在提高能源的综合使用效率，积极开发熔融还原炼铁工艺副产品的利用价值，降低能源成本，提升成本竞争力；进一步完善熔融还原炼铁工艺，增强设备的稳定性、可靠性和经济性；结合资源禀赋和外部环境，合理优化炉料结构和燃料结构，建立最具成本竞争力的熔融还原炼铁工艺产线等方面进行努力。

2.3.3 炉外精炼的选择

2.3.3.1 炉外精炼技术概述

炉外精炼是将转炉或电炉中初炼过的钢水移到另一个容器中进行精炼的炼钢过程，也叫"二次炼钢"。在现代钢铁生产流程中，炉外精炼已成为一个不可缺少的环节，尤其炉外精炼与连铸相结合，是保证连铸生产顺行，扩大连铸品种范围，提高铸坯质量的重要手段。在炼钢生产流程中，采用转炉（或电炉）—炉外精炼—连铸已成为钢厂技术改造的普遍模式。

各种炉外精炼工艺各不相同，其共同的特点是：有一个理想的精炼气氛，如真空、惰性气氛或还原性气氛；采用电磁力、吹惰性气体搅拌钢水；为补偿精炼过程中的钢水温度损失，采用电弧、等离子、化学法等加热方法。炉外精炼的主要作用包括：（1）调节钢水温度，达到连铸所要求的浇注温度范围；（2）提高钢水清洁度，特别是减少钢中大型夹杂物的含量；（3）降低钢中气体含量（如氢、氮含量）；（4）降低钢中有害杂质（如硫、磷）含量；（5）使钢水中温度和成分均匀化，并微调成分使成品钢的化学成分范围波动小；（6）改变钢中夹杂物的形态和组成，改善钢水的流动性；（7）减轻炼钢炉的冶炼负荷，缩短冶炼周期，提高生产率；（8）成为炼钢炉和连铸机之间"缓冲器"，平衡两者之间的生产节奏，提高连铸机的生产率。

2.3.3.2 炉外精炼技术特点比较

目前，最常见的炉外精炼方法主要包括钢包吹氩、CAS、CAS-OB、LF、RH、VD、VOD 等。

钢包吹氩技术是最普通也是最简单的炉外处理工艺，其主要冶金功能是均匀钢水成分、温度、促进夹杂物上浮。CAS 法是通过采用强吹氩工艺将渣液面吹开后，在封闭的浸渍钟罩内迅速形成氩气保护气氛，避免了钢水氧化的工艺。CAS 法不仅提高了吹氩强度，而且钟罩内氩气氛使合金收得率提高，使钢包吹氩工艺增加了合金微调的功能。CAS-OB 工艺是为解决钢水升温的问题，在 CAS 法基础上增设顶吹氧枪和加铝块设备，通过熔入钢水内的铝氧化发热，实现钢水升温。

LF 钢包精炼炉的工艺特点包括：精炼功能强，适宜生产超低硫、超低氧钢；具有电弧加热功能，热效率高，升温幅度大，温度控制精度高；具备搅拌和合金化功能，易于实现窄成分控制，提高产品的稳定性；采用渣钢精炼工艺，精炼成本低；设备简单，投资较少。目前 LF 钢包精炼炉在国内 50~150t 转炉炼钢厂应用非常广泛。

RH 炉是真空循环脱气炉的一种，主要工艺特点包括：处理不要求特定的钢包净空高度，反应速度也不受钢包净空高度的限制；反应速度快，处理周期短，生产效率高，常与转炉配套使用，可生产超低碳洁净钢；可进行吹氧脱碳和二次燃烧进行热补偿，减少处理温降；可进行喷粉脱硫，生产超低硫钢。但和其他各种真空处理工艺相比，缺点是设备复杂，投资较大。

VD 炉作为真空脱气设备通常与 LF 钢包精炼炉联合，生产各种合金结构钢、优质碳钢和低合金高强度钢。在 VD 炉上增加顶吹供氧系统，构成 VOD 炉，可以完成真空吹氧脱碳的功能，适宜冶炼低碳不锈钢。但和 RH 真空处理工艺相比，VD（VOD、VHD 或 VAD）炉的精炼强度受钢包净空度的严格限制。

2.3.3.3 炉外精炼技术应用典型案例

A 首钢 CAS-OB 炉外精炼技术的应用

日本新日铁钢厂于 1975 年最早投入使用 CAS-OB 工艺，至今已有四十多年的历史。原首钢第二炼钢厂，为减轻 LF 炉处理钢水压力，降低生产成本，提高生产效率，把 CAS-OB 精炼工艺生产线称为生命线。其中厚板生产工艺为：铁水脱硫—210t 转炉冶炼—脱氧合金化—CAS-OB—板坯连铸—加热—控轧控冷—精整—成品。CAS-OB 精炼技术在不扒渣的条件下进行，其优点是时间短、热量损失小，缺点是覆盖渣对钢水精炼（脱氧、脱硫）的能力较差，因此在转炉吹炼终点加入适量的覆盖渣改质剂，可提高进 CAS-OB 精炼站的炉渣碱度、降低炉渣氧化性。首钢成功采用 CAS-OB 精炼工艺生产 Q345C 品种钢，成分控制准确、稳定，铸坯质量良好，对应轧制钢板性能各项指标良好，能够满足用户及标准的要求。

B 石钢 60t 转炉-LF-VD 工艺冶炼 GCr15 轴承钢

轴承钢是洁净钢的代表，GCr15 轴承钢的特性要求包括超低氧、高纯净度、耐磨、疲劳寿命要求高、低倍、高倍、带状、液析要求严格。石钢通过"转炉—LF—VD—连铸"工艺流程，生产出高质量的轴承钢，在我国钢材市场具有一定的竞争优势。由于转炉出钢下渣控制难度较大，采用转炉工艺生产 GCr15 轴承钢，对 LF 精炼和 VD 真空工艺提出了较高要求。LF 精炼采用高碱度、低熔点、流动性好、$CaO-SiO_2-Al_2O_3$ 渣系，与脱氧产物有一致的组分，两者界面张力小，有效地提高了脱硫、脱氧率，成品硫可以控制在≤0.008%之内。控制 VD 平均处理时间为 20min，VD 周期的平均温降为 50℃，VD 终点温度控制在 1520～1540℃，保证连铸中间包温度为 1470～1485℃。

C　唐钢 160t RH 真空精炼工艺的应用

为提高产品的技术含量和质量等级，增强市场竞争力和扩大经济效益，原唐钢股份公司第一钢轧厂建设了 1 座 160t RH 精炼设备，于 2006 年 11 月热试投产，设计处理规模为 150 万吨/年。RH 精炼设备的投入使用，为实现唐钢产品调整结构向中高端迈进创造了条件。唐钢 RH 装置主要由合金加料系统、顶枪系统、真空系统、液压顶升系统、离线维修系统等九大系统组成，采用了具有国际先进水平的真空循环抽气、双工位设置、五级组合真空泵等先进技术。通过对 RH 工艺参数的调试，在脱碳速度、脱碳效果、合金加料制度等方面取得了很好的效果，为唐钢生产 IF 钢、无取向电工钢等高附加值产品提供了必要的工艺技术支撑。

2.3.3.4　炉外精炼技术选择主要考虑因素

结合炉外精炼工艺的技术特点和典型案例分析，炉外精炼工艺技术的选择主要考虑因素总结为两方面：

（1）针对产品质量的要求，对照炉外精炼工艺的效果，选定所需的处理工艺方法与设备。几种常见的炉外精炼工艺效果如表 2-6 所示。

表 2-6　常见炉外精炼工艺效果表

项　目	CAS-OB	LF	VOD	RH
［H］水平/%	略降	0.0001～0.0003	0.0001～0.0003	0.0001～0.0003
［O］水平/%	可至 0.002	可至 0.002	0.003～0.006	0.002～0.004
脱［N］	略增	大流量 Ar 可脱［N］	大流量 Ar 可脱［N］	原始［N］高时 可稍脱
［S］水平/%	可至 0.001～0.01	可至 0.002	可至 0.006	加渣料时可脱硫
脱［C］/%	—	可至 0.01	可至 0.005	可至 0.003
去除夹杂/%	40～50	≈50	40～50	50～70
微调成分	可微调	可微调	可微调	可精确微调
钢水温度升降 /℃·min^{-1}	升温 5～10	升温 2～4	精炼时钢水 温度升高	带电加热时降温 约 1～2

（2）针对配备的炉机并衡量投资费用，选择不同的生产工艺流程。对于与电炉或超高功率电炉相匹配的连铸机，选择钢包精炼时，应满足合金比高的产品质量要求，如不锈钢采用电炉—AOD 炉—连铸，电炉—VOD 炉—连铸工艺；对于与大型转炉相匹配的板坯、大方坯、圆坯连铸机，要求提供优质钢水，生产无

缺陷铸坯，如采用转炉—RH—连铸；在生产超低碳钢（碳小于0.0015%）或超低硫钢（硫小于0.001%）时，可采用LF炉与真空处理并用工艺，以达到最佳效果。考虑到节省投资也可采用CAS-OB精炼炉工艺；对于与小型转炉相配合以生产普碳钢为主的小方坯、矩形坯连铸机，一般采用钢包吹氩或钢包喂丝技术，基本上能满足连铸工艺和铸坯质量的要求。

2.3.4 传统热连轧、薄板坯连铸连轧、无头轧制的选择

常规热连轧生产工艺、薄板坯连铸连轧生产工艺和薄带坯连铸连轧生产工艺，是近几年国内外广泛应用的热轧宽带钢生产工艺。选择哪种生产工艺，需要结合企业的生产规模、产品定位、技术研发能力、地理位置及交通运输条件等诸多因素，进行合理选择。

2.3.4.1 常规热连轧生产工艺

A 优点

进入21世纪以来，随着超宽超大步进式加热炉、定宽压力机、热卷箱、保温罩、边部加热器、全液压卷取机、各种板型控制轧机和技术的应用，常规热连轧生产工艺出现了重大突破，生产能力和产品质量都有大幅提高，产品规格也进一步扩大。常规热连轧已经从单纯追求高产能、高速度、大卷重和品种全覆盖的指导思想，向注重控温保温、控轧控冷、提高成材率、降低成本、提高产品精度和板型质量等方向发展。

随着科技进步，常规热连轧生产工艺日臻成熟，它具有生产能力大、成材率高、产品精度高、质量稳定、品种规格齐全、操作简单、适于自动化等显著优点，因此获得了广泛应用，成为国内生产热轧宽带钢产品的主要选择。

B 缺点

与其他热轧宽带钢生产工艺相比，常规热连轧生产工艺有设备重量大、投资高、建设时间长等缺点。从目前市场需求情况来看，较难变形的产品市场份额占比较小，常规热连轧机较高的生产能力和设备能力难以充分发挥，因此，常规热连轧机在大多数生产情况下是低负荷运转，在某种意义上说是一种低效率的作业方式。而且，常规热连轧机在生产2.0mm以下的薄规格热轧带钢时，难度大、事故多、产量低、成本高，导致这部分市场不得不采用相同规格的冷轧薄板。

2.3.4.2 薄板坯连铸连轧

A 优点

薄板坯连铸连轧生产工艺实现了从炼钢—连铸—热轧的连续化生产，与常规热连轧生产工艺相比，具有生产工序少、轧线布置紧凑、设备重量较轻、厂房面

积较小、建设周期短、工程投资较少的特点，还具有能源动力消耗低、劳动定员少、生产运行成本较低的优点。早期的薄板坯连铸连轧生产工艺（CSP、FTSR、CONROLL、TSP、ASP）可以实现板坯直接热装，节省燃料消耗；后期的薄板坯连铸连轧生产工艺（ESP）实现了直接轧制，整个生产线长度不到 180m，并且在生产 2.0mm 以下、特别是在生产常规热连轧工艺无法生产的 1.2mm 以下规格时优势明显，可实现 0.8~1.5mm 规格的批量生产。

B　缺点

早期的薄板坯连铸连轧工艺即使采用半无头轧制技术，也难以生产 1.2mm以下超薄带钢，并且生产超薄带钢时，其成材率、产品质量也有很大问题，所以，早期的薄板坯连铸连轧工艺很少采用半无头轧制技术生产超薄带钢。后期的ESP 生产工艺在稳定批量生产超薄带钢（厚度 1.2mm 以下）取得突破，但由于该生产工艺从连铸到带钢卷取的全工序均采用刚性连接，因此对实际生产中各工序的协调配合有较高要求，一旦某工序出现故障或事故，既会造成全线停产。

2.3.4.3　薄带坯连铸连轧

A　优点

薄带坯连铸连轧生产工艺是冶金及材料研究领域内的一项前沿技术，正带来钢铁工业的一场革命。作为一种短流程、占地少、低能耗、投资省、成本低和绿色环保的新工艺，它改变了传统冶金工业的热轧宽带钢生产过程，将连铸、加热、轧制等工序集为一体，实现了无头轧制生产模式，可以在较短时间内直接生产出超薄规格产品，简化了生产工序，缩短了生产周期，是未来热轧宽带钢生产的发展方向。

国内某钢厂已投产的薄带坯连铸连轧生产线（Castrip）总长度只有 50m，在生产薄钢带方面具有独特的优越性，能够直接大批量稳定的生产出超薄热轧宽带钢，设计最薄规格达到 0.7mm。并且，产品表面质量良好，带钢板形质量及平直度质量良好，产品质量和性能与同规格的冷轧薄板及其深加工产品（如热轧酸洗板、热镀锌板等）相当，在"以热代冷"方面有较强的竞争力。另外，该生产线设备布局紧凑，生产线极短，能耗极低，据悉与常规热连轧机相比，燃耗将减少 95%、水耗减少 80%、电耗减少 90%，并且可减少约 70%~80% 温室气体排放量，节能环保效果十分显著。

B　缺点

虽然薄带坯连铸连轧生产的超薄带钢产品表面质量、板型质量及平直度质量良好，但带钢两侧边部有明显粗糙条纹和边裂现象，需切边处理，导致产品成材率较低；卷取过程中钢卷也易出现塔形现象，需在后续的平整矫直工序进行调整处理。另外，整条生产线从钢水浇注到带钢卷取，整条生产线为刚性连接，对生产线的各个环节的协调控制均提出了极其严苛的要求，一旦某个环节出现故障必然造成全线停产。

2.3.4.4 结论

站在不同的角度客观地分析，上述三种热轧宽带钢生产工艺都不是最完美的，既有其优点，也有其不足。热轧宽带钢轧机发展的总趋势是其生产的板带质量水平不断提高，并且能部分取代冷轧板。哪一种生产工艺的产品更能适应市场的需求，哪一种工艺的发展前景就会更加广阔。从技术发展趋势的角度上看，终形（薄带坯连铸连轧）或近终形（薄板坯连铸连轧）工艺无疑是合理的。目前，各种热轧宽带钢生产工艺均有其生存的特定条件，尚处在并存发展、不能完全替代阶段。

由于我国地域广阔，地区间经济发展程度不同，资源拥有量不等，交通运输不平衡，所需要钢材的品种档次以及数量参差不齐，这为各种热轧宽带钢生产工艺提供了不同的发展环境。选择哪种生产工艺，需要对目标市场进行详细调查研究，全面分析论证产品方案，才能做出决策。

2.3.5 "一罐到底"等铁钢界面技术的选择

2.3.5.1 技术概述

传统转炉炼钢的铁水供应模式，一般多采用高炉铁水经倒罐后再兑入转炉的模式，应用较多的有高炉铁水罐—转炉兑铁水罐、高炉铁水罐—混铁炉—转炉兑铁水罐、鱼雷罐车—转炉兑铁水罐等铁水供应模式。而炼铁-炼钢界面采用"一罐到底"铁水供应模式，是指取消传统的混铁炉、鱼雷罐车或者转炉兑铁水罐等中间环节，采用铁水罐运输铁水，直接将高炉铁水的承接、运输、缓冲储存、铁水预处理、转炉兑铁及铁水保温等多项功能集为一体。

2.3.5.2 技术特点比较

传统铁水供应模式，铁水需要经过倒罐，铁水温降大，车间环境较差，铁损也较高，但是生产操作组织管理难度相对较小。

相比较而言，"一罐到底"铁水供应模式，具有缩短工艺流程、紧凑总图布置等特点，具有较大的经济效益和社会效益。由于取消了转炉兑铁水罐，无需建设炼钢倒罐站设施，减少了二次倒罐环节，也不必设置炼铁区域铁水罐的修理设施，缩短了工艺流程，避免了倒罐引起的铁水温降，和增加倒运时间，降低了铁损；同时也避免了因倒罐而引起的环境污染，节约了能源，降低了建设成本、生产成本。当然，"一罐到底"铁水供应模式由于工艺流程紧密，因此对生产组织管理水平要求很高。

2.3.5.3 典型案例

案例 1：江苏某企业炼钢厂"一罐到底"铁水供应模式

江苏某企业炼钢厂设计粗钢生产规模 650 万吨，于 2001 年开始设计、2002 年开始建设，2005 年 7 月全线投产，属于国内首家采用"一罐到底"铁水供应模式的炼钢车间。该厂采用实际装载铁水可达 180t 的铁水敞口罐，铁水罐不加盖，炼钢不设混铁炉，在当时属于国内首创设计和首次使用，经过多年实践检验，取得了很好的经济和社会效果。经过数年运行，沙钢在实际生产中摸索总结了一整套铁水"一罐到底"的操作经验，确立了相关的高炉操作、铁水脱硫、运输调度等五大基本生产制度。并且认识到，制定合理、先进的高炉出铁操作制度是关键，而铁、钢冶炼单元及时准确的生产数据传送也是实现"一罐到底"生产组织并取得良好效果所必需的条件。

案例 2：西南某企业新区炼钢厂"一罐到底"铁水供应模式

西南某企业搬迁工程一期粗钢生产规模 650 万吨。与通常"一罐到底"还是采用传统的铁水运输模式不同，西南某企业新区"一罐制"是彻底的"一罐到底"技术，采用行车+过跨车方式运输铁水，取消了铁路运输，且采用的是 3 座高炉对应 180t 转炉炼钢车间的形式。3 座高炉并列布置，取消铁路运输，铁水罐运输由过跨车和行车共同作业来完成。高炉铁水罐先沿炉下钢轨运抵铁水整理跨，用行车运到指定位置后进行脱硫作业，然后再由行车吊运到铁水过跨线，最后经铁水过跨线运至转炉加料跨。整个作业过程衔接顺畅，极大地节省了铁水运输时间，降低了铁水温度损失，提高了生产效率，并且节能环保效果突出。

案例 3：渤海湾某企业一期炼钢厂"一罐到底"铁水供应模式

渤海湾某企业一期炼铁—炼钢区段设有 2 座 5500m³ 高炉、4 座 KR 脱硫站、2 座 300t 脱磷转炉、3 座 300t 脱碳转炉。渤海湾某企业铁钢工序采用 300t 铁水罐运输铁水，铁水罐车超高、超宽，在标准轨距上运行对罐车的稳定性、铁路线路的稳定性要求较高，技术水平先进。渤海湾某企业通过在铁-钢工序界面之间采用"一罐到底"工艺的创新与实践，推动了大型转炉采用"一罐到底"铁水供应技术的进步，开辟了标准轨距上运输 300t 异型大容量铁水罐车的先例，在钢铁厂铁、钢之间的短界面衔接技术方面起到了推动和示范作用；省去了铁水倒罐作业工序、简化生产作业，缩短工艺流程；减少一次倒运，降低铁损、铁水温度损失小、降低能源消耗；避免了倒罐带来的烟尘污染，减少烟尘量，有利于实施清洁生产，节能环保效益明显。

2.3.5.4 技术选择主要考虑因素

"一罐到底"铁水供应技术作为 21 世纪初，铁钢界面技术的一大技术进步，其节能减排和降本增效优势显著。但是，"一罐到底"铁水供应技术在具体实践过程中，实现模式也有多种，也并非只是适用于新建炼钢车间。不同的"一罐到底"铁水供应模式各有其优缺点和适应条件，需要综合考虑各工序布局占地、铁水运输模式和运输距离、高炉和转炉容量匹配、投资规模和能力等因素。综合看来，"一罐到底"铁水供应技术的选择主要考虑因素总结为以下五个方面：

（1）高炉容积和转炉公称容量的匹配。"一罐到底"铁水供应技术取消了二次倒罐，提高了作业效率，但同时也大幅降低了铁钢间的工序缓冲能力，使得炼铁和炼钢生产组织管理水平要求更高，炼钢和炼铁工序匹配要求更加严格。因此，在新建炼钢车间考虑采用"一罐到底"铁水供应技术时，必须优化高炉容量和转炉公称容量的选择，合理确定铁水罐参数，才能发挥该技术的突出优势，达到预期效果。

（2）铁水罐选型。"一罐到底"铁水供应技术由于取消了二次倒罐，高炉铁水罐需承担铁水储存和运输、铁水预处理、兑铁水入转炉、铁水保温等多种功能，对铁水罐体设计提出了更高要求，罐体须进行特殊定制，在正常铁水罐的基础上增加转炉兑铁嘴，同时，还要考虑作为炉外精炼盛铁水罐体，铁水液面上须留有一定净空，在高径比上也比普通铁水罐更细高一些。因此，"一罐到底"用铁水罐须根据相关工艺和操作要求，进行优化设计和制造。

（3）运输方式和运输距离。"一罐到底"铁水供应技术根据不同的运输距离，可能采用不同的铁水运输方法。采用汽车运输的"一罐到底"工艺，除需要专用铁水运输道路外，对地理环境也要充分考虑。例如，北方寒冷地区冬季时间长，道路积雪、结冰严重，无法保证正常的安全生产要求，不适合采用汽车运输的"一罐到底"工艺。而采用铁路运输的"一罐到底"工艺，要考虑各工序间的地坪高差，保证铁路的运输坡度要求；也要考虑铁路转弯半径的合理选择。

（4）高炉炉前铁水称重设计。转炉生产要求铁水装入量的误差小于±5t，为保证精度要求，须在高炉炉前设置轨道衡进行称重。高炉出铁场不同的布置形式对轨道衡的影响很大：采用摆动溜嘴时，两条铁水停放线互不影响，铁水罐出铁会比较精准，能够满足生产节奏。但中小高炉使用固定罐位出铁时，每个罐位都要设置轨道衡，投资很大，布置困难，还须预防铁水烧轨损坏轨道衡的事故。

（5）老厂改造须综合考虑配套条件是否允许。已经建成的钢铁企业，在采用"一罐到底"技术进行升级改造时，一定要注意罐体的加大加宽对出铁场高度、出铁场柱间距以及运输沿线铁路限界的要求，以及是否更换钢轨等，否则就会对高炉产生破坏性影响，得不偿失。还要注意出铁场平台高度及柱间距。由于"一罐到底"铁水罐比普通铁水罐多了兑铁嘴，罐车加宽，这就要求高炉出铁场下的铁路线间距相应加宽，出铁场占地面积增大。罐体高度比普通铁水罐或者鱼雷罐更高，出铁场下的平台底面标高也比正常要高，铁口基准线随之加高。

2.3.6　钢厂余热余压余能利用等节能技术的选择

2.3.6.1　钢铁节能技术概述

钢铁企业余热余压余能回收利用主要指回收高炉、焦炉、转炉副产煤气，各生产工序的废烟气余热、炉渣等显热资源，以及压差等。

余热余压余能回收利用是近几十年来钢铁企业最主要的节能技术方向。从高炉炉顶压差发电（TRT）、焦炉干熄焦、全燃煤气发电等到中低温饱和蒸汽回收发电、高炉冲渣水余热回收采暖等，逐步体现了钢铁工业余热资源综合利用的水平在不断提升和进步。随着技术的进步，余热余能利用从高温高压逐步到挖掘中低温余热资源的利用。

2.3.6.2　钢铁节能技术比较

A　煤气发电

一般来说，钢铁联合企业的煤气介质包括高炉煤气、转炉煤气和焦炉煤气。目前钢铁行业煤气发电机组根据发电原理不同分为常规锅炉发电和燃气-蒸汽联合循环发电（CCPP）。

燃气-蒸汽联合循环发电（CCPP）煤气经除尘器净化加压后与经空气过滤器净化加压后的空气混合进入燃气轮机燃烧室内混合燃烧，高温高压烟气直接在燃气透平内膨胀做功并带动发电机完成燃机的单循环发电。燃气轮机做功后的高温排气送入余热锅炉，产生高、中压蒸汽后进入蒸汽轮机做功，带动发电机组发电，形成燃气-蒸汽联合循环发电系统。

常规锅炉发电为较为传统的发电方式，由锅炉将燃料燃烧释放的化学能通过受热面使给水加热、蒸发、过热转变为蒸汽，蒸汽进入汽轮机驱动发电机产生电力，主要包括锅炉、汽轮机、发电机三大核心设备。全燃煤气锅炉发电技术在过去二十年中为我国钢铁工业的二次能源利用做出重要贡献，逐步由中温中压发电向高温高压、高温超高压、亚临界等高参数方向发展。目前高温超高压煤气发电为行业主流煤气发电方式，采用技术成熟的高温超高压燃气锅炉和一次中间再热汽轮发电机组，提高热能利用效率，发电效率介于36%~38%，比钢铁企业传统的中温中压发电效率有大幅提升。

由于CCPP机组具有较高转换效率，在"十一五"与"十二五"期间推广较快，但由于投资较大及维护费用较高，近些年逐步被高参数锅炉发电机组取代。

全燃煤气锅炉发电逐步由中温中压发电向高温高压、高温超高压、亚临界等高参数方向发展。由于高温超高压煤气发电技术是目前技术成熟的最高参数的高效机组，已成为行业主流发电机组，许多企业近些年纷纷淘汰中、低参数机组，建设高温超高压机组，获得了较大效益。

B 蒸汽发电

目前，我国重点大中型钢铁企业主要有 3 种蒸汽发电方式，分别是饱和蒸汽发电、过热蒸汽发电及螺杆发电。由于螺杆发电效率较低，近些年推广较少。行业主流发电还是饱和蒸汽发电或过热蒸汽发电。

目前行业中蒸汽发电存在蒸汽压损较大、产生的饱和蒸汽压力等级不一、冬季供暖造成汽轮发电机组停运等问题，导致许多企业的蒸汽发电机组不能达到设计指标。

C TRT 发电

我国高炉冶炼技术飞跃发展，目前炼铁高炉基本为高压操作，高炉炉顶余压利用取得了长足的进步，利用方式分为两种：一是通过 TRT，即高炉煤气余压透平发电装置回收发电；二是采用 BPRT，即煤气透平与电机同轴驱动的高炉鼓风能量回收成套机组的方式回收能量，减少高炉鼓风电耗。BPRT 技术创新性地提出了煤气透平和高炉鼓风机同轴的技术解决方案，用煤气透平直接驱动高炉鼓风机，将两台旋转机械装置组合成一台机组，既能向高炉供风，又能回收煤气余压、余热。另外，随着高炉煤气湿法除尘工艺的淘汰，炉顶煤气压力和温度得以提高，余压利用更加高效。

发展趋势方面，我国已经成功研发出新一代 3H-TRT 系统——"提高高炉冶炼强度的顶压能量回收系统"，在保持和优化原先 TRT 系统回收发电功能的基础上，通过对高炉顶压进行高精度的智能控制，不仅可以升高高炉顶压的设定值，增大高炉送风的质量和流量，从而提高高炉冶炼强度，达到提高高炉利用系数、降低入炉焦比的功效。其技术核心是根据 TRT 管网系统流体力学原理，结合高智能控制算法，确定静叶或旁通阀的动态开度，以保证顶压的高精度稳定。

BPRT 机组可以将回收的能量直接补充到轴系上，避免能量转换的损失，可提高装置效率，减少环境污染和能量浪费，稳定炉顶压力，改善高炉生产条件，降低产品成本。另外，BPRT 设备建设投资及劳动定员少，具有显著的经济、环境及社会效益，其缺点是不适合大型高炉使用。未来，随着国家对重大技术装备国产化的支持，BPRT 必将以其独特的优势得到广泛应用，向全面、大型化趋势发展。

D 烧结余热发电

烧结余热利用是指将烧结生产工序中产生的废气热量加以回收再利用的技术，主要分两大部分：一是占总带入热量约 24% 的烧结烟气余热；另一部分是占烧结过程带入总热量约 45% 的烧结矿显热。烧结矿余热高效回收与利用是降低烧结工序能耗的主要方向与途径之一。

增加烧结机余热发电设备的同时，提高吨矿发电效率也将是重要课题，主要改进和研究方向包括：

（1）提高烧结余热发电的热源稳定性。首先是烧结生产的作业水平、作业率不断提高，减少烧结机停机次数与停机时间；其次是通过提高设备和操作水平，降低环冷机的漏风率，采用环冷机底部柔磁性密封、环冷机水密封、台车横梁和烟罩密封等技术，降低漏风率。

（2）研究烧结矿冷却新工艺，提高热量回收效率。目前，我国已有企业采用竖罐冷却代替环冷机或带冷机，冷却风供风总量可减少一半左右，热烟气100%全部回收，且温度约可提高至450℃，余热回收效率显著提高，与环冷机余热发电量相比可提高60%~80%。

（3）提高余热锅炉与汽轮机稳定性能与运行水平。通过合理控制出口烟温，有效布置炉内结构，做好炉墙密封，合理选择炉管形式与材质，采用涂层保护等措施减少余热锅炉的磨损、积灰、漏风和腐蚀等问题。确定合理的汽轮机主蒸汽、再热蒸汽和二次蒸汽的压力和温度参数，尤其是工况波动状况下汽轮机的变负荷运行方式，提高汽轮机运行的稳定性。

E　干熄焦发电

我国干熄焦技术是1986年宝钢一期工程从日本引进开始应用的，2004年随着采用我国自主研发的干熄焦技术与设备的示范工程——马钢和通钢干熄焦装置的顺利投产，标志着我国实现了干熄焦技术与设备的国产化，以后又实现了设备的大型化和系列化。目前，我国已能自主设计、制造和建设50~260t/h各种规模的干熄焦装置，干熄焦技术日趋成熟。

据统计，我国已拥有投产干熄焦装置204套，小时处理能力2.6万吨。全国焦化行业干熄焦率已达到34%（按全部产能计），或者已达到38.9%（按常规焦炉产能计），其中重点大中型钢铁企业干熄焦率已达到92%以上。目前我国宝钢本部焦炭已实现100%干熄率，湿熄焦已取消，在我国处于领先水平，其他钢铁企业虽然也全部实现干熄焦，但是实际运行中焦炭干熄率只有86%~97%，未能达到100%干熄率。从目前干熄焦装置处理能力套数来看，125~140t/h干熄焦装置处理能力套数最多，占比最大，约为65%；150~260t/h干熄焦装置处理能力套数次之，占比约为25%；65~110t/h干熄焦装置处理能力套数较少，占比约为10%。

发展趋势：从今后10年看，我国常规焦炉发展方向是增加炭化室高度和容积，提高生产效率和焦炭质量、改善环境、多配弱黏结性炼焦煤、减少成本等，如顶装焦炉发展方向炭化室高度分别为7m、7.5m、7.63m、8m，捣固焦炉发展方向炭化室高度分别为6m、6.25m、6.5m、6.7m等，每组焦炉生产规模分别为100~210万吨/年甚至更大。为此，干熄焦发展方向首先是装置大型化，新建焦炉配套干熄焦装置处理能力都在125t/h以上，小于110t/h干熄焦装置将非常少，其次是改善干熄炉、减少循环风量以及干熄焦锅炉高温高压化，提高热效率，在不增加焦炭烧损情况下，每吨干熄焦发电超过 140kWh 及以上，净外送电超过 120kWh 及以上。

2.3.6.3 典型案例

A 华菱湘钢（大中型企业）

湘钢自发电由煤气发电、干熄焦余热发电、烧结机余热发电、高炉煤气压差发电、钢后余热发电等多种方式组成。特别是两台 135MW 超高压煤气发电机组，比中温中压发电机组的发电效率要高出 15 个百分点，达到 35% 左右，企业 2015 年自发电率 85.8%。全公司采用的新技术有：（1）采用高温超高压机组，单位发电煤气消耗下降 45%~50%。（2）提高煤气回收水平：转炉煤气已达 140m³/t，焦炉煤气 460m³/t。（3）降低煤气消耗：自动烧炉，热送热装，板材热装率 80%，线材 60%。（4）提升余热发电水平：烧结吨矿 21kWh，吨焦 101kWh，吨铁 52kWh。（5）钢后将炼钢饱和蒸汽加热提温和轧钢过热蒸汽共同发电，提升发电效率。

B 唐山建龙（中小型企业）

唐山建龙钢铁不含冷轧自发电率达 80.65%。采用的新技术有：（1）采用 6.5 万超高压机组：蒸汽压力 13.7MPa，自耗电 6%，热效率 39%。（2）烧结：治理漏风，降低 5%~10%，吨矿燃耗 47~50kg，返矿 21%。大烟道换热产蒸汽 9.5t/h，进发电机补气段；转炉富余蒸汽进发电机补气段，吨矿发电 23kWh。（3）干熄焦采用高压，9.48MPa，吨焦发电 150kWh。（4）蒸氨采用焦炉烟道气。（5）冲渣水及焦炉初冷水供城市采暖，收费 20 元/m²。（6）轧钢热送热装吨材煤气消耗（BFG）178m³。

2.3.6.4 节能技术选择考虑因素

我国钢铁工业在过去十年间的吨钢能耗逐年下降，节能工作取得了显著的成就，但依然存在一些问题，在下一步发展中面临严峻的挑战，其中很重要的一个方面就是余热余能的利用问题。钢铁工业制造流程是一个大规模能源循环系统，在构成该系统的工序内部，在各工序之间进行复杂的能量消耗、转换、再生、输送，而且钢铁联合流程具有很强的热管理特征。

钢铁生产消耗的一次能源中约 40% 以某种形式的热能释放出，其温度上至 1500℃，下至近于环境温度的广泛范围，目前我国生产 1t 钢产生的余热余能资源量约为 8~9GJ，主要分为副产煤气、排气余热、固体余热及废气废水余热。目前我国钢铁工业余热余能利用还是以发电的方式为主，包括煤气发电、蒸汽发电、TRT 发电、烧结余热发电、干熄焦发电等发电技术均得到不同程度的普及发展。我国重点大中型企业建有煤气锅炉发电机组 700 余台，淘汰中低参数机组，集中煤气资源建设高温超高压煤气发电机组将成为主流趋势，从长远来看亚临界煤气发电将会得到逐步推广。我国重点大中型钢铁企业已建有蒸汽发电机组 210 余台，以饱和蒸汽发电和过热蒸汽发电为主，目前行业通过一系列优化措施提高蒸汽发电的稳定性。TRT 余压发电机组配备率超过 96%，BPRT 和 3H-TRT 将成为下一步趋势。我国已经建设烧结余热发电机组 160 余台（套），未来提高吨矿发电效率也将是重要课题。我国已拥有投产干熄焦装置 204 套，未来大型化、改善干熄炉、减少循环风量以及干熄焦锅炉高温高压化，提高热效率将是主要趋势。

　　根据统计，目前我国钢铁行业平均自发电率为接近 50%，随着发电技术的发展以及企业节能意识不断提高，目前各家企业的自发电水平不断提高，涌现出了华菱湘钢、镔鑫钢铁、唐山建龙等一批优秀企业。目前存在收费繁多、并网手续繁琐、定位难等一系列问题，需要通过打破电网垄断、区分考虑制定并网政策、电力部门规范管理工业企业自发电设施等手段解决上述问题。当然，钢铁企业需要强化内功，特别要在优化工艺流程和大胆采用新技术、新装备方面下大力气，在推广应用节能节电方面采取措施，切实提高自发电水平。

2.3.7　钢厂固体废弃物综合利用技术的选择

2.3.7.1　钢厂固废利用技术概述

　　我国钢铁工业主要固体废弃物包括钢铁渣、脱硫副产物、粉煤灰和炉渣等废渣，烧结、球团、炼铁、炼钢和轧钢工序产生的含铁尘泥及石灰尘泥、焦化尘泥和水处理污泥等冶金尘泥，以及废旧耐材等废旧再生资源。根据我国钢铁工业主要固废种类及其综合利用技术发展情况，可将我国钢铁工业固废综合利用技术分为废渣资源综合利用技术、尘泥分类回收和高效循环利用技术、废旧资源再生利用技术和社会废物循环利用技术等。

　　A　废渣资源综合利用技术

　　主要包括钢铁渣、脱硫副产物、粉煤灰和炉渣等的综合利用技术，重点为钢铁渣的资源化利用技术。其中，高炉渣主要用于生产矿渣微粉、作水泥熟料或混凝土添加料、制砖等，其资源化利用新技术有：热态高炉渣制备矿渣棉，高炉渣生产微晶玻璃、硅肥，以及海洋生态环境修复材料等。钢渣综合利用主要包括钢渣热处理、渣-金分离和尾渣资源化利用。钢渣热处理工艺主要有热泼、热焖、滚筒法和风淬法等；渣-金分离主要有主要为干式分选和湿式分选两种工艺。干选技术代表工艺有"多级破碎+多级磁选"和"棒磨+高效磁选"。湿选技术代表工艺为"破碎+湿磨+多级磁选"；钢渣尾渣主要用作道路和工程回填材料，生产水泥、钢渣微粉、制砖等建材利用，其资源化利用新技术有：钢渣作非金属磨料、钢渣脱硫剂，改质制备陶瓷、生产钢渣磷肥或土壤改良剂等。脱硫副产物主要有脱硫石膏、半干法脱硫灰和镁法脱硫副产物等，目前，脱硫副产物主要用作水泥、矿渣微粉添加剂，部分脱硫石膏用于生产抹灰石膏、砂浆、纸面石膏板等新型建材利用，镁法脱硫副产物可用于耐火材料生产使用。粉煤灰和炉渣主要应用于建筑材料、道路回填、农业土壤改良；近年来新开发的粉煤灰资源化利用技术有商品粉煤灰加工技术、制备活性炭技术和提取氧化铝技术。

B 尘泥分类回收和高效循环利用技术

主要包括烧结、球团、炼铁、炼钢和轧钢工序产生的含铁尘泥及石灰尘泥、焦化尘泥和水处理污泥等冶金尘泥分类回收和高效利用技术。其中，石灰、焦化尘泥主要返石灰生产和焦化配煤工序利用，部分石灰粉和焦粉返回其他钢铁工序利用或直接生产相关产品，如利用石灰粉末生产冶金辅料、耐火材料，利用焦化尘泥制作电极糊、还原剂等。烧结、球团、炼铁、炼钢和轧钢工序产生的含铁尘泥和氧化铁皮主要返烧结、炼钢等工序循环利用，少量高炉布袋除尘灰、烧结机头灰等单独提锌、提钾、提铁处理，以及氧化铁皮深加工利用技术。近年来，新开发含铁尘泥高效利用技术有含锌除尘灰转底炉、回转窑等提取工艺，含钾除尘灰的分离提取技术，氧化铁皮生产直接还原铁粉、海绵铁、磁选材料、电极材料和化工原料等深加工利用。

C 废旧资源再生利用技术

主要包括废旧耐材、废油脂、废酸等的再生利用技术。其中，钢铁企业废旧耐材主要由耐材供货商回收加工利用，部分大型钢铁联合企业建有专门废旧耐材再生利用生产线回收利用企业自身废旧耐材。废油脂、废酸等废旧资源总体产生量较少，钢铁企业多采取招标外卖和委托处理方式进行集中处理，少数大型钢铁企业建有专门废油和废酸等再生利用生产线。

D 社会废物循环利用技术

利用钢铁生产高温、还原性等特点，消纳处理社会废钢铁、废塑料、废轮胎、废催化剂（含合金元素）等固体废弃物。同时，积极参与城市矿产开发和回收社会废钢铁资源，实施产业链延伸和资源再生利用产业化发展，从而实现企业的产城共融发展和绿色可持续发展。如废钢铁加工配送中心或示范基地建设，报废汽车、报废摩托车、报废船舶、废旧电器和电子产品、废旧农机具、报废机器设备拆解等"城市矿产"开发，协同利用钢铁炉窑处理化工废渣、废催化剂、废塑料和废旧轮胎等社会废弃物技术。

2.3.7.2 固废利用技术比选及应用案例

A 废渣资源综合利用技术

我国钢铁工业废渣资源综合利用技术虽多，但主要集中在工程回填、水泥、混凝土和新型建材产品等建材利用领域，钢铁工业废渣利用受下游建材产品市场和行业影响较大。钢铁工业大利用量、高值化资源综合利用技术相对缺乏。主要废渣综合利用技术比较如表2-7所示。

表 2-7　主要废渣综合利用技术比较

序号	技术名称	技术特点及指标	技术比较	适用条件
一	高炉渣综合利用技术			
1	高炉渣微粉利用技术	高炉水渣经配料、烘干、选粉后得到比表面积大于 420m²/kg 微粉产品。主要工艺装备为立磨，它集破碎、烘干、选粉为一体，具有电耗低、密封性能好、结构紧凑等特点	较传统高炉水渣外卖作水泥、混凝土、制砖等建材利用，利用技术附加值明显提高，但同时受下游水泥、混凝土建材产品市场影响较大。目前，我国约 60% 以上高炉渣作矿渣微粉加工利用	高炉渣产生企业，高炉水渣产生量 70 万吨以上；河北承钢、攀枝花等少数含钛高炉渣生产企业不适用
2	热态高炉渣制备矿渣棉	直接利用热态高炉渣为原料生产无机纤维制品，具有优良的绝热、降噪和防火性能；关键技术为喷丝编织技术和温度调节	直接利用高温余热，利用附加值大幅提高，但产业规模小（一般只有几万吨），技术成熟度不高，难以解决高炉渣大规模利用问题	高炉渣产生企业
3	高炉渣生产硅肥	直接利用高炉渣高温余热改质，改质后高炉渣经水淬，经磨细至 0.150～0.178mm（80～100 目）后得到成品硅肥，可大幅降低生产成本并提高经济效益；关键技术在于激发高炉渣中硅元素活性，得到可溶硅	利用附加值较高，日本等国已有成熟应用，但受农肥应用领域实验周期长、质量要求高等因素影响，技术推广应用相对滞后	高炉渣生产企业，且所在地土壤缺硅
4	高炉渣修复海洋生态环境	细粒化的高炉渣铺设在海床上，高炉渣中的有价元素可以修复海洋生态环境，技术关键是细粒化高炉渣的沉降铺设	环境效益较好，但经济效益略差，且适用条件苛刻	高炉渣产生企业，企业近海海洋，且海洋缺硅，需海底土壤需环境修复

续表 2-7

序号	技术名称		技术特点及指标	技术比较	适用条件
二	钢渣综合利用技术				
1	钢渣热处理技术	热泼法	操作简单，处理量大，但处理时间长，渣铁分离效果好，尾渣稳定性和环保除尘水平差	国内钢渣热处理主要有热泼、热焖、滚筒和风淬处理技术，但受钢渣产生量、钢渣流动性、项目投资和运行费用，以及处理效果等因素影响，目前主要以钢渣热泼法和热焖法居多	钢渣产生企业
		热焖法	处理时间短，粉化率高，渣铁分离要求高，尾渣性能稳定，但项目投资和运行费用高，以及设备性能稳定等		具备一定规模的钢渣产生企业
		滚筒法	流程短，占地小，设备安全可靠，渣铁分离效果好，运行费用低；但设备投资和运行费用高，要求钢渣流动性好，固态渣和流动性差的渣不处理		具备大型转炉的钢铁企业，对钢渣流动性要求高
		风淬法	工艺简单，投资少，性能稳定；冷却速度快，处理后钢渣粒度均匀；对钢渣流动性要求更高，一般风淬法能够处理钢渣总量的60%，且处理费用较高		对钢渣流动性要求更高
2	钢渣高效棒磨磁选技术		主要采用两台棒磨机和磁选设备对钢渣金属进行磁选回收，工艺紧凑，占地少，金属回收率高。技术关键为棒磨设备参数选择及运行效果	较传统简单破碎磁选，多级破碎磁选以及破碎，湿磨和多级磁选工艺具有金属回收率高，环保相对要高等特点，但项目投资高，目前多采用多级磁选法	具备一定规模的钢渣产生企业
3	钢渣微粉利用技术		钢渣经烘干，选铁，粉磨等工艺得到微粉产品；技术关键是对钢渣选铁和粉磨技术；	可较大规模实现钢渣的资源化利用，但项目投资高，收益差，企业技术应用意愿低；目前多采用钢渣粉利用技术	具备一定规模的钢渣产生企业
4	利用钢渣制备陶瓷技术		熔融钢渣进行改质生产陶瓷，添加剂种类和含量的选择掺和，及对应温度制度的确定	充分利用钢渣显热，钢渣掺入量大，但生产线规模不大，且技术处于推广应用阶段	钢渣产生企业

续表 2-7

序号	技术名称	技术特点及指标	技术比较	适用条件
5	钢渣脱硫技术	以细粉状钢渣与水调制成浓度为 5%～20% 浆液作为脱硫吸收剂，在吸收设备中与烟气中的二氧化硫反应。关键技术是提高反应器的耐腐蚀性能	充分利用钢渣中 CaO 成分，实现了钢渣的废物利用，具有良好的经济和社会环境效益，但钢渣利用规模小	同时具备钢渣产生企业和需要烟气脱硫项目
6	钢渣非金属磨料技术	钢渣急冷、破碎、渣铁分离、磁选等处理后得到的一种高硬度、稳定性好的钢渣，再将其加工成各种粒径规格、颗粒吸附物含量不大于 0.5% 的非金属除锈磨料使用	较其他钢渣利用技术，工艺简单，项目投资费用低，但钢渣利用规模小	钢渣产生企业
三	脱硫副产物综合利用技术			
1	脱硫副产物生产抹灰石膏及新型建材	将脱硫石膏和添加剂混合配料生产抹灰石膏等替代传统水泥砂浆和天然石膏等。技术关键为添加剂选择，配料混匀工艺	替代传统水泥砂浆和天然石膏，可实现废物的资源化利用，但对脱硫副产物质量和数量要求较高	具备一定数量脱硫副产物企业
2	脱硫副产物生产纸面石膏板	将脱硫副产物配料后烘干、煅烧、冷却、陈化后制板。技术关键为煅烧、陈化和成型工艺	替代天然石膏，可实现废物的资源化利用，但对脱硫副产物质量和数量要求更高	具备一定数量脱硫副产物企业

续表 2-7

序号	技术名称	技术特点及指标	技术比较	适用条件
四	粉煤灰及炉渣综合利用技术			
1	商品粉煤灰加工技术	磨粉机将粉煤灰磨为细度≥420m²/kg 的商品粉粉煤灰微粉，关键技术主要是粉煤灰的粉磨工艺	替代天然砂石生产水泥、建筑砌块等建材产品，实现了粉煤灰的资源化利用	燃煤电厂等粉煤灰产生企业
2	粉煤灰制备活性炭技术	采用摩擦电选和高浓度湿法浮选脱炭新技术，提取粉煤灰其中的炭，制备活性炭，该法的关键是控制合适的固液比	粉煤灰利用附加值进一步提高，但该工艺流程长，活性炭提取主要是高碳粉煤灰，提取量少，大部分仍为粉煤灰建材化利用	燃煤电厂等粉煤灰产生企业
3	高铝粉煤灰提取氧化铝技术	粉煤灰细化后与硫酸铵按一定比例混料、烧结，加硫酸浸出，调节 pH 值，重结晶后得到硫酸铵中间体，将高温煅烧得到高纯氧化铝，关键技术是原料配比及各环节的 pH 值控制	粉煤灰利用附加值高，具有明显的经济效益和社会环境效益，但目前该技术存在工艺流程复杂，生产成本高等问题，且对粉煤灰氧化铝含量要求高	燃煤电厂等粉煤灰产生企业，且原煤氧化铝含量较高

　　B　尘泥分类回收和高效循环利用技术

　　目前，冶金尘泥主要返钢铁生产循环利用，少量高炉布袋灰、烧结机头灰含锌、含钾等含铁尘泥需单独提锌、提钾、提铁处理。此外，少量氧化铁皮用于生产直接还原铁粉、磁性材料或电池材料等深加工利用。中钢协统计重点企业冶金尘泥返生产利用率达 90%以上。

　　冶金尘泥主要分类回收和高效循环利用技术比较见表 2-8。

表 2-8　主要尘泥分类高效利用技术比较

序号	技术名称	技术特点及指标	技术比较	适用条件
1	含锌除尘灰综合利用技术	含锌除尘灰综合利用技术主要有水力旋流提铁、提碳，以及转底炉、回转窑等火法提锌、提铁技术。技术关键为高温反应参数选择和控制	较传统含锌除尘灰返生产利用或制砖等，采用本技术可实现有价金属元素锌、铁的分离回收，提高含锌除尘灰利用附加值，降低其对生产和保护的负面影响	含锌除尘灰产生企业
2	含钾除尘灰综合利用技术	主要采用火法和湿法提取相结合工艺，回收提取烧结机头灰的钾、钠元素。技术关键为高温反应参数选择和控制	较传统含钾除尘灰返生产利用或制砖等，采用本技术可实现有价金属元素钾、钠的分离回收，提高含锌除尘灰利用附加值，降低其对生产和保护的负面影响	含钾除尘灰产生企业
3	氧化铁皮综合利用技术	氧化铁皮等经配料、混匀、造球、焙烧干燥后，进行高温反应得到直接还原铁、磁性材料和磷酸铁锂电池正极材料等。技术关键为添加剂选择及高温反应参数控制	较氧化铁皮直接返生产利用技术水平和利用附加值明显提高，但需要足够的氧化铁皮。目前，氧化铁生产直接还原铁和磁性材料已成熟应用，但生产电池正极材料还处于技术推广应用阶段	具备一定规模的氧化铁皮产生企业

　　C　废旧资源再生利用技术和社会废物循环利用技术

　　钢铁企业废旧耐材、废油等废旧资源总产生量较少，企业多采取外卖或委托专业化公司进行处置，少数大型钢铁联合企业建有专门生产线进行再生利用。社会废物循环利用技术重点围绕废钢铁资源和当地资源特点，实施产业链延伸发展和产业化发展。

　　钢铁工业主要废旧资源再生利用技术和社会废物循环利用技术比较见表 2-9。

表 2-9 主要废旧资源再生利用技术和社会废物循环利用技术比较

序号	技术名称	技术特点及指标	技术比较	适用条件	应用举例
1	废旧耐材再生利用技术	采用表面处理、破碎、筛分、配料和包装工序进行废耐材再生利用。技术关键为耐火材料的分类回收和利用	较传统废耐材丢弃或铺路等利用，利用附加值明显提升，但再生利用的比例不高	废旧耐材产生量大的大型钢铁联合企业	宝武集团等
2	再生锌锭加工利用技术	采用真空冶炼方法将镀锌高锌渣料和高锌灰进行高温加热，通过分离冷却回收金属锌。技术关键为锌的挥发及冷却过程控制	工艺技术成熟，金属回收率高，目前处于成熟应用阶段	具有一定规模高锌渣和高锌灰的大型钢铁联合企业	酒钢等
3	回收利用社会废塑料项目	利用钢铁企业焦炉、高炉等高温、还原性等特点，回收利用社会废塑料，回收拆解的破碎和造粒等工艺。技术关键为废塑料生产原料使用，技术关键为钢铁生产原料使用，技术关键为效果	工艺技术成熟，但废塑料回收困难，生产成本较高，技术推广应用难度大	具备高炉、焦炉等冶炼装备的企业	宝武集团、首钢等
4	城市矿产开发项目	回收拆解报废汽车、家电和社会废钢等作为钢铁生产原料等使用。技术关键为效率及运行回收、拆解、加工效率及运行效果	较传统天然矿产资源开发，可大幅降低对环境的污染和节约资源	需要废钢资源的钢铁企业	宝武集团等

2.3.7.3　技术选择的理念、价值取向

按照循环经济"减量化、再利用、再循环"的原则，钢铁工业应大力提倡采用先进生产工艺技术和精料方针等措施，从源头减少固废产生量，节约资源和能源；加强固废资源精细化监控和管理，强化过程治理，以减轻末端治理压力和避免二次重复治理；加大政策引导和支持，加快技术创新，突破固废资源综合利用的重点难点，大力发展高附加值、大利用量的固废循环利用技术，提高固废资源综合利用水平，真正实现固体废弃物的"零排放"和全部资源化循环利用，实现企业的绿色可持续发展。

固废综合利用应重点发展大利用量、高值化资源化利用技术，优先开发钢铁渣热态循环利用技术、高温改性技术和大利用量技术等，提高大宗工业废渣的利用量和利用附加值。加强冶金尘泥分类回收和高效循环利用技术开发，根据不同尘泥成分及性能特点，进行分类就近回用和集中高效处理，发展含锌、含钾尘泥的过程分离技术和氧化铁皮深加工利用技术等。废旧资源再生利用和社会废物循环利用技术应重点开展产生量大、难处理废物资源的高效处理和循环利用技术。

2.3.8　钢厂环境治理技术的选择

2.3.8.1　烧结机头烟气脱硫工艺技术对比分析

A　湿法脱硫技术

湿法脱硫主要包括石灰/石灰石-石膏法、双碱法、镁法、钢渣法、氨法等。以石灰/石灰石-石膏法为例，脱硫系统一般由吸收剂制备系统、烟气系统、SO_2吸收系统、副产品处理系统组成。吸收塔是脱硫装置的核心设备，它的结构设计优劣直接关系到脱硫效率的高低，常见的有喷淋塔（空塔、喷雾塔）、填料塔、喷射鼓泡塔和双回路塔四种类型，脱除机理类似。

钢铁烧结烟气脱硫自 2004 年起步以来，石灰/石灰石-石膏法工艺便占据了较大的市场份额，因其吸收塔形式的不同，脱硫效果不一，目前，在钢铁烧结烟气石灰/石灰石-石膏湿法脱硫装置中，以空塔喷淋的吸收塔类型效果最好。其原理为：烧结机含 SO_2 烟气在吸收塔中与石灰/石灰石喷淋浆液逆向接触，SO_2 被喷淋浆液吸收形成亚硫酸，然后与 Ca 基脱硫剂反应，形成亚硫酸钙，亚硫酸钙经由氧化风机与搅拌工艺协同作用生成硫酸钙，结晶形成石膏。

石灰/石灰石-石膏法具有技术成熟、投运成本相对较低、系统可靠性高、脱硫效率高、石膏利用途径相对较好的优势，但也存在有脱硫废液产生，脱硫后排气筒湿烟气拖尾现象较为严重，部分设施还会携带脱硫浆液，造成"石膏雨"现象的缺点，增加湿烟气中的颗粒物浓度。

B 活性炭（焦）干法脱硫技术

活性炭吸附法是一种较为先进的脱硫工艺技术，其在拥有较高脱硫效率的同时，兼具对烧结烟气中如重金属、二噁英、氮氧化物、HF、HCl等多种污染物的协同脱除作用，日本在2000年后的烧结烟气脱硫项目中均采用活性炭吸附法。活性炭吸附法工艺主要由三部分组成：吸附工程、再生工程、副产品回收工程。

其反应原理如下：烧结机头含硫烟气通过除尘器除尘后经鼓风机和升压鼓风机送入移动层吸收塔，并在吸收塔入口处喷入氨作为脱硝还原剂。吸附了硫酸和铵盐的活性炭被送入解吸塔，经加热至400℃左右即可解吸出高浓度二氧化硫，送往派生品回收装置，可利用它生产高浓度硫磺或浓硫酸；再生后的活性炭经冷却筛去杂质后送回吸收塔进行循环使用。

该技术脱硫效率较高，兼具脱硝、脱二噁英、脱重金属、除尘等协同处理能力，但该工艺投资大、对管理水平、自动化水平要求高、运行成本高。另外，根据活性炭自燃的特点，烟气中SO_2浓度不应高于$3000mg/m^3$，烟气温度不应高于165℃，否则存在一定的技术风险。

C 烧结烟气循环技术

烧结烟气循环技术是将烧结过程排出的一部分载热气体返回烧结点火器以后的台车上再循环使用的一种烧结方法，可回收烧结烟气的余热，提高烧结的热利用效率，降低固体燃料消耗。烧结烟气循环技术将选择部分风箱的烟气收集，循环返回到烧结料层，这部分废气中的有害成分将在再进入烧结层中被热分解或转化，二噁英和NO_x会部分消除，并抑制NO_x的生成；粉尘和SO_x会被烧结层捕获，减少粉尘、SO_x的排放量；烟气中的CO作为燃料使用，可降低固体燃耗。另外，烟气循环利用减少了烟囱处排放的烟气量，降低了终端处理的负荷，可适应烧结烟气中相对较高的SO_2浓度，提高脱硫装置现有脱硫效率，通过减小脱硫装置的规格，降低脱硫装置的投资。

D 烧结机头烟气脱硫技术比选小结

根据近年来对各种烧结烟气脱硫工艺的应用和核查结果可知，应用相对较广的石灰/石灰石-石膏法、循环流化床法、旋转喷雾法等脱硫设施现场运行情况相对较好，但对多污染物协同控制效果欠佳，活性焦（炭）法也继太钢之后在江苏永钢2号$450m^2$、营口京华钢铁$600m^2$、宝钢股份$500m^2$烧结机上投入使用，投资及运行成本也随着技术国产化、设计施工单位数量的增加而随之降低，目前该工艺在钢铁企业多污染物协同处理层面认可程度较高，未来还将陆续有部分钢铁企业予以应用。因此，上述脱硫技术均可作为备选的钢铁烧结机头烟气的最佳控制技术。典型烧结脱硫技术对比见表2-10。

表 2-10　烧结机头烟气主要脱硫工艺对比

序号	工艺类型	技术名称	技术特点、关键参数	适用范围
1	湿法脱硫工艺	石灰/石灰石-石膏法	脱硫效率高，可达97%以上，空塔喷淋工艺，阻损小，脱硫塔体流速控制在6m/s以内，浆液pH值控制在5.5左右	适用于所有烧结机头烟气脱硫项目
2		镁法	脱硫效率高，可达98%以上，浆液pH值控制在5.5左右，副产硫酸镁晶体可生产石膏建材	适用于所有烧结机头烟气脱硫项目
3		氨法	脱硫效率高达99%以上，可利用焦化副产氨水作为脱硫剂，副产硫酸铵或硫酸氢铵具有一定的产品附加值可做氮肥使用	适用于所有烧结机头烟气脱硫项目
4	半干法脱硫工艺	循环流化床法	脱硫效率可达93%以上，建立床层提高循环灰与SO_2接触几率，脱硫剂利用率高，钙硫比控制在1.2以内，占地面积省，不产生脱硫废水，排气筒出口无拖尾现象，颗粒物排放控制较佳	适用于入口SO_2浓度在2000mg/m³以内的烧结机头烟气脱硫项目
5		SDA旋转喷雾法	脱硫效率可达93%以上，脱硫塔内高速雾化喷嘴效果好，脱硫剂利用率高，占地面积省，不产生脱硫废水，排气筒出口无拖尾现象，颗粒物排放控制较佳	适用于入口SO_2浓度在2000mg/m³以内的烧结机头烟气脱硫项目
6		密相干塔法	脱硫效率可达90%以上，脱硫塔内循环颗粒物浓度保持在600~800mg/m³，钙硫比控制在1.2以内，脱硫塔内烟气接触时间不低于6s，占地面积省，不产生脱硫废水，排气筒出口无拖尾现象，颗粒物排放控制较佳	适用于入口SO_2浓度在2000mg/m³以内的烧结机头烟气脱硫项目

续表 2-10

序号	工艺类型	技术名称	技术特点、关键参数	适用范围
7	干法脱硫工艺	活性炭(焦)法	脱硫效率高达 99% 以上，利用多孔介质材料的物理吸附与化学催化还原同时脱硫脱硝，可解析制硫酸，烟气进塔温度控制在 150℃ 以内，唯一可实现 SO_2、NO_x、颗粒物、二噁英、重金属等多污染协同治理的工艺	适用于入口 SO_2 浓度在 3000mg/m³ 以内的烧结机头烟气脱硫项目

2.3.8.2　焦炉烟道气脱硫脱硝工艺

A　半干法脱硫+低温脱硝除尘热解析一体化技术

中冶焦耐开发的"干/半干法脱硫+低温脱硝除尘热解析一体化技术与工艺"，将低温 SCR 反应器置于脱硫除尘工艺后端，实现烟/粉尘、SO_2 和 NO_x 等污染物达标排放。脱硝除尘热解一体化装置作为核心设备兼具低温脱硝、脱硫除尘、催化剂原位再生功能，应用了半干法脱硫与脱硝除尘联合技术、脱硝反应器内气流均布技术、氨气/烟气混合技术、脱硝催化剂单仓原位再生技术、焦炉烟道气负压控制技术、洁净烟气回配余热利用技术等多项节能环保新技术。整套工艺流程无废水产生，脱硫副产物可由相关化工厂家回收或直接排放。目前，装置各系统运行正常，达产后，二氧化硫、氮氧化物排放量分别 ≤30mg/m³（标态）和 150mg/m³（标态），各项指标满足国家炼焦化学工业污染物排放标准规定的特别限值地区环保排放指标。

B　半干法脱硫+中温 SCR 脱硝技术

焦炉烟气半干法脱硫+中温 SCR 脱硝技术，目前在宝钢股份 1 号焦炉上已有工程示范应用。其在半干法脱硫工艺的选择上采用了 Na 基旋转喷雾法（SDA），不同于烧结应用的 Ca 基循环流化床法（CFB），脱硫反应后进入袋式除尘器，串接中温选择性催化还原（SCR）脱硝技术，该脱硝技术不同于此前湛江由中冶焦耐实施的低温 SCR 脱硝。焦炉 C-SCR 催化剂仅在活性组分配比上较烧结 S-SCR 催化剂有所不同，其余如燃烧加热系统、GGH 换热等工艺均与烧结脱硝工程异曲同工。项目投产运营八月左右，在入口 NO_x 和 SO_2 浓度分别在 520mg/m³（标态）和 170mg/m³（标态）的工况条件下，可实现出口 NO_x 排放浓度 ≤50mg/m³（标态），SO_2 排放浓度 ≤10mg/m³（标态）的排放效果。

焦炉烟道气主要脱硫脱硝工艺对比如表 2-11 所示。

表 2-11　焦炉烟道气主要脱硫脱硝工艺对比

序号	技术名称	技术特点、关键参数	适用范围
1	干法/半干法脱硫+中低温选择性催化还原技术	脱硝反应器入口 SO_2 含量较低，脱硫塔内烟气接触时间不低于 6s，应用钒钛系 SCR 催化剂，氨氮比一般控制在 1.0～1.4 之间，空速控制在 $7000h^{-1}$ 以内催化剂使用寿命有保证，抗水抗硫效果较佳	适用于常规机焦炉烟道气脱硫脱硝项目
2	中低温选择性催化还原技术+氨法脱硫	能耗低，无需补热，运行成本控制较好，可利用焦化企业副产氨水作为脱硫剂，脱硫效率可达 99% 以上，塔内流速低于 6m/s，氨氮比一般控制在 1.0～1.4 之间，空速控制在 $7000h^{-1}$ 以内副产物硫酸铵或硫酸氢铵具有较高的附加值，催化剂抗水抗硫效果较佳	适用于常规机焦炉烟道气脱硫脱硝项目
3	活性焦脱硫脱硝一体化技术	脱硫效率高达 99% 以上，利用多孔介质材料的物理吸附与化学催化还原同时脱硫脱硝，可解析制硫酸，烟气进塔温度控制在 150℃ 以内，排气筒出口烟气无拖尾现象	适用于常规机焦炉烟道气脱硫脱硝项目

2.3.8.3　烧结机头烟气脱硝工艺

烧结机头烟气脱硝技术。烧结机头烟气中 NO_x 浓度较低，通常情况下不需要采取治理措施，均能满足《钢铁烧结、球团工业大气污染物排放标准》（GB 28662—2012）中限值要求，国家在近期将针对大气传输通道"2+26"城市执行的特排限值标准予以提标收严，在进一步降低外排烟气中 NO_x 浓度的同时，也将引入氧含量折算。

对于烧结机头脱硝，目前国内外有三种末端治理技术路线。

A　中温 SCR（选择性催化还原）脱硝技术

目前国内已有示范项目的中温 SCR 脱硝工艺中，催化剂仍以 TiO_2 为载体，V_2O_5 作为主活性组分的催化剂，同时加入 WO_3 和 MoO_3 等金属氧化物助剂，并提高主剂负载量，改善温度活性窗口和抗中毒性能。NO_x 在 280～400℃ 温度区间，经催化作用，利用 NH_3 或尿素作为还原剂将 NO_x 还原为 N_2，根据火电脱硝的经验判断，SCR 脱硝效率可达 85% 以上。但该工艺的反应温度高于烧结机头烟气温度，因此，采用该工艺还需对烧结机头烟气进行升温，增加系统能耗。

B　活性焦（炭）脱硝技术

活性焦（炭）脱硝工艺，是利用活性焦（炭）自身发达的孔道结构先通过物理吸附 SO_2 与 NO_x，在喷入氨水的情况下，NH_3 可以和 NO_x 发生化学反应生成

N_2，脱硝效率可达 40% 以上，如果使 V_2O_5 在活性焦上的负载量达到 5%，理论上可将系统脱硝效率提高到 80% 以上。此外，利用清洁生产技术和烧结烟气循环技术也可实现对 NO_x 的源头减排和过程控制，实现降低末端排放浓度的效果。

C　臭氧催化氧化+碱液吸收脱硫脱硝技术

该工艺主要是通过臭氧的强氧化作用实现对烟气中 SO_2 和 NO 的完全氧化，再将烟气引入湿式洗涤塔中参与反应，脱除 SO_3 和 NO_2 等酸性气体污染物，实现协同净化，理论上可获得脱硫效率 ≥95%、脱硝效率 ≥80% 的较优参数。此工艺需避免臭氧逃逸造成的严重二次污染，且存在废液处理的现实问题。

烧结烟气脱硝技术可作为中长远期储备技术，届时根据技术的产业化成熟度、占地面积符合性及投运成本等因素选择适宜的烧结脱硝技术，以满足未来可能进一步收严的 NO_x 排放标准。目前安钢、太钢、邯钢均采用活性焦法，目前该工艺在钢铁企业多污染物协同处理层面认可程度较高。

烧结机头烟气主要脱硝工艺对比如表 2-12 所示。

表 2-12　烧结机头烟气主要脱硝工艺对比

序号	技术名称	技术特点、关键参数	适用范围
1	中温选择性催化还原（SCR）脱硝技术	脱硝效果较佳，可实现 50mg/m³ 以内的出口 NO_x 排放浓度，催化剂性能较为稳定，抗水抗硫中毒能力较强，氨氮比一般控制在 1.0~1.4 之间，空速控制在 7000h⁻¹ 以内	适用于所有烧结机头烟气脱硝项目
2	活性焦（炭）脱硝技术	出口 NO_x 排放浓度可控制在 50mg/m³ 以内，利用活性焦表面活性点位的化学催化还原作用实现脱硝，烟气进塔温度控制在 150℃ 以内，无固废或危废产生，是唯一可实现 SO_2、NO_x、颗粒物、二噁英、重金属等多污染协同治理的工艺	适用于 200m² 以上的大中型烧结机头烟气脱硝项目
3	臭氧强制氧化脱硝技术	装置占地面积省，可达到 100mg/m³ 的出头 NO_x 浓度，投运成本相对较低	适用于所有烧结机头烟气脱硝项目

2.3.8.4　原料场无组织扬尘治理技术

A　防风抑尘墙技术

由于钢铁企业原料场占地面积大，采用露天堆放原、燃料，原料料堆表面原料在二级风以上风力作用下极易干燥，产生扬尘，造成周围环境空气的严重污染，同时也导致原料的大量风蚀，给企业带来一定程度的经济损失。采用在原料场周围设置挡风抑尘墙的方式可以有效降低原料场内的风速，取得较为理想的抑尘效果，同时减少物料损失。

挡风抑尘墙通常由混凝土土建基础、钢支撑结构框架和防风抑尘板网组成，通过降低风速、阻挡粉尘迁移。挡风抑尘墙基础采用钢筋混凝土现浇独立基础，底部设有混凝土墙，钢支撑结构采用不带斜支撑的单立柱结构，防风网网体拟采用单层聚酯纤维或双层高密度聚乙烯编织网，具有抗老化、抗强风、耐腐蚀等特点。根据太钢等企业采用挡风抑尘墙的经验，可将料场产生的扬尘降低约90%。

B 封闭原料库技术

挡风抑尘墙虽然可通过降低原料场风速，取得抑尘效果，但一方面不能完全消除料场作业时的扬尘，另一方面对于降水过多的地区，不能减少雨水对料堆的冲刷，造成了水污染和铁精矿的流失。

采用原料库封闭技术，可通过对厂房整体封闭，同时在厂房内配备射雾器等除尘设备来抑制扬尘，实现粉尘零污染。通常，小型料场采用混凝土结构的料仓，大型钢铁厂原料场厂房采用网架结构形式，根据邯钢的经验，可完全消除料场扬尘对外界环境的影响，避免雨水对料堆的冲刷，节约物料成本，同时厂区环境更加美观。

C 技术方案比选建议

虽然料场全封闭是控制料场无组织排放最好的形式，京津冀等大气通道城市均要求钢铁企业料场全封闭。

原料场无组织控制技术对比如表2-13所示。

表2-13 原料场无组织控制技术对比

序号	技术名称	技术特点、关键参数	适用范围
1	挡风抑尘墙技术	通常由混凝土土建基础、钢支撑结构框架和防风抑尘板网组成，通过降低风速、阻挡粉尘迁移。网体拟采用单层聚酯纤维网或双层高密度聚乙烯编织网，具有抗老化、抗强风、耐腐蚀等特点	适用于非执行特排限值区域的钢铁企业原料储存
2	封闭原料库技术	采用混凝土结构或网架结构形式实现原料储存系统的全封闭，避免无组织扬尘，配置喷雾除尘措施，确保岗位粉尘达标	适用于所有钢铁企业的原料储存系统
3	筒仓技术	确保煤焦全封闭储存，避免汽车倒运，直接入仓，防止降雨导致煤焦含水率过高，投资大，效果佳	适用于所有钢铁联合企业的煤、焦炭贮存系统

2.3.8.5 除尘器技术

A 覆膜滤料袋式除尘技术

传统袋式除尘器是采用过滤技术，将棉、毛、合成纤维或人造纤维等织物作为滤料编织成滤袋,对含尘气体进行过滤的除尘装置,由于滤袋本身的网孔较大,除尘效率不高,大部分微细粉尘会随着气流从滤袋的网孔中通过,而粗大的尘粒靠惯性碰撞和拦截被阻留。随着滤袋上截留粉尘的加厚,细小的颗粒靠扩散、静电等作用也被纤维捕获,在网孔中产生"架桥"现象,随着含尘气体不断通过滤袋的纤维间隙,纤维间粉尘"架桥"现象不断加强,一段时间后,滤袋表面聚成一层粉尘,称为粉尘初层。在以后的除尘过程中,粉尘初层便成了滤袋的主要过滤层,它允许气体通过而截留粉尘颗粒,此时滤布主要起着支撑骨架的作用,随着粉尘在滤布上的积累,除尘效率和阻力都相应增加。当滤袋两侧的压力差很大时,除尘器阻力过大,系统的风量会显著下降,能耗增加,滤袋工作寿命大大缩短,以致影响生产系统的排风,此时要及时进行清灰,但清灰时必须注意不能破坏粉尘初层,以免降低除尘效率。

袋式除尘的机理主要是依靠含尘气体通过滤袋纤维时产生的筛滤、碰撞、钩住、扩散、静电和重力6种效应进行净化,其中以"筛滤效应"为主。在滤料表面复合一层微孔薄膜的过滤称为覆膜过滤,这是一种表面过滤技术。过滤膜通常是由高分子聚合物制成的,厚度一般为100~150μm,有时也可以制成更薄一些或更厚一些微孔滤膜,微孔滤膜孔径小,捕集率很高,即使对1μm以下的微细粒子也有较高的捕集率,并可防止进入滤料深处,不需要形成普通滤料具有的粉尘初层,因此清灰时粉尘很容易脱落,特别是使用表面非常光滑、有憎水性的聚四氟乙烯薄膜时,清灰特别容易。这一特性为袋式除尘器在潮湿条件下工作防止因结露造成滤袋结垢而失效创造了一定的条件,同时防止滤料的堵塞和结垢,降低滤料的阻力,因而有利于降低除尘器系统运行的能耗,若配备变频风机,风机只需达到额定功率的60%~70%一般就可满足要求,以1800m³高炉出铁场除尘为例,风机电耗每年将节约40万元电费,同时由于清灰性能好,可节约压缩空气的消耗量。但与传统滤料相比,覆膜滤料的缺点是价格相对较高。

B 电袋复合除尘技术

静电除尘器改为电袋复合型除尘器是保留一电场或二电场部分分区,利用原有的电除尘器外壳,在顶部进行适当的改造,在拆除二、三电场内的芒刺、极板、振打装置、高压硅整流装置和出口喇叭后,顶尾部增加部分壳体,采用布袋除尘器的复合结构,阳极振打器全部更换,并对原有设备的钢结构进行适当的补强,实现电除尘与布袋除尘的有机结合。电袋除尘技术充分发挥电除尘器和布袋除尘器各自的除尘优势,并且改善了进入袋区的烟尘工况条件,达到除尘效率稳定高效、滤袋阻力低使用寿命长、运行维护费用低、占地面积小等优点。粉尘在电场中充分荷电除去粗尘,也就是说除去粒径较大的,剩下荷电不充分但可在电场中被极化进入滤袋除尘,而覆膜滤袋对微细粉尘有很高的除尘效率。同时,由于荷电效应经过电场荷电后的粉尘排列有序且呈蓬松状态,滤袋形成的粉尘层阻力小，易于清灰，比常规布袋除尘器低 500Pa 的运行阻力，清灰周期是纯布袋除尘器 4 倍以上，可大大延长滤料使用寿命，降低除尘器的运行、维护费用。两种除尘机理结合使不同粒径粉尘达到最佳收集效果。

C　软稳高频电源技术

常规静电除尘器配套使用的工频电源，其电源工作频率为 50Hz 工频，供给电除尘器的高压直流电含有近 30% 的纹波，由于工频电源的电压输出特性脉动波形，且控制特性采用的火花率控制，因此，电源电压不能始终工作在最佳高效值附近，即火花放电电压附近的临界电压值，从而不能使电源电压给粉尘最大程度进行荷电，导致除尘效率受到影响，同时由于变压器效率低及采用火花率控制等因素，常规工频电源其自身电耗和电场能耗都较高。

软稳高频电源谐振输出频率可达 40kHz，经整流以后可输出非常平稳的直流电，而高压工频电源输出的是脉动直流，平均电压与峰值电压波动较大；同时软稳高频电源具有根据负载工况变化自动跟踪火花放电电压，从而使电源输出电压始终工作在火花放电临界电压处，此电压值是电晕放电的最高效率，从而最大程度使粉尘荷电，提高收尘效率；软稳高频电源还具有消除反电晕功能，因此在除尘器本体系统状况良好及运行工况一致的状态下，采用软稳高频电源供电比原有的高压工频电源的粉尘排放浓度可降低 30% 以上，从而达到新的排放标准要求。

除能提高除尘效率外，软稳高频电源由于其变压器效率高，可达 90% 以上，而工频电源一般在 60% 左右，因此自身电耗大幅降低；软稳高频电源可消除火花放电，节省大量电场火花及电弧放电消耗的能量，还使电晕线的芒刺减少钝化，有效提高除尘器使用寿命和放电频率，除尘系统电耗将大幅降低约 40%~50%。以 312m² 电除尘器为例，实施软稳高频电源改造年可节省电费 40 万元。

D　除尘器技术比选分析

目前钢铁企业除了对烧结机头等不能采用布袋除尘工艺的污染源仍采用静电除尘器，其他节点均为袋式除尘器；对排放浓度远高于排放标准的污染源，实施覆膜滤料布袋除尘。

主要除尘技术对比见表 2-14。

表 2-14　主要除尘技术对比

序号	技术名称	技术特点、关键参数	适用范围
1	覆膜滤料袋式除尘技术	滤料材质佳，粉尘过滤效率高，过滤风速一般控制在 0.8~1.1m/min 之间，除尘器出口颗粒物排放浓度可达 20mg/m³（标态）甚至达到 10mg/m³（标态）以下	适用于烟气温度稳定保持在 150℃ 以下的除尘节点

序号	技术名称	技术特点、关键参数	适用范围
2	电袋复合除尘技术	保留一电场或二电场部分分区，利用原有电除尘器外壳，顶尾部增加部分壳体，其余电场拆空采用布袋除尘器的复合结构，提高传统三电场以下静电除尘器运行效率不足的问题，可实现除尘器出口颗粒物在 $20mg/m^3$（标态）以下，比常规布袋除尘器运行阻力低	适用于钢铁行业所有除尘节点
3	多电场静电除尘技术	烧结机头烟气预除尘采用四电场及以上工艺，保证除尘器出口颗粒物排放浓度控制在 $80mg/m^3$ 以内；转炉一次干法除尘使用烟气冷凝降温装置后，通过圆筒静电除尘器内，实现颗粒物排放浓度稳定保持在 $15mg/m^3$ 以内，并可达 $10mg/m^3$ 的超低排放要求，运行阻力低	适用于钢铁行业烧结机头烟气预除尘与转炉一次"LT"干法除尘

2.3.8.6 全厂污水处理技术方案对比分析

根据钢铁企业现有污水处理厂运行经验，综合污水处理工艺最好的是高密度澄清池+V 型滤池+双膜。

具体工艺流程如图 2-3 所示。

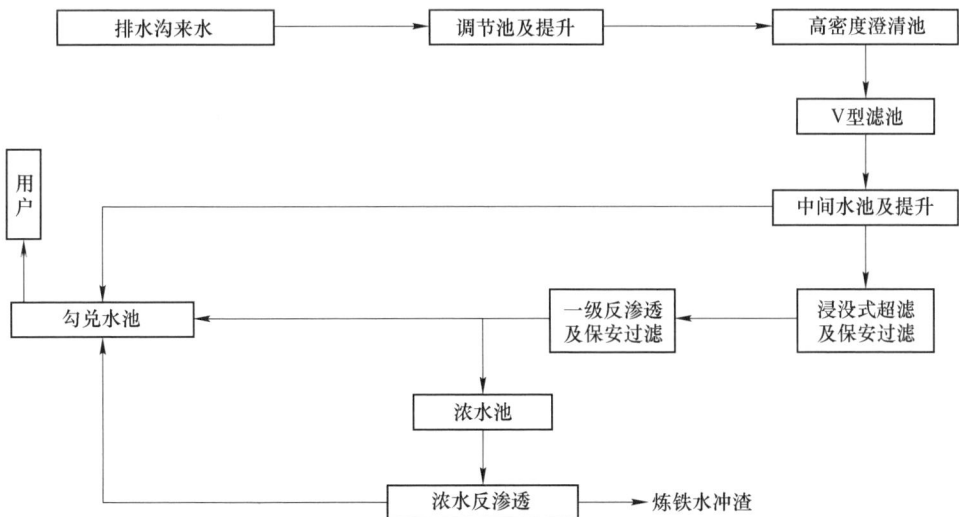

图 2-3 污水处理提升方案工艺流程

高密度澄清池可以说是万能澄清池，特点是均质絮凝体及高密度矾花；由于沉淀速度快（15~40m/h）采用密集型设计；有效地完成污泥浓缩；沉淀后出水质量高，一般在 10NTU 以内；抗冲击负荷能力强，不易受突发冲击负荷的变化而变化；此外，该池可在流速波动范围大的情况下工作。

V 型滤池亦称气水反冲洗均粒滤料滤池，快滤池的一种形式，因为其进水槽形状呈 V 字形而得名。特点是滤层纳污能力高，处理性能稳定，过滤周期长，反冲耗水量低，冲洗效果好等，不足之处是气水冲洗系统较复杂。

总体来说，该工艺流程：适应性好，处理效果好，成熟可靠，构筑物布置紧凑合理，且主要借重力流实施水力衔接，减少提升用电；根据目前国内钢铁企业综合污水处理厂的运行经验，采用该工艺作为膜处理的预处理设施，能保证膜处理系统的稳定运行效果，所选处理工艺属于国家推广采用的水处理工艺。

全厂综合污水处理技术对比如表 2-15 所示。

表 2-15　全厂综合污水处理技术对比

序号	技术名称	技术特点、关键参数	适用范围
1	混凝沉淀+过滤工艺	利用混凝药剂去除废水中的粒径细小悬浮物的同时，兼具去除色度、油分、微生物、氮和磷等富营养物质、重金属以及有机物等，通过过滤达到《钢铁工业水污染物排放标准》（GB 13456—2012）外排出水指标	适用于只产生一般废水的钢铁企业，对常规水污染物进行处理的全厂综合污水处理厂
2	絮凝沉淀+石英砂过滤器+超滤+反渗透工艺	通过化学沉淀技术+物理多孔介质过滤+膜法深度处理组合工艺，实现出水 COD 指标可控制在 10mg/m³，悬浮物和浊度均能达到未检出的程度	适用于含焦化工序的全厂综合污水处理站治理技术，出水作为回用水返回生产单元

2.3.8.7　焦化废水治理提升技术比较

在新的环保标准要求下，目前焦化酚氰废水处理要全面达到《炼焦化学工业污染物排放标准》（GB 16171—2012）表 2 中排放标准限值要求，特别是总氮、总氰要达标，工艺较小，目前主要有以湘钢和广东湛江为代表的两种工艺。焦化废水处理技术对比如表 2-16 所示。

表 2-16　焦化废水处理技术对比

序号	技术名称	技术特点、关键参数	适用范围
1	A-O-A-O 工艺+BAF+光催化氧化+生物曝气+过滤工艺	通过生物处理、膜处理、光催化氧化加过滤组合工艺，将出水指标控制在悬浮物小于 25mg/L，COD 和氨氮分别控制在 40mg/L 和 5mg/L 以内的水平，其他特征污染物排放均达特排限值要求，属于钢铁行业先进水平	适用于钢铁联合企业焦化工序酚氰废水处理

序号	技术名称	技术特点、关键参数	适用范围
2	AO+生化沉淀池+反硝化槽+两段曝气+絮凝沉淀+生物滤池工艺	通过缺氧好氧、反硝化、两段曝气、物理沉淀加生物滤池的组合工艺，将出水指标控制在悬浮物小于 11mg/L，COD 和氨氮分别控制在 55mg/L 和 0.3mg/L 以内的水平，其他特征污染物排放均达特排限值要求，同属钢铁行业先进水平	适用于钢铁联合企业焦化工序酚氰废水处理

湘钢的工艺流程为：A-O-A-O 工艺+BAF+光催化氧化+生物曝气+过滤工艺。具体工艺为：废水在厌氧池完成释磷，在第一个好氧池去除有机物、硝化和吸磷，同时，厌氧池的部分进水分流到缺氧池，能有效防止缺氧池内碳源不足，提高了系统除磷脱氮的效果，BAF（曝气生物滤池）具有去除 SS、COD、BOD、硝化、脱氮、除磷、去除 AOX（有害物质），整套工艺是集生物氧化和截留悬浮固体一体的新工艺。该水处理工艺先进，出水水质好，属于钢铁行业先进水平。湘钢设计出水水质表如表 2-17 所示。

表 2-17 湘钢设计出水水质表

序号	项 目	单 位	设计出水水质
1	pH 值		6~9
2	悬浮物	mg/L	≤25
3	化学需氧量（COD_{Cr}）	mg/L	≤40
4	氨氮	mg/L	≤5
5	五日生化需氧量（BOD_5）	mg/L	≤10
6	总氮	mg/L	≤10
7	总磷	mg/L	≤0.5
8	石油类	mg/L	≤1.0
9	挥发酚	mg/L	≤0.1
10	硫化物	mg/L	≤0.2
11	苯	mg/L	≤0.1
12	氰化物（总氰）	mg/L	≤0.2
13	多环芳烃（PAHs）	mg/L	≤0.05
14	苯并(a)芘	ug/L	≤0.03

广东湛江焦化酚氰废水处理工艺流程：

酚氰废水→调整槽→缺氧槽→好氧槽→生化沉淀池→后置反硝化槽→再曝气槽→再曝气沉淀池→物化处理槽→物化沉淀池→过滤→出水

湛江钢铁出水水质实施达到的指标情况见表 2-18。

表 2-18　湛江钢铁设计出水水质表

序号	项　　目	单　位	实际出水水质
1	pH 值		7.28~7.75
2	悬浮物	mg/L	5~11
3	化学需氧量（COD_{Cr}）	mg/L	50~55.8
4	氨氮	mg/L	0.133~0.261
5	五日生化需氧量（BOD_5）	mg/L	11.2~13.1
6	总氮	mg/L	4.14~7.44
7	总磷	mg/L	0.31~0.38
8	石油类	mg/L	0.16~0.2
9	挥发酚	mg/L	0.0047~0.0093
10	硫化物	mg/L	ND
11	苯	mg/L	ND
12	氰化物（总氰）	mg/L	0.049~0.07
13	多环芳烃（PAHs）	mg/L	ND
14	苯并（a）芘	μg/L	ND

2.3.9　钢厂低碳技术的选择

2.3.9.1　钢铁低碳技术概述

低碳技术指可以使人类生产和生活过程中排出的二氧化碳减少的技术，一般认为主要包括无碳技术、减碳技术及去碳技术。

"减碳"技术：是指利用节能减排技术实现生产、消费、使用过程的低碳，达至高效能、低排放、低能耗、低污染。对于钢铁生产过程，主要包括两大部分：一是通过采取非高炉冶炼等低碳冶炼技术实现碳排放降低；二是通过提高能效推动碳排放降低。

"无碳"技术：主要是以无碳排放为根本特征的清洁能源技术，包括风力发电技术、太阳能发电技术、水力发电技术、地热供暖与发电技术、生物质燃料技术等，促进清洁能源技术对化石能源的部分取代乃至彻底取代。对于钢铁生产过程来说，除了因地制宜采取各类新能源外，更重要的目标是通过利用氢能等非化石能源实现无碳冶炼技术的应用。

"去碳"技术：指产业过程中捕获、封存和积极利用排放碳元素的去碳化技术，主要包括碳捕集及回收技术，二氧化碳聚合利用等技术。

2.3.9.2 钢铁低碳技术比较

总体来说，减碳技术是过程控制，应用的目的是实现低碳，无碳技术是源头控制，应用的目的是实现零碳，去碳技术是末端控制，应用的目的是实现负碳。

"减碳"技术现阶段是中国钢铁企业降低碳排放采取的主要措施，其中以能效提升技术的实施应用为主，包括氧气转炉取代平炉、连铸取代模铸、一火成材取代多火成材等生产结构调整及工艺流程优化措施；高炉富氧喷煤、煤调湿、变频等降低能源介质消耗措施；高温烟气余热、副产煤气等二次能源回收利用措施等。近年来，非高炉冶炼等低碳冶炼技术在宝钢等中国钢铁企业也进行了有益的尝试。

减碳技术在任何类型钢铁企业均可应用，根据企业工艺流程不同可采取不同的技术措施配置方案，现阶段以及未来很长一个发展阶段仍将是钢铁行业低碳发展的最重要途径。

"无碳"技术现阶段在中国钢铁行业的体现主要是在清洁能源的利用方面，主要应用方式包括：利用光伏发电、利用风力发电、采用热泵技术、采用新能源运输车辆等。基于氢能等非化石能源的无碳冶炼技术在国内外钢铁行业均仍处于研究及可行性论证阶段。

以光伏、风力发电等清洁能源利用为代表的无碳技术近年来在钢铁企业获得不同程度应用，并将在未来一个阶段进一步推广普及，但在无碳冶炼技术获得突破之前仍仅是钢铁行业低碳发展的适当补充，同时其应用条件受光照、风力等自然条件限制，应因地制宜选择。

"去碳"技术现阶段在中国钢铁行业仍处于前期研究储备阶段，例如宝钢、首钢等国内钢铁企业均曾在此方面不同程度地开展了相关研究和实验工作。

宝钢结合内部副产煤气资源现状与能源结构特点，围绕高炉煤气的热值提升和 CO_2 捕获利用，提出了从 CCS 到 CCU 的与冶金工艺结合的理念，完成了高炉煤气二氧化碳分离技术路线研究及技术路径的方案设计。

首钢京唐钢铁公司对在曹妃甸钢厂进行碳捕集与封存项目的可行性进行了论证，探讨了进行碳捕集、运输和可能的封存和二氧化碳采油概念。

总体来说，去碳技术在钢铁行业的应用在成熟性、经济驱动方面仍有待完善，但未来随着 CCS 技术的经济性和成熟度完善，其将是钢铁工业应对气候变化重要支撑。

2.3.9.3 钢铁低碳技术典型案例

A 熔融还原炼铁

a 技术应用概况

2005 年 6 月 29 日，宝钢 COREX 项目正式开工，该项目建设基地坐落于上海市最北端的罗泾煤码头旁，占地约 3.2km²。2007 年 11 月 8 日，宝钢 1 号 COREX-3000 炉投产，这是我国第一座熔融还原炼铁装置，标志着我国非高炉炼铁技术进入一个新阶段。但由于技术不成熟，生产运行不是很稳定，导致生产运行成本高于预期。

2011 年 3 月 28 日，宝钢 2 号 COREX-3000 投产，相比 1 号 COREX-3000，其各项生产指标大幅度提高，尤其在生产稳定性和能耗方面有很大提升，但生产成本仍高于高炉炼铁工艺。2012 年 7 月，宝钢 2 号 COREX-3000 整体迁建至新疆八一钢铁，并于 2015 年 6 月 18 日投产，后因新疆地区钢铁产能严重过剩、经济效益下滑及事故检修等原因停产。

宝钢建设的拥有自主知识产权、年产 150 万吨铁水的 COREX-3000，不仅是我国第一座 COREX，同时也是世界上第一座 C3000 型 COREX。

b　主要技术工艺描述

熔融还原炼铁技术指的是用天然块矿、少量粉矿及非焦煤为原燃料、以氧或富氧空气为反应介质，直接生产出铁水的炼铁工艺。与传统高炉炼铁工艺相比，省去了烧结、焦化两个主要工序，是一种节能降碳的炼铁生产工艺。熔融还原炼铁 COREX 工艺主要包括煤干燥系统、布料系统、COREX-3000 还原竖炉本体、熔融气化炉、炉体冷却系统、煤气系统等。COREX 熔融还原炼铁工艺流程如图 2-4 所示。

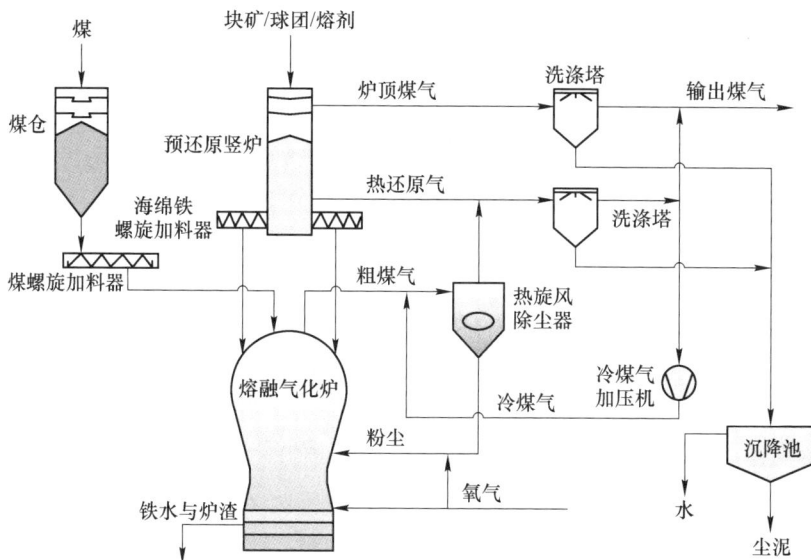

图 2-4　COREX 熔融还原炼铁工艺流程

c 运行效果

宝钢在罗泾建设的 COREX-3000 炉，在 4 年的生产期间，由于设备稳定性和可持续生产能力偏弱，造成铁水成本高于同期高炉铁水成本的 20%~50%，市场竞争力较差。COREX-3000 炉在八钢重建后，铁水成本基本接近八钢 2500m³ 高炉成本，燃料比曾降至 730kg/t，焦比降至 430kg/t，均达到预期目标。但与同规模的高炉相比仍存在比较大的差距，其工艺优化和技术改进尚有很大的发展空间。

2007 年 11 月 24 日，宝钢集团浦钢搬迁罗泾工程投产。采用世界最先进熔融还原技术，设计年产 150 万吨的 COREX-C3000 出铁，开创了中国非高炉炼铁技术的先河。

B 焦炉煤气直接还原

a 技术应用概况

2017 年 8 月 24 日，中晋冶金科技有限公司气基还原铁技术研发及生产示范基地项目建设开工仪式在山西省左权县举行。

项目以中晋冶金科技有限公司拥有自主知识产权的气基竖炉直接还原铁技术为核心，主要包括 30 万吨/年气基还原铁工业化实验装置、相配套的 100 万吨/年焦化项目，概算总投资 13.5 亿元。

30 万吨/年气基还原铁工业化实验装置是全世界第一套以焦炉煤气为气源的气基竖炉直接还原铁装置，建成后将实现我国气基还原铁生产零的突破。

b 主要技术工艺描述

采用焦炉煤气还原剂工艺和气基竖炉直接还原技术相结合的直接还原铁生产工艺流程，主要包括精选系统、链算机—回转窑氧化球团系统、焦炉煤气转化系统、PERED 气基竖炉还原系统。焦炉煤气直接还原技术流程如图 2-5 所示。

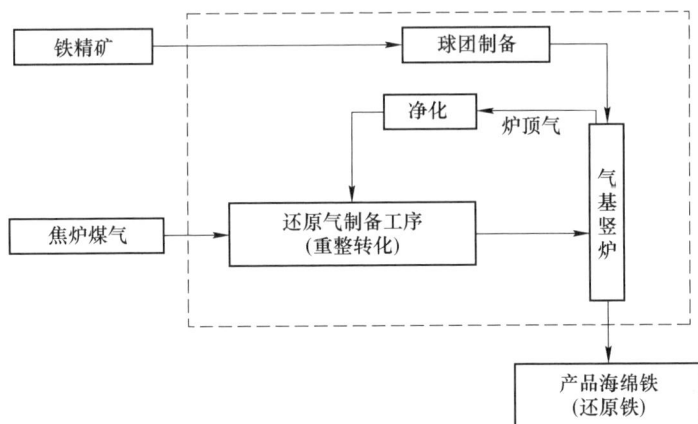

图 2-5 焦炉煤气直接还原技术流程

c 运行效果

采用气基竖炉+电炉生产工艺与传统高炉+转炉流程生产工艺相比，预计减少 CO_2 排放 32%，主要对比如表 2-19 所示。

表 2-19 高炉工序与气基竖炉工序 CO_2 排放量对比

项 目	CO_2 排放 /kg·t^{-1}	高 炉			气基竖炉		
		吨铁消耗 /t	吨钢消耗 /t	CO_2 排放 /kg·t^{-1}	吨铁消耗 /t	吨钢消耗 /t	CO_2 排放 /kg·t^{-1}
焦化	493.48	0.398	0.366	180.693			
烧结	191.93	1.57	1.444	277.224			
球团	153.77	0.23	0.212	32.538	1.42	1.306	200.885
高炉	1457.1	1	0.92	1340.55			
气基竖炉	696				1	0.92	640.32
转炉	15.34	1.03	1	15.34			0
电炉	414.82				1.03	1	414.82
合计				1846.34			1256

C 转底炉直接还原技术生产金属化球团

a 技术应用概况

转底炉工艺的发展已有 30 多年历史，国内已有多家企业进行工业规模转底炉建设和生产，其中马钢、日钢、沙钢等厂运用转底炉处理冶金尘泥等。

2009 年 5 月，马钢年处理量 20 万吨的转底炉建成投产。这是国内引进的第一条转底炉直接还原生产线。主要处理高炉瓦斯泥、转炉污泥、烧结原料除尘灰、高炉槽下除尘灰等含碳灰，以及烧结成品灰、球团除尘灰等不含碳灰，所生产的金属化球团金属化率大于 80%。实现了金属铁、碳的回收利用，减轻了有害元素富集对高炉系统的危害。

2009 年 11 月初，日钢两条年处理 20 万吨高炉灰、转炉泥等含铁含锌粉尘的转底炉直接还原生产线正式开工建设。2010 年 4 月投产，其产品金属化球团作为转炉炼钢的冷却剂原料，副产品粗锌粉尘外售作为炼锌的原料。

2011 年 12 月，沙钢集团建设了一座年处理 30 万吨含锌固废、粉尘的转底炉，实现了连续、稳定的工业化运行。这是国内第一座完全自主设计的转底炉，很好地解决了含锌尘泥处理和资源综合回收利用问题。

b 主要技术工艺描述

转底炉工艺流程主要分为原料处理和转底炉直接还原两部分。先将铁矿石粉或含铁原料和煤粉按一定比例混合均匀后制成球团，含碳球团经过烘干后再加入转底炉进行还原，最终得到具有一定金属化率的直接还原球团。工艺流程主要包括原料储棚、烘干、配料、混合、压球、转底炉还原、冷却及成品贮存等过程。分为烘干系统、原料系统、转底炉系统、烟气系统及成品系统等。转底炉制金属化球团工艺流程如图 2-6 所示。

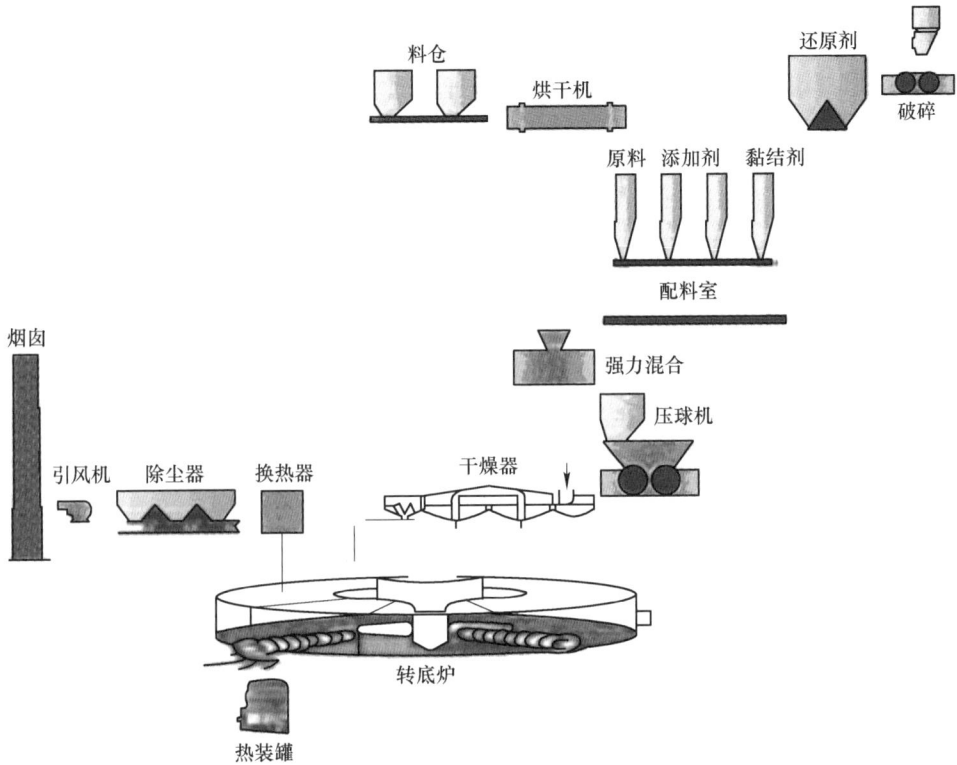

图 2-6　转底炉制金属化球团工艺流程

c　运行效果

马钢采用转底炉工艺处理钢铁厂含锌粉尘、冶金尘泥等固体废弃物资源。自生产以来，实现了锌、碱金属有害元素的减少和金属铁、碳的回收利用。年回收含锌 55% 的粗锌粉 0.3 万吨，年产金属化球团 14 万吨，供高炉和转炉使用，减轻有害元素富集对高炉系统的危害。

日钢转底炉连续生产一年后，所生产的直接还原铁的金属化率平均在 75%~85%，可日产 400~500t 合格金属化球团。沙钢目前已实现全固废连续稳定生产，年生产金属化球团 20 万吨，金属化率在 72%~96% 之间，脱锌率达 94%~97%，锌回收量平均达 95% 以上。

2.3.9.4 钢铁低碳技术选择的主要考虑因素

A 适合中国钢铁生产发展特点

发展符合中国钢铁生产特色的低碳技术是钢铁行业技术选择的重要因素。例如：尽管宝钢 COREX 工艺至投产以来一直处于亏损状态，但其最初选择的目的是基于该工艺主要原燃料是含铁块矿和非炼焦煤，适合中国炼焦煤资源短缺的资源禀赋。目前已经开工建设的中晋冶金科技有限公司气基还原铁技术采用焦炉煤气作为还原气体，同样也是遵循我国天然气资源短缺的现状而考虑。

B 技术成熟且具有较好经济效益

通过能效提升技术推动钢铁行业低碳发展一直在中国钢铁行业发挥重要作用，特别是近年来在钢铁行业获得迅速的推广及应用，最重要的因素是其技术成熟可行，具有较好的经济效益。

伴随中国钢铁工业的发展，钢铁工业节能技术进步也取得快速发展，干熄焦、干法除尘、烧结余热回收、干式压差发电（TRT）、高效喷煤、蓄热式燃烧、全燃煤气发电、热装热送等关键共性技术得到广泛推广应用，重要的因素就是上述节能技术成熟可行，具有较好的投资回收期。

目前，钢铁行业 TRT 普及率已近100%，干熄焦技术普及率已达85%，同时拥有世界上最大单机低热值燃气蒸汽联合循环发电机组，高压、超高压全燃煤气发电、烧结余热回收利用技术、饱和蒸汽发电技术等已经处于世界领先水平。

C 低碳发展政策驱动

低碳发展政策驱动是推动技术选择的重要因素。如《产业结构调整指导目录》《中国钢铁工业科学与技术进步发布指南（2011—2020）》《关于印发鼓励进口技术和产品目录》等近期政策文件里均提出对非高炉炼铁技术的支持，这也是中晋冶金科技有限公司考虑建设气基还原铁项目的重要考虑因素。

相反，政策驱动不足也会影响对低碳技术的推动。如尽管发改委发布了《关于推动碳捕集、利用和封存试验示范的通知》，但对钢铁行业尚没有实际的推动手段，也总体延缓了中国钢铁行业 CCS 技术的研究发展速度。

2.4 钢铁工程厂址选择

钢铁工程工业场地的选择不仅是产业布局、行业规划的具体体现，更直接关系到钢铁厂的生存和发展，应结合工厂近期目标和长远利益综合分析、全面权衡，从中择选出投资省、建设快、运营费低、具有最佳经济效益、社会效益和环境效益的厂址。

2.4.1 厂址选择的主要原则

（1）符合地方相关规划。厂址用地应符合所在地区的城市（镇）和工业区规划，符合所在地土地利用总体规划。

（2）接近原料、燃料供应地及消费地。厂址应接近原料、燃料及消费地区，减少运输距离，降低产品的成本，降低原料、燃料、动力及其运输的费用和产品到达消费地流通环节的费用。

（3）良好的外部交通运输条件。厂址应有畅通、经济的交通运输条件，与厂外铁路、道路的连接应短捷、方便、工程量小。靠近江、河、海的厂址应尽量利用水运，厂址靠近港口优先考虑。

（4）重视节约用地和合理用地。在符合所在地土地利用规划的指导下，合理利用土地资源，充分利用建设用地，尽量不占或少占农用地。应节约用地，提高土地利用率。

（5）自然条件良好。厂址应尽量避开自然地形复杂、坡度大的地段，应避免将盆地、积水洼地、窝风地段作为厂址。厂址应具有较好的工程地质条件和水文地质条件。

（6）能源供应充足可靠。厂址应具有充足、可靠、符合生产要求且能满足发展需要的水源与电源，水源和电源与厂址之间的管线连接应尽量短捷。水源、气源供应充足，供电安全落实。

（7）满足卫生防护要求。厂址应位于城镇及居住区常年最小频率风向的上风侧，与生活居住区之间的距离满足卫生防护距离要求。

（8）加强"三废"治理，注重环境保护。厂址应有良好的废料堆存及综合利用场地条件，对企业排放的"三废"要进行综合治理，防止污染环境。

（9）符合区域环境条件。厂址应符合所在区域的大气、声环境、生态环境功能区划，考虑所在区域的环境质量现状、环境容量及变化趋势等因素。

（10）方便的外部协作条件。厂址宜靠近可供依托的城市（镇）和有关企业，有利于企业之间的相互协作，方便职工工作和居住生活。

（11）远近结合，适当留有发展余地。应考虑到企业远期发展需求，以近期发展规划为主，适当预留远期发展用地空间。

2.4.2 厂址选择的基本方法和主要步骤

2.4.2.1 基本方法

厂址方案比较，可分为习用比较法（定量和定性综合比较）和量化比较法（定量比较）。

A　习用比较法

习用比较法的厂址比选，可分为技术条件、建设费用、经营费用及环境影响四个部分。

厂址方案技术条件比较，包括对厂址所在区位位置，厂区用地面积、发展条件，厂区地势走向、地势高差，防洪、排涝工程、土地类别、地质条件、风向影响、与城市（工业区）规划关系、铁路接轨条件、公路连接条件、水运条件、拆迁工程量、土石方工程量、给水条件、排水条件、供电条件、协作条件等，进行综合对比分析。

厂址方案建设费用比较，包括对土地购置、青苗赔偿、拆迁安置、土石方工程、铁路建设、公路建设、码头建设、防洪工程、排涝工程、给排水工程、供电工程、供热工程及其他地基处理、环境保护等工程费用，进行比较分析。

厂址方案经营费用比较，包括对原料、燃料、辅助料、成品、装卸运输费用，给水、排水、供电及其他费用对比分析。

厂址环境影响比较，是环保专业根据各个方案具体工程情况进行对比分析。

B　量化比较法

厂址必选方案定量评价方法较多，常用评价方法有三种：模糊数学评价法，层次分析法，系统工程评价法。

a　模糊数学评价法

对厂址方案技术条件、厂址方案建设费用、厂址方案经营费用的评价因素，按照其性质分为定性因素和定量因素。对各方案的定性因素的评语进行排序名次，确定定量因素的自然数。按照以下数学模型进行量化：

$$X'_{(i)} = \frac{Z_i}{\sum\limits_{i=1}^{n} Z_i}$$

式中　Z_i——定性因素的名次数活定量因素的自然数；

　　　　n——方案个数。

求补

$$X'_i = \neg \, X'_{(i)} = 1 - X'_{(i)}$$

式中　X'_i——因素的隶属度；

　　　　$\neg$——求补符号。

线性加权变换法数学模型

$$\underset{\sim}{B} = \underset{\sim}{A} O \underset{\sim}{R}$$

式中　$\underset{\sim}{B}$——数量分析结果；

　　　　$\underset{\sim}{A}$——加权向量；

　　　　O——合成符号；

　　　　$\underset{\sim}{R}$——隶属度的模糊关系矩阵。

b　层次分析法

找出与要解决问题相关的诸因素并按层次将其分组。每一组因素作为一个层次并按照层次之间的逻辑关系从最高层、中间层、最低层排列起来。

最高层表示要解决问题的目标，如选择一个最佳厂址。中间层表示目标所涉及的中间环节，如约束层、准则层、预准则层等。最低层表示与目标相应的几种方案、措施、活政策、方略等。

中间层的元素有些与最高层或最低层有联系；有些则无联系，对这些皆应在图上标示清楚，按这些途径多构成的网络称为层次结构分析模型。

建立了判断矩阵后进行排序计算，通过计算判断矩阵的最大特征值（特征根）和它的特征向量计算出某层次诸因素相对于上一层某一因素的相对重要性权值。

为了使得出的结论符合实际，必须对判断矩阵进行一致性检验，计算判断矩阵的一致性指标和随机一致性比率。

计算出判断矩阵的最大特征值和它的特征向量并且经检验判断矩阵具有良好的一致性时，即可进行层次单排序。对应于最大特征值的特征向量的分量即为相应元素单排序的权值。计算同一层次所以因素对于整个上层相对重要性的排序权值，即为总排序。

c 系统工程评价法

对评价因素、评价子因素进行权值设定，如：工艺流程因素下的物料流程、设施配置、料场布置、车间联合，总图布置因素下的分区划分、通道宽度、分期建设、远景发展、防护间距、风向朝向、绿化美化，运输系统因素下的运输方式、系统能力、作业水平、作业组织、外部协作等，场地开拓因素下的场地高程、场地排水、土石方量，自然条件因素下的地形地貌、工程地质、地区规划，设施利用因素下的拆迁工程、生产影响、改善布局等。

计算各评价子因素的质量值：

$$E_j = N_j W_j$$

式中　　E_j——子因素质量值；

N_j——第 j 项子因素评分值；

W_j——权值。

计算功能指数：

$$K = \sum E_j = \sum N_j W_j$$

式中　　K——功能指数。

功能指数值越大，则方案越优。

2.4.2.2 主要步骤

厂址选择工作一般由建厂筹建单位（或上级主管部门）会同（或组织）规划、城建、国土、交通、水电、环保等部门及承担勘察、设计、施工共同完成。

厂址选择工作一般可分为三个阶段：准备工作阶段、现场勘探阶段、编制成果阶段。

　　A　准备工作阶段

　　学习和了解相关文件、制定选厂工作计划、估算厂外运输量及有关用地、拟定搜集资料提纲、搜集和整理现有资料、草拟工厂总图方案。

　　根据设计规模对主要经济技术指标进行估算，包括原燃料来源及需求量、厂内外运输量、企业用地指标、耗水量、用电量、对环境影响的预评价指标等。搜集基础资料包括：地理资料、社会资料、图纸紫罗兰、地质资料、气象资料、运输资料、经济资料、协作条件、拆迁设施等。对厂区、厂外主要运输线路及主要生产设施做概略布置。

　　B　现场踏勘阶段

　　现场进行踏勘、核对，初谈相关协议，征求相关意见。

　　对厂址可能涉及范围、有关联的村庄、河港、铁路、公路、输电线路、农田水利等重点踏勘、核对。走访国土、城建、交通、铁路、水利、电力等有关部门，了解厂址所在地区的情况和协作条件，确定协作工程项目（如专用线、码头、高压线路等），征求当地政府部门的支持和补充意见。

　　C　编制成果阶段

　　整理现场有关资料，协商有关专业资料，编制厂址总图方案，进行总体布置，进行厂址方案必选。

　　归纳整理现场踏勘、调查的有关资料和意见；对主体及相关专业提供的平面图等资料，协商确定主要设施等组成及外形；结合地形等自然条件确定厂址总图方案；确定厂外主要运输线路、工厂编组站等设施位置；进行厂址方案比较，对主要经济技术指标及优缺点进行分析比较，提出对厂址初步推荐意见。

2.4.3　沿海钢厂与内陆钢厂厂址比选的特点分析

　　沿海钢铁厂选址以消费地指向型为主。从 20 世纪 70 年代在上海宝山区长江之畔建设的宝钢、2007 年开工建设的首钢曹妃甸项目、鞍钢的鲅鱼圈项目以及正在建设的武钢防城港钢铁基地、宝钢湛江基地都属于临海消费地指向型的钢铁企业。

　　内陆钢铁厂选址以资源指向型为主，建国初期苏联援建的国内 156 项重点工程中的鞍钢、本钢、包钢、武钢等企业，以及"大三线"时期建设的攀枝花钢铁厂、酒泉钢铁厂都属于内陆资源型指向性钢铁企业。

　　沿海钢厂选址重点需考虑以下几方面的问题：

　　（1）水运配套能力：港口最大船舶吨位及吃水深度、全年通航日数及月份、年通过能力、钢铁厂专用码头的技术条件、码头的发展条件及协作条件。

（2）地质条件：建设场地的地质构造、地基承载力、地层稳定性、含水层深度、静止水位、冻结深度、对基础的腐蚀性。

（3）防洪防涝：附件江、海的历年最高和常年水位、最高和大汛平均高潮位，堤防标高及排涝设施状况。

（4）铁路运输条件：拟接轨铁路的等级、现有及设计运输能力，接轨站的有效长度，接轨站场的通过能力、发展规划及接轨条件。

内陆钢厂选址重点需考虑以下几方面的问题：

（1）区域位置：与邻近城市的相对区域关系，所在城市的常年最大风频及最小风频。

（2）环境状况：所在城市的大气、声环境、生态环境功能区划，所在区域的环境质量现状、环境容量及变化趋势等因素。

（3）交通条件：拟接轨铁路的等级、现有及设计运输能力，接轨站的有效长度，接轨站场的通过能力、发展规划及接轨条件。周边高速公路、省道等配套条件及项目场地至高速公路等的连接条件。

（4）地质条件：建设场地的地质构造、地基承载力、地层稳定性、地震烈度等。严禁选在有泥石流、滑坡、流沙等危害地段，严禁选在采矿塌落区、严重的自重湿陷性黄土地段。

（5）其他限制条件：周边机场、水源地、有价值的矿藏区、名胜古迹、自然保护区、居住区等约束条件。

2.4.4 厂址比选的典型案例

2.4.4.1 选址概述

广州某钢铁项目址比选共有五个备选厂址，其中厂址 I 位于 A 市港口工业园的海域，厂址 II 位于 A 市某港口作业区后方，厂址 III 位于 B 县某镇，厂址 IV 位于 C 县某镇，厂址 V 位于 D 市工业园（见图 2-7）。

2.4.4.2 厂址比选要素分析

根据厂址选择的原则，针对五个备选厂址从用地面积、土地类别、防洪排涝、风向影响、与城市规划的关系、港口码头条件、铁路接轨条件、公路连接条件、拆迁工程、供水条件、供电条件等几个方面进行分析比较。备选厂址要素对比如表 2-20 所示。

2.4.4.3 比选结论

通过以上多方面选址要素比较，最终推荐厂址 III 作为备选厂址方案。具体分

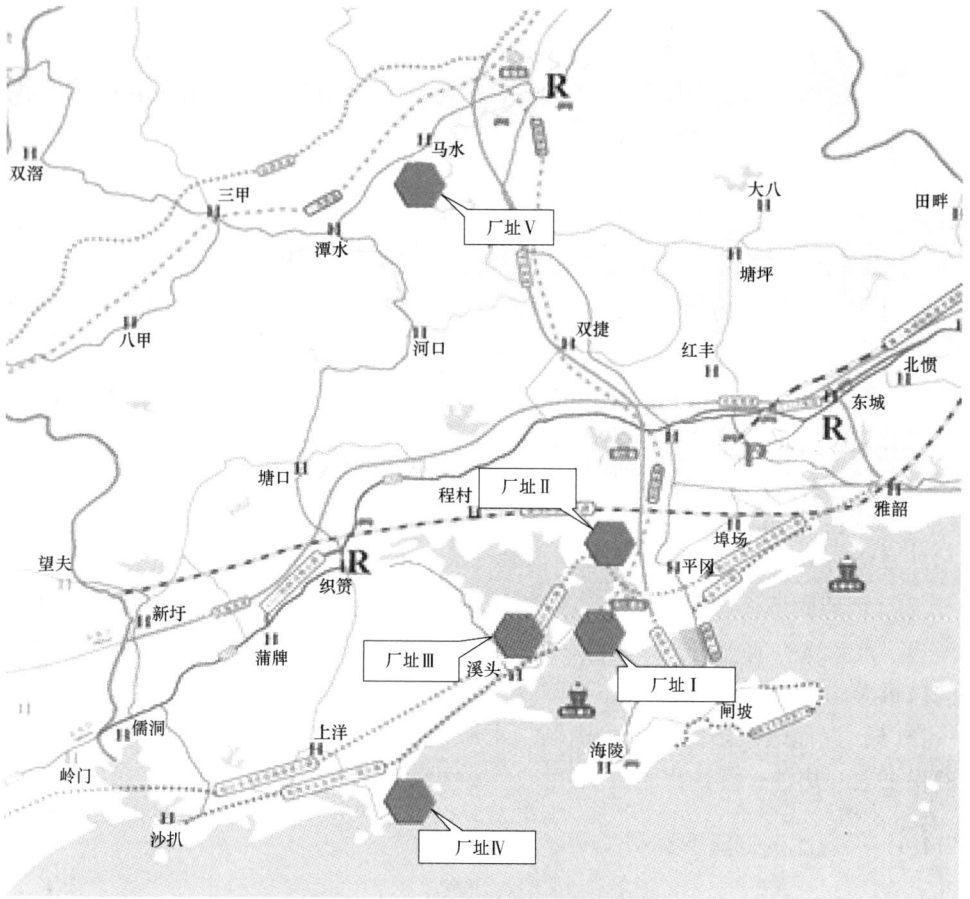

图 2-7　备选厂址区域位置

析如下：

（1）厂址Ⅲ场地现为耕地、林地，用地建设条件较好。

（2）场地附近码头规划最大泊位可达到 30 万吨，可以满足远洋运输需求。

（3）场地具备铁路接轨条件，可与待建的疏港铁路接轨。

（4）场地靠近待建跨港大桥，公路运输条件便利。

（5）场地可利用规划的 30 万吨泊位码头进行运输作业，外部物流运输费用低，生产运营成本低。

（6）场地现为耕地、林地等，场地的建设平整费用较少。

2.4.5　钢厂厂址比选规律

根据厂址选择的原则，钢铁厂的厂址比选主要从用地面积、土地类别、防洪

表2-20 备选厂址要素对比

序号	选址要素	厂 址 方 案				
		厂址Ⅰ	厂址Ⅱ	厂址Ⅲ	厂址Ⅳ	厂址Ⅴ
1	厂址位置	A市港口工业园	A市某港口作业区	B县某镇	C县某镇	D市工业园
2	用地面积 亩	2800	3000	2900	2800	3000
3	土地类别	全部为海域	养殖水塘、生态水域、水利用地	耕地、园地、林地、草地、城镇村及工矿用地、交通运输用地、水域及水利设施用地等	园地、林地、海洋、城镇村及工矿用地、交通运输用地、水域及水利设施用地	待调整为工业用地
4	防洪、排涝工程	无防洪堤	无防洪堤	无防洪堤	无防洪堤	—
5	风向影响	主导风向东北	主导风向东北	主导风向东北	主导风向东北	主导风向东北
6	与城市规划关系	尚未纳入《A市港区建设用海规划》	不符合土地利用规划，与现有海产品食品园区规划相矛盾	不符合规划1140亩，涉及基本农田500亩	符合规划1220亩，海洋用地未纳入人海规划	可调整为工业用地
7	港口码头条件	已建成3个万吨级泊位，3个5万吨级泊位，1个10万吨级泊位和1个油气泊位，在建筹建3万~10万吨级泊位码头14个	码头最大泊位1000~3000t	距现有最近码头（5万~10万吨通用码头）距离3km，距规划30wt码头泊位约10km	航道较深，无港口规划，需进行航道建设	无码头

续表2-20

序号	选址要素	厂址方案				
		厂址Ⅰ	厂址Ⅱ	厂址Ⅲ	厂址Ⅳ	厂址Ⅴ
8	铁路接轨条件	靠近拟建疏港铁路	靠近××铁路	靠近待建疏港铁路	无铁路接轨条件	可与×××铁路接轨
9	公路连接条件	靠近高速公路	靠近拟建的港大桥	靠近待建疏港大桥	靠近省道	靠近省道、高速公路
10	拆迁工程量①	涉及3个自然村需搬迁	有4个村庄，共计约15000人需搬迁	涉及4个村庄约1000人需搬迁	场地紧邻电厂生活区，需搬迁	无拆迁
11	供水条件	直径1200mm江闸供水主管经园区	上游有河，淡水资源丰富	缺乏淡水资源，需从江引水	缺乏淡水资源，需从引水	位于江边
12	供电条件	220kV电站已启动使用，110kV电站已建成使用	220kV电站已启动用，110kV电站已建成使用	场地南侧约3km有110kV变电站	紧邻电厂	在建220kV变电站
13	环境条件	场地距AAAAA级旅游岛约500m，场地位于旅游岛上风向	区域内环境容量有限，难以满足项目需求			
14	其他	某村、某村对场地海域权属有争议，征地难度较大；场地与已批准LNG储备库有平洋项目规划有冲突	用地属6个村委会所有，产权难以分清，征地难度较大	，		铁路线从场地内穿过

①根据《钢铁企业总图运输设计规范》钢铁厂与居住区之间的卫生防护最小距离为1400m，卫生防护地带不得布置永久性居住房屋。

排涝、风向影响、与城市规划的关系、港口码头条件、铁路接轨条件、公路连接条件、拆迁工程、供水条件、供电条件等几个方面进行比较分析。

首先厂址用地应符合所在地区的城市（镇）和工业区规划，符合所在地土地利用总体规划。第二，要考虑到厂址与邻近城市的相对区域关系、所在城市的常年最大风频及最小风频，充分评估项目建设对邻近城市的环境影响。第三，厂址应有畅通、经济的交通运输条件，靠近江、河、海的厂址尽量利用水运，靠近相应港口；与铁路、道路的连接短捷、方便、工程量小。第四，厂址应具有良好的工程地质、水文地质条件。第五，厂址应具体充足、可靠，符合生产要求且能满足发展需求的水源和电源。

近年内陆钢铁企业随着内陆铁矿资源越来越匮乏，铁矿资源对国外的依赖度越来越高，企业生产成本也越来越高。随着沿海40万吨级码头日新月异的建设、海运业的发展、大型运矿专用船的普遍使用，在沿海建设大型钢铁厂成为钢铁工业布局的普遍趋势。2017年我国国产原矿13.3亿吨，进口铁矿石10.75亿吨，我国自产铁精矿的供给量占总需求量进一步下降。在新的钢铁项目布局上，更倾向于靠近沿海、靠近原料和靠近用户的地区发展。根据我国钢铁原料从国产矿为主向进口矿为主转变的客观趋势，以及钢铁发展的资源环境约束日趋强化的实际情况，我国钢铁工业的空间布局更趋向于向利用进口矿等条件较好的沿海地区聚集，向市场需求大、环境容量大的地区转移。

2.5 钢铁企业总图布局

由于钢铁企业具备车间组成多、工艺流程复杂、原燃料消耗量大、高温作业等特点，工厂进行布置时必须是连续贯通的形式，根据工厂主要生产车间组成和建厂场地地形、地质等自然条件，结合厂内外运输方式和物料流向，组成了各种不同的总平面布置形式。

根据主体生产车间（炼铁、炼钢、轧钢）的配置关系，主要有五类布置形式：串联布置、平行串并联布置、直角布置、人字形布置、斜角成组布置。

2.5.1 串联布置

串联布置适用于平坦或自然地形较狭长的地段，厂外运输有两个以上出入口。炼铁、炼钢、轧钢车间结合场地地形条件，在同一轴线上顺序直线布置，或相互间不在同一轴线上的顺序布置。总平面串联布置示例如图2-8所示。

串联布置可因地制宜地采用多种串联形式，可较好地适应自然地形条件；工艺流程呈一线形，连续贯通布置，物料运输顺畅；厂内铁路曲线短，有利于铁水运输；当厂外主要运输为水运时，原料场紧靠码头，原料运输短捷；当厂外主要运输为铁路时，有两个接轨点的条件下，厂内外运输可以合理组织原料、成品运

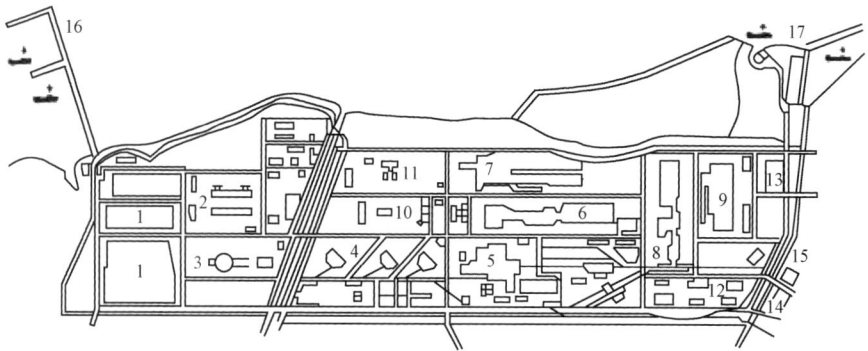

图 2-8　总平面串联布置示例

1—原料场、煤场；2—焦化车间；3—烧结车间；4—炼铁车间；5—炼钢车间；6—热轧板车间；
7—冷轧板车间；8—初轧车间；9—无缝钢管车间；10—石灰车间；11—热电站；12—机修区；
13—成品仓库；14—中心试验室；15—生产管理中心；16—原料码头；17—成品码头

输。但厂区狭长，不能充分、合理、有效地利用场地面积，铁路、道路及主要管道增长；总平面布置灵活性差，近期不够集中、远期发展预留困难；只有两个接轨点时，重车和空车运输距离较远。

2.5.2　平行串并联布置

平行串并联布置适用于场地较宽广或自然地形坡度较大的场地，厂外铁路为一个接轨点时。炼铁、炼钢车间串联与轧钢车间并联布置。总平面平行串并联布置示例如图 2-9 所示。

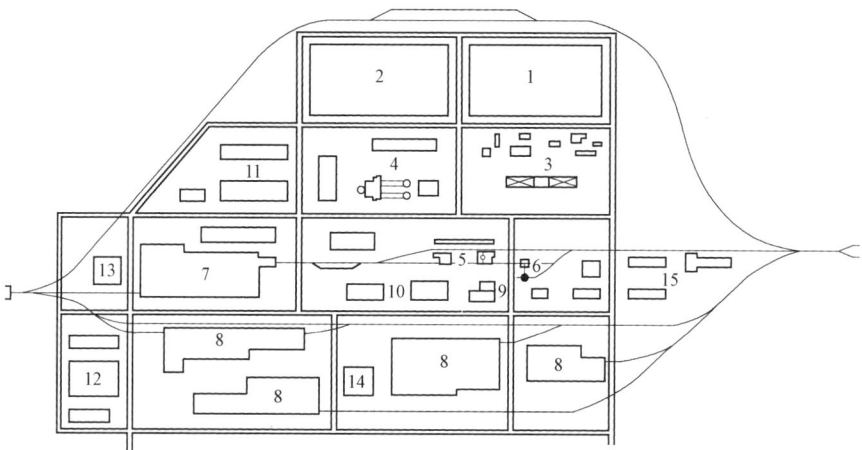

图 2-9　总平面平行串联布置示例

1—煤场；2—原料场；3—焦化车间；4—烧结车间；5—炼铁车间；6—铸铁机；7—炼钢车间；8—轧钢车间；
9—锅炉房；10—水处理设施；11—石灰车间；12—机修；13—氧气站；14—变电所；15—仓库

平行串并联布置能较好地利用地形采用阶梯式竖向布置，减少场地平整土石方工程量；工艺流程呈环形连续贯通布置，总图布置比较集中，厂内铁路运输距离短，减少周转时间，节省运输费用；厂区场地利用率较高，铁路、道路、主要管线长度较短。但总平面布置灵活性差，远期发展预留困难大；车间直接折角运输较多。

2.5.3 人字形布置

人字形布置适用于厂外铁路运输为两个接轨点，预留分期建设、预留发展空间的大型钢铁厂；自然地形比较平坦或适合人字形布置的场地。炼钢、轧钢串联与炼铁成人字形布置，或炼钢、轧钢并联与炼铁成人字形布置。总平面人字形串联布置示例如图 2-10 所示。

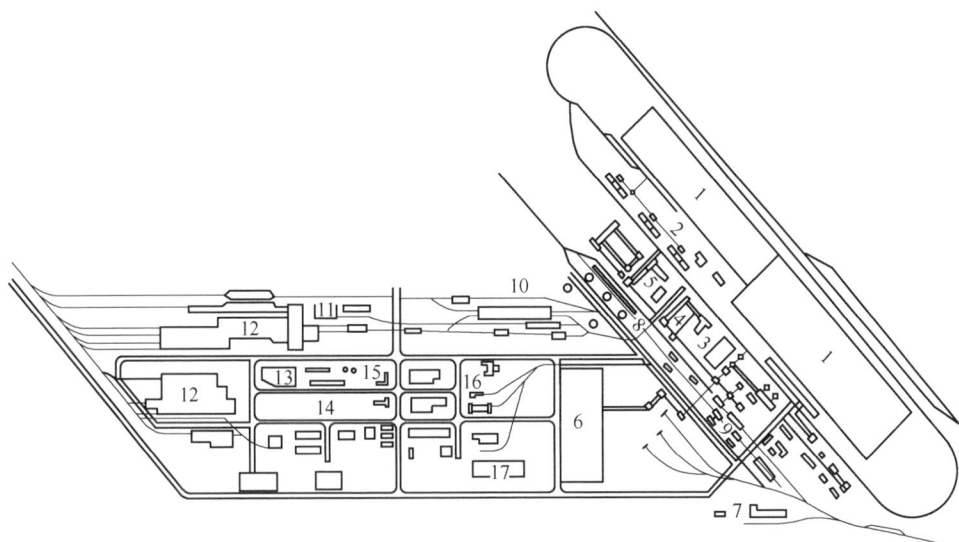

图 2-10　总平面人字形串联布置示例

1—煤场、原料场；2—焦化车间；3—精矿仓库；4—球团车间；5—烧结车间；6—热电站；
7—耐火材料库；8—炼铁车间；9—铸铁机；19—炼钢车间；11—钢锭库；12—轧钢车间；
13—变电所；14—仓库；15—中心试验室；16—机修区；17—氧气站

人字形布置适合预留发展条件较好，适宜于多组生产系统的布置；工艺流程呈之字形连续贯通布置，厂外有两个接轨点的条件下，一端进原料，一端出成品，物流流向合理，较好地组织厂内运输。但布置上易产生三角地带，布置不够紧凑，用地面积较大；一般难以与场地地形相适应，增加场地平整土石方量；厂区铁路、道路、主要管道长度较长。

2.5.4　直角布置

直角布置适用于沿海地区或自然坡度较平坦的场地，适用于采用大型先进设备的大型钢铁厂。炼铁与炼钢、炼钢与轧钢等车间直接均呈直角布置。

总平面直角布置示例如图 2-11 所示。

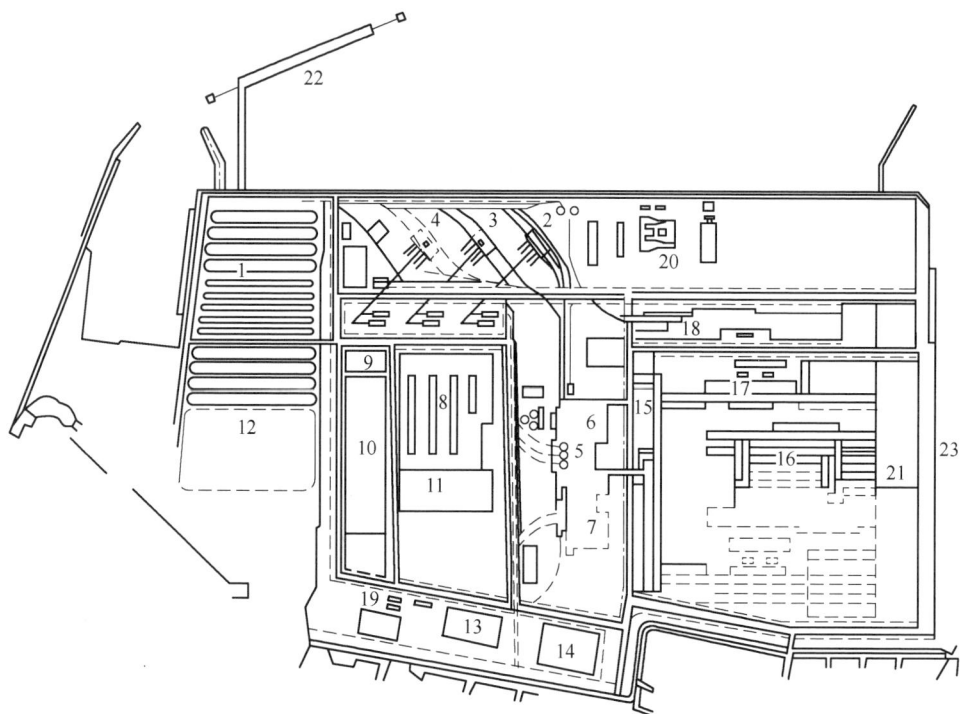

图 2-11　总平面直角布置示例

1—矿石堆场；2—1 号高炉；3—2 号高炉；4—3 号高炉；5—碱性氧气转炉车间；6—1 号连续铸锭车间；
7—2 号连续铸锭车间；8—炼焦车间；9—混合车间；10—烧结车间；11—煤气净化车间；12—煤场；
13—制氧车间；14—新水池；15—板坯开坯机车间；16—冷轧车间；17—热轧带钢车间；18—中厚板车间；
19—修理车间；20—动力车间；21—成品发运仓库；22—原料码头；23—成品码头

直角布置总平面紧凑，用地面积小，分区明确，厂容美观；工艺流程合理，各主要车间相互垂直布置、连铸坯采用辊道热送，成品库与轧钢车间联合布置、减少成品二次倒运，减少生产物料运输中转及装卸环节；厂外运输主要为水运时，原料场紧靠原料码头，成品库紧靠成品码头，减少铁路连接线和三角地带，场地利用率高，道路和主要管线长度短；厂内铁水只采用铁路运输，物料运输短捷。但自己布置初期建设不集中，各车间分别预留发展用地，初期征地面积较大；场地面积较大，土石方工程量大。

2.5.5 斜角成组布置

斜角或组布置适用于沿海地区或自然坡度较平坦的场地、总体规划分期建设多组生产系统的大型钢铁厂。焦化、烧结及原料场与码头平行为一区带，炼铁、炼钢与码头斜角成组布置各为一区带，轧钢与码头垂直布置为一区带。总平面斜角成组布置示例如图 2-12 所示。

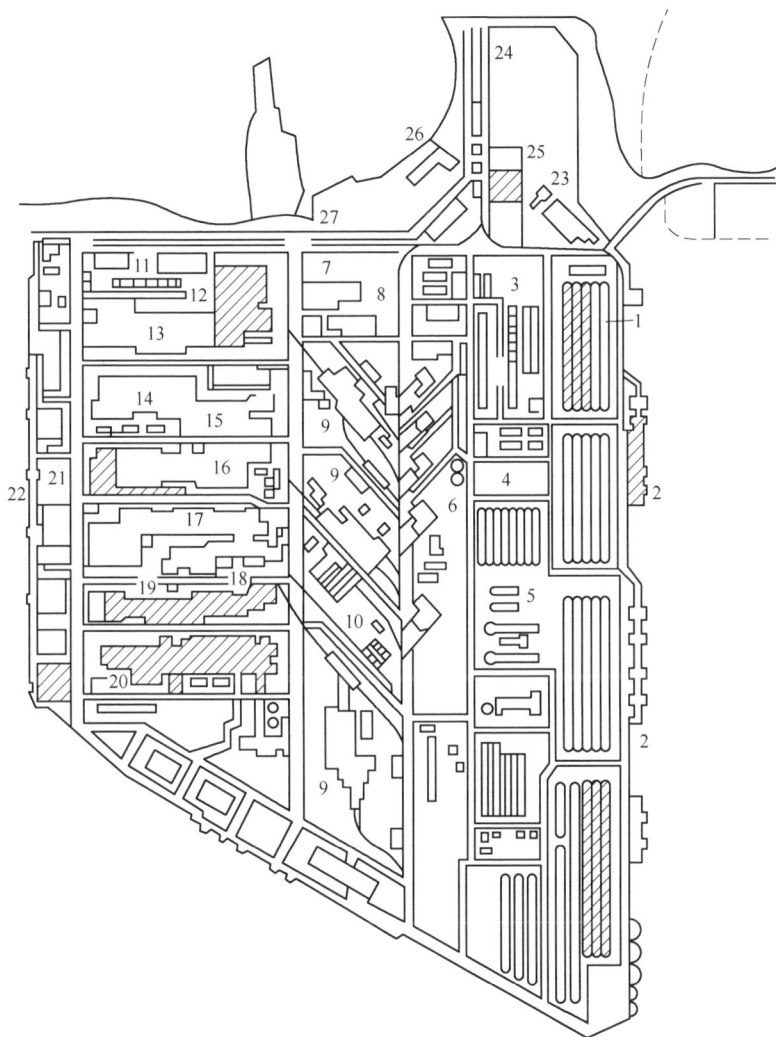

图 2-12　总平面斜角成组布置示例

1—煤场；2—原料码头；3—焦炉；4—烧结厂；5—矿石准备场；6—高炉；7—变电所；8—氧气站；
9—氧气转炉；10—连铸间；11—镀锌；12—镀锡；13—冷轧带钢；14—第一热轧带钢；15—板坯初轧；
16—钢板轧机；17—第一大型；18—钢坯库；19—第二大型；20—第二热轧带钢；21—仓库；22—成品码头；
23—动力厂；24—工厂铁路；25—石灰焙烧；26—医院；27—工厂总办公室

斜角成组布置总平面紧凑，用地面积小，分区明确，厂容美观，场地利用率高、铁路、道路、主要管线长度较短；工艺流程合理，在炼铁、炼钢、轧钢各区带之间均有铁路干线，铁水、钢坯、钢锭运输互不干扰，具有良好的运输条件；厂外运输主要为水运，码头之间距离较短，厂内运输短捷；厂区预留发展空间较好，对分批、分期建设层次明确，在扩建过程中对生产影响较少。但斜角成组发展用地常为环形铁路所包围，以致过早占用土地；沿海地区工程地质较差，土建基础工程量大。

2.6　钢铁工程的艺术性

工程设计实际是一个科学、技术与艺术的综合体，建筑是用结构来表达工艺方案的科学性的艺术，所以钢铁工程的建筑同样具有科学技术和艺术的双重性，钢铁工程建设要有时代感，需要巧妙地利用空间、地形、色彩、采光方式等手段，设计具有独特的钢铁冶金行业的建筑形象。

2.6.1　钢铁工程建设对建筑设计的要求

随着国民经济实力的不断增强和钢铁冶金工厂对环境和建筑标准的要求随之不断提升，人们对钢厂建筑层次的内涵有了更高的要求，它除了要满足生产工艺流程的基本要求外，还要与现代化的企业相适应；并将冶金生产建筑的特点、内容与企业文化相结合，实现钢铁行业的建筑与社会环境的整体协调，包括厂区环境的总体考虑，通过厂房的造型、色彩、道路、绿化、夜景的灯光的设计。

近年来钢铁行业工程的建筑风格也一改过去傻、大、黑、粗的形象，设计了形式不同、与生产工艺相适应的新颖、建筑美观、道路整洁、绿树成荫的优美厂房，创建新时代的钢铁行业建筑特点和艺术品位，体现企业的形象和管理水平，鞍钢鲅鱼圈项目就是一个典型的钢铁工程与艺术结合的成功案例。

2.6.1.1　鞍钢鲅鱼圈基地设计艺术

鞍钢鲅鱼圈整体工程建筑设计的特点是工艺流程顺畅、紧凑型的总图布置。为保证生产流程顺畅和尽可能一体化，从原料场、到炼铁、炼钢到轧钢厂房相毗邻，形成上道工序与下道工序无缝衔接的连续生产线，减少中间的物流返送，节约能源，大大减少工厂占地面积，取得了良好的经济效益。

鞍钢鲅鱼圈新区在营口市南端 52km 处，西濒辽东湾，与锦州、厂内铁路可与中长铁路相连。可用面积约 8.3km² （其中海域面积约 3.2km²），场地中主要是丘陵山坡地，场地内高差最大 24m。总图布置按照物向顺行、功能分区明确、生产工艺短流程、用地紧凑式方针，根据厂址用地条件，冶金生产流程由南向北呈倒"L"形布置,充分利用高度差的地势,厂房竖向布置利用高差采用阶梯式布置,形成炼钢和连铸的自然高差,既减少了土方工作量,同时实现物料运输顺畅短捷。绿化用地合理划分,使厂区错落有致,整体布局简捷。

鲅鱼圈工厂布置功能分区和通道明确,各功能区间主次干道衔接与综合管廊、采用多种运输方式。大宗原、燃料采用海运和铁路运输,提高运输效率;厚板等钢材成品主要采用海运并辅以铁路、汽车等运输方式,充分体现了沿海建厂的优越地理条件,确保了辽宁号航母用钢板的顺畅运输。

2.6.1.2 厂区建筑的景观设计

鞍钢鲅鱼圈新区的建筑设计新颖美观,色彩丰富,既能体现工艺的特点,而又有美的韵律,具有鲜明的时代感。鞍钢鲅鱼圈总图布置鸟瞰如图 2-13 所示,投产后的鲅鱼圈生产夜景如图 2-14 所示,鞍钢镀锌线厂房内部结构设计如图 2-15 所示,鞍钢鲅鱼圈炼钢厂房的阶梯式布置如图 2-16 所示;鞍钢鲅鱼圈 4038m³ 高炉区域如图 2-17 所示。

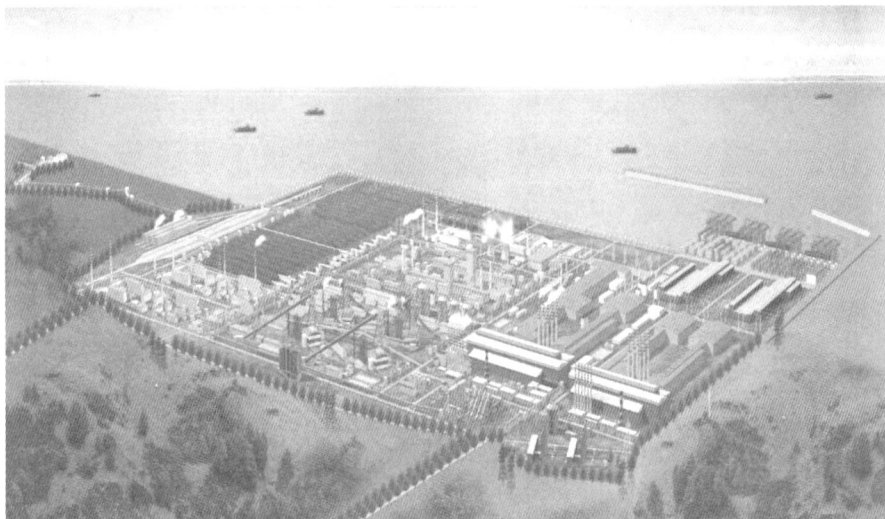

图 2-13　鞍钢鲅鱼圈总图布置鸟瞰

2.6.2 钢铁工程的艺术气息

丘吉尔曾说过:起初是人塑建筑,后来是建筑塑人。厂区的景观应从单体的厂房的建筑设计扩大到整体的环境设计,将不同工艺阶段的厂房和办公区的设计与周围环境设计相结合,同时从颜色上体现其工艺特点,同时创造优美的空间整体,对于在其中工作的员工能消除疲劳,提高工作效率。

图 2-14　投产后的鲅鱼圈生产夜景

图 2-15　鞍钢镀锌线厂房内部结构设计

图 2-16 鞍钢鲅鱼圈炼钢厂房的阶梯式布置

图 2-17 鞍钢鲅鱼圈 4038m³ 高炉区域

第3章　钢铁工程的管理与优化

3.1　钢铁工程建设程序与优化

3.1.1　钢铁工程建设程序

3.1.1.1　工程项目管理的概念

建设工程管理指的是决策阶段、实施阶段、使用阶段项目全过程的管理，具有系统性、综合性和复杂性。而建设工程项目管理通常指的是建设工程项目实施阶段的管理。工程项目管理是工程项目相关主体为实现工程项目目标，在工程项目生命周期中，运用管理的知识、技能、方法和技术，进行组织、策划、实施、协调和控制的行为过程。具有主体、目标、阶段、过程、程序、技术等特征。

3.1.1.2　工程基本建设程序

任何工程项目均有一定的管理程序。工程项目管理既要遵循我国工程基本建设程序和有关规定，又要遵守工程项目管理的客观工作程序。因此工程项目基本建设程序一般分为四个阶段：决策阶段、设计阶段、施工阶段和终结阶段。各阶段内的工作程序参见图 3-1。

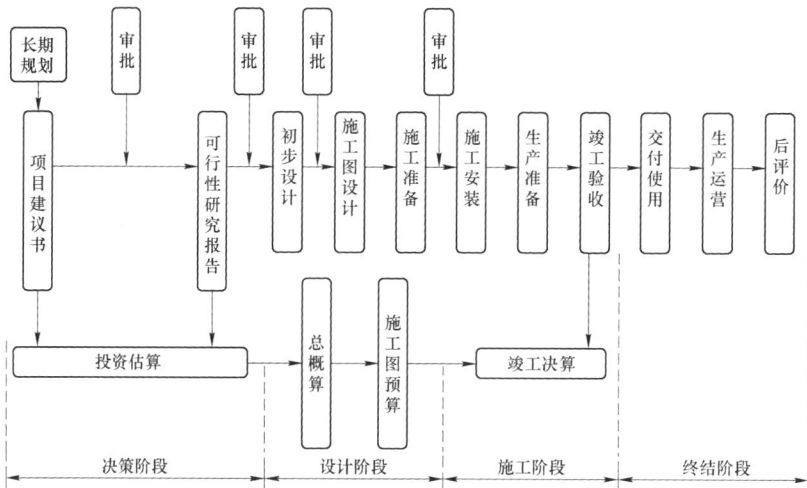

图 3-1　工程基本建设程序

3.1.2 钢铁工程建设优化

3.1.2.1 优化工程建设程序

优化工程建设程序是指在充分了解工程建设过程的各个阶段中，设计、采购、施工以及竣工试运行的关系和关键节点，利用长期多个工程经验的积累，合理交叉，缩短关键路径，提高工程效率。也是多年来钢铁工程快速发展的精髓。工程项目设计、采购、施工与试运行各阶段的关系参见图3-2。

3.1.2.2 项目设计管理

项目计划管理在钢铁冶金工程项目中对工程项目管理发挥的作用。

项目计划管理是对项目建设过程的预测与指挥，对协调项目活动、调配资源发挥重要指导作用，是推动项目有序实施的重要工具。其主要由计划编制与计划控制两部分组成，采用分级编制和控制的方法，使计划层次清楚，职责分工明确；坚持 PDCA 持续改进，始终保持计划的可控性与指导性。

项目计划编制基本原则包括：

（1）满足合同约定的工作范围和进度目标。

（2）统筹考虑与项目费用、质量目标的相互影响。

（3）基于工作分解结构与组织分解结构，保证计划的可操作性。

（4）利用合理的工具，提高效率和科学性。

项目计划控制基本原则包括：

（1）建立量化的控制基准。

（2）重点监控项目关键路径，优先安排资源配置。

（3）动态分析和预测，制定改进措施。

在某国内项目实施过程中，项目部根据不同层次对计划管理的需求，采用 MS Project 软件编制四级进度计划，自上而下逐级细化。为确保实现合同进度目标，以施工为主线倒排进度，对设计、采购分别提出保证进度的合理需求；采购对各台套设备细化请购文件/制造图纸提交、招标采购、返回设计资料、设备到货/开始安装等节点时间，使设计采购施工紧密衔接、相互协调，构成管理层面的计划网络。项目进展到关键阶段时，项目部还编制有针对性的日进度计划，以保证各项工作顺利完成。

在某国外炼钢连铸项目，采用 Primavera P6 6.01 版本的专业项目管理软件进行计划编制、进度反馈、月报编制等项目管理工作，实施项目的赢得值管理。项目部将该项目按设计、采购、施工、试运行的最小计价单元分解为 4000 多条作业，并依照合同额权重化编入进度计划，按"月报制度"将已实施的工程量报

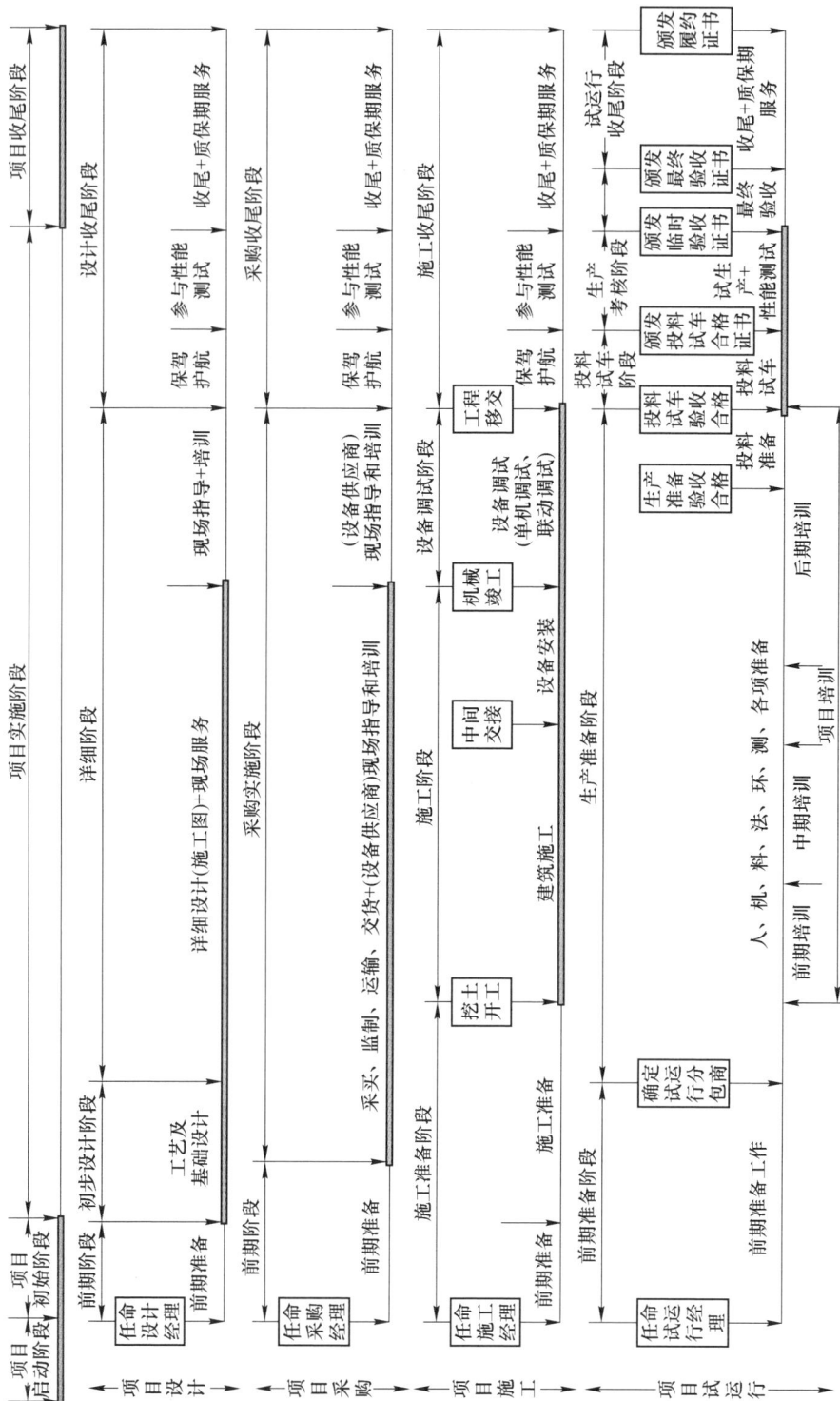

图 3-2　工程项目设计、采购、施工与试运行各阶段的关系

送业主咨询公司，并获得批准，形成当月的合同支付额，按财务约定完成支付，使合同工程滚动进行直至合同义务完成。应用 P6 软件使得复杂的项目管理工作成为可能。P6 软件的应用使得伊朗 ARDAKAN 钢厂项目管理更为集约化。

项目部在计划控制上全员参与，全面跟踪设计采购施工的计划执行情况。相关人员对各自分管计划进行三期滚动管理，检查计划出现的偏差，分析偏差原因，提出改进措施，并重点关注对关键线路径产生影响的相关活动，发现问题及时预警。受不可抗力及偏差累积影响，若计划执行已实质性偏离进度计划的指导，项目部组织调整计划并发布，但在任何情况下均不得调整合同约定的进度目标。

综上，在钢铁冶金工程项目中，计划管理使执行与计划动态吻合、相互依托，又体现了计划的指导作用，对工程项目管理起到举足轻重的作用。

3.1.2.3　冶金工程项目的设备集成管理提升建设速度

由于钢铁行业长期的快速发展，已经形成了钢铁行业的技术和装备系列化；冶金工程项目积累了丰富的技术与装备信息资源、项目管理与建设的人力资源、项目管理规范及独特的管理诀窍，完成了项目信息化管理、实现了设备和技术集成管理的体系，为全项目周期的协调有效管理创造了条件。表现出的采购管理特点如下：

（1）采取工程系统的设备集成与应用，并实现合理交叉、有序实施。

（2）应用项目控制理论，进行进度的动态控制、循环管理，实现预期目标。

（3）应用适用的信息管理技术应用，实现信息内容准确、传递高速以及分析处理高效，达到生产运营的要求。

（4）采购管理"前伸"设计、"后延"施工与开车管理环节，协同控制项目关键线路的供应链环节周期，缩短了项目周期，提高了项目建设速度和投资效益。

基于上述特点，项目采购管理措施如下：

（1）项目进度计划管理：项目进度计划管理包括：

1）制定总体进度计划（包含设计、采购、施工、试车及验收计划等）；综合协调采购与设计、施工及试车进度，各项工作合理交叉、协调进行，从而缩短建设工程周期。定期对实际进度和计划进度进行跟踪比较，对偏差及时分析产生的原因并制定解决方案。

2）在项目启动阶段，采购管理利用积累的设备和技术信息，提前开展主体工艺设备的采购工作，缩短了项目关键路线的周期；

3）运用各种项目管理软件，应用赢得值管理技术，对项目的进度、费用进行综合管理。

（2）设计管理：设计和采购交叉实施，设计协同采购确定技术方案，采购提供设计支持，实现设计与采购协调发展，极大缩短了项目周期；

（3）采购管理：充分利用成熟并高效的供应链管理的优势，能够有效地控制进度、质量及费用；利用丰富的项目采购管理风险预警及应对措施，降低风险影响。

（4）施工管理：采购策划包含施工需求，提前实施保证施工进度及质量的管理措施，尤其在交货进度与施工进度实现无缝对接，交货状态易于施工质量保证。

（5）开车管理：采购策划包含开车需求，提前实施保证开车业务的管理措施。

采取上述措施后，进度控制管理达到如下效果：

（1）缩短项目全生命周期，增加生产运营周期；

（2）提升项目建设效率达到国际一流；

（3）提升项目建设收益率。

3.2　钢铁工程投资的控制

3.2.1　"五品联动"工程管理模式

3.2.1.1　"五品联动"管理模式概念

在对传统矿冶分治模式、矿冶工程管理理念以及对相关理论分析的基础上，从矿冶工程的"根"出发，突破思维的局限，运用整体思维、系统思维、生态伦理思维，树立和谐工程观，认识和把握矿冶工程发展规律，通过集成建构、协同联动，实现流程整体优化和工程与技术、时间与空间、局部与整体、经济与社会的和谐统一。据此提出矿冶工程管理新思路：以系统效益最大化为目标，将矿冶系统的五大工程进行整体优化，充分考虑资源承载能力，挖掘最高技术潜能，通过工程建设并推动资源战略的实施，实现贫铁矿资源规模高效开发。通过进一步研究发现，矿冶工程中的边界品位、采出品位、入选品位、精矿品位和入炉品位是关键决策参数，并且这五个品位是相互联系、相互影响，具有连锁反应。由此，以"五品"为标志性参数，构建其整个系统各环节的联动关系，命名为"五品联动"。

3.2.1.2　"五品联动"管理模式原则

A　整体优化原则

以工程哲学和系统论、协同论、控制论等相关理论为指导，以矿冶工程过程中的边界品位、采出品位、入选品位、精矿品位、入炉品位等"五品"为决策参数，将五大工程作为一个整体进行优化。

B　动态优化原则

矿冶工程各环节技术指标之间存在着互相制约、互为变量的关系，必须建立能够反映指标与相关技术经济参数之间动态变化关系的数学模型，随着生产技术水平的进步，以及市场价格、生产成本等指标的变动，适时动态调整，保证系统始终处于最优状态。

C 多目标优化原则

经济效益最高的方案，不一定是资源回收效益最好的方案。只有通过多目标优化决策，兼顾产品产量、质量、成本、利润、价格等微观经济效益和能源、环境等宏观经济效益多个优化目标，达到相对最佳经济效益和相对最佳资源回收效益目标，才是合理的"五品"。

D 低碳环保原则

充分考虑工程与环境的辩证关系，既要高效开发资源又要兼顾生态保护，减少废弃物排放量，以最低的成本、最小的环境影响创造最大的经济和社会效益，实现和谐发展。

3.2.1.3 "五品联动"管理模式的内涵和原则

"五品联动"管理模式的基本内涵和本质特征可以从技术、工程、管理、哲学四个层面来理解。

A 技术层面

在技术层面，"五品联动"管理模式首先体现为通过技术手段进行五个品位的优化。如，在勘探环节开发新型找矿技术，加强补勘和详查，增加资源储量，查明资源赋存状况，合理确定边界品位，提高资源利用率；在采矿环节攻克穿孔、爆破、采掘等技术难题，减少矿石的损失率和贫化率，提高采出品位和回采率；在配矿环节开发高效配矿技术和预选技术，解决不同矿种合理分选和低品位矿经济利用两大难题，稳定入选品位；在选矿环节开发研究适应不同矿种的选矿工艺流程，全面实施"提铁降硅"工程，提高精矿品位；在冶炼环节开展球团烧结技术攻关，满足炼铁高炉对入炉品位的要求。

其次，体现为关键环节的技术集成创新。其基本指导思想是：不单纯追求单项技术最佳，注重技术组合后总体最优，向以工程价值为主导的集成创新转变。基本思路是：通过对五大工程各环节品位与成本、品位与效益关系的分析，建立品位——成本边际指数、品位——效益活跃指数等评价工具，查找系统薄弱环节，通过建模仿真技术、各工程环节工序关系与降低成本技术、联动运行控制技术等研究，在单环节技术创新基础上，注重系统整体集成和协同优化。按照上述思路进行深入分析，发现选矿环节是五大工程中最薄弱的环节，其技术水平制约了整个系统的效益。因此，要以优化精矿品位为核心，进行系统整体优化。

B 工程层面

在工程层面，"五品联动"管理模式就是强调要遵循矿冶工程的规律，将勘查、采矿、配矿、选矿、冶炼五大工程整体考虑，在系统效益最大化目标下，构建矿冶系统各工序之间的品位、成本、产量、效益的关系模型，系统中无论哪个环节发生变化，都要依据系统关系模型，及时准确地对系统其他环节进行联动调整，确保系统始终在效益最大化状态下运行。

各个工程之间是相互影响相互制约的关系，每个工程都是上一工程的继续，又是下一工程的起始。因此，每一工程既是根据前序工程成果制定自己的生产指标，同时又要用自己的成果影响下一个工程的各项指标制定。如采矿工程根据地质工程勘探的地质品位和圈定的矿石储量规划制定采矿品位和采矿规模与产量，同时，采矿工程的矿石质量和产量又制约了配矿工程与选矿工程的规模、矿石质量和经济效益。同理，选矿工程根据配矿工程的规模和矿石质量制定本工程的生产指标，选矿工程的精矿质量和规模又制约了冶炼工程的生产指标，一环制约一环，构成"五品联动"系统。

C   管理层面

在管理层面，"五品联动"管理模式主要体现在两个方面：

一是建立开放型网络组织系统，突破企业有形的界限，全方位对企业外部资源进行整合，实行全寿命周期"伙伴管理"。

（1）结合矿冶工程特点，与高校、科研院所、设计单位、同行业企业、设备制造企业、施工企业和咨询机构建立全寿命周期伙伴合作关系。

（2）对工程各元素进行评估选择，根据工程需要进行集成，形成科研、设计、管理、施工、运行"五位一体"的组织方式，达到全面全员全过程参与的目标。

（3）建立与各参与方之间的问题信息反馈机制、价值分配机制、评估竞争机制，为协同创新提供动力源，构建完整的工程知识网络和价值网络。

二是矿冶工程是一个开放的、远离平衡的复杂系统，"五品联动"管理模式在认识局部薄弱环节限制总体功能规律的前提下，寻找形成系统薄弱环节的原因，利用复杂系统基本运行规律（等效优效代换规律）加以解决，使系统更好地保持稳定，或向更高的水平发展。在"五品联动"实践过程中，运用等效优效代换规律，在不同的品位之间进行优化平衡，增加低代价环节成本投入，减少高代价环节成本支出，合理分配加工成本，降低系统总成本，在保证最终精矿品位（或冶炼质量）的前提下，实现综合效益的提高。

D   哲学层面

在哲学层面，"五品联动"管理模式具有深刻的哲学内涵，其核心是通过促进矿冶工程内外部的"和谐"，实现经济效益、社会效益与生态效益相统一，最终实现全面协调可持续发展。简言之，它是工程与技术、产业、经济和社会多元统一的和谐工程观。这里所说的和谐，既包括矿冶工程系统内部的和谐，也包括矿冶工程与社会、企业与自然环境等的外部和谐。内部和谐指的是协调矿冶工程内部各个子系统之间的利益关系，充分调动各子系统的积极性、主动性和创造性，增强整体合力，根本是解决发展动力问题；外部和谐主要指协调好矿冶工程与自然、经济、人文、社会的关系，根本是为矿冶工程创造良好的发展环境。

具体而言，"五品联动"和谐工程观具有以下基本特征：

（1）以人为本。工程创新的主体是人，矿冶工程管理必须充分体现"以人为本"的思想，注重将发展愿景转化为各层次团队的共同愿景，努力为人的发展创造良好环境，提高人的生存和发展能力，把矿冶工程发展目标的实现建立在人的全面发展基础之上。

（2）全面创新。"五品联动"管理坚持以战略为主导，以技术创新为重点，以各种创新（战略创新、组织创新、管理创新、制度创新、文化创新等）的有机组合与协同为手段，凭借有效的管理机制和方法，努力营造人人创新、事事创新、时时创新、处处创新的良好局面，使创新融入矿冶工程管理的全过程，推动管理的全面提升，增强竞争能力。

（3）协调运行。"五品联动"管理通过对矿冶工程勘、采、配、选、冶五大工程系统及各环节子系统进行有机整合，终结了五大工程独立分割、各自为政的局面，使各系统及其中的各个部分和各个要素之间处于平衡、稳定、协调、有序状态，实现各环节的协同联动、高效运行。

（4）安全发展。安全发展是实施矿冶工程管理追求的重要目标。"五品联动"管理坚持"以人为本"的和谐理念，把安全发展放在首要位置，在保证安全的前提下开展矿冶工程实践，通过内外部的优化，实现内外部的和谐，创造安全发展的环境。

（5）环境友好。"五品联动"管理坚持环保优先、节约优先的原则，采取有利于环境保护的系统管理方式，形成资源消耗低、能源资源利用效率高、废弃物排放少的循环经济体系，把能源资源最大限度地变成经济、社会和生态效益，实现人与自然、企业发展与环境的和谐。

3.2.2 "五品联动"战略成本管理

"五品联动"管理模式下的成本管理是采用战略成本管理方法，从全局、系统的视角来统筹管理成本，使全过程、各环节资源配置不断优化，协同创造价值，实现企业全系统整体效益最大化，从而保障企业核心竞争力的培育和提升，促进企业可持续发展。

3.2.2.1 "五品联动"战略成本管理的内涵

"五品联动"战略成本管理主要是以价值链分析为基础，使企业在成本管理中找到确定战略的方向和依据，从而建立起与企业战略相匹配，能够保证企业持续低成本运营，实现整体效益最大化目标的成本管控体系。矿冶企业实施基于价值链的"五品联动"战略成本管理，就是以价值链分析为基础把创造价值的各成本要素"管到",以价值链管控为重点把各项成本"管住",以价值链优化为方向把整体成本"管好",建立起立足长远、立足全局、立足竞争、立足发展的成本控制长效机制,保证实现低成本运营的常态化,为企业打造出长期竞争的成本优势。"五品联动"战略成本管理内涵如图 3-3 所示。

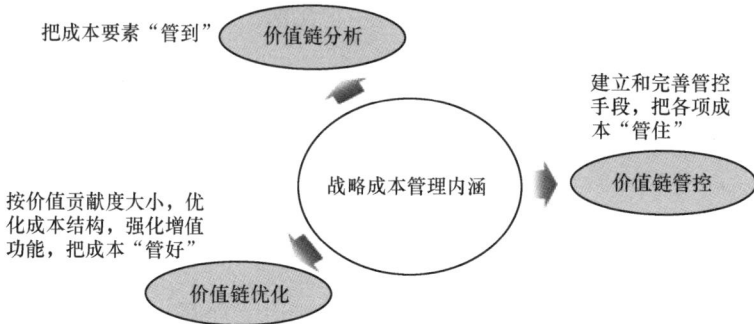

图 3-3　　"五品联动"战略成本管理内涵

3.2.2.2　"五品联动"战略成本管理的特征

"五品联动"战略成本管理主要是以价值链分析为基础,使企业在成本管理中找到确定战略的方向和依据,从而建立起与企业战略相匹配,能够保证企业持续低成本运营。"五品联动"战略成本管理具有长期性、外延性、全局性和主动性等特征。

长期性:与传统成本管理不同,战略成本管理关注的是企业的长期竞争优势,即追求低成本运营的常态化。要求企业成本管理超越单一的会计期间的界限,注重企业不同发展阶段和产品寿命周期成本的规划,立足于长期的战略目标。在进行战略绩效评价时,主要立足于企业长期的竞争力,而不是仅仅满足短期目标的实现。

外延性:与传统成本管理不同,战略成本管理强调"增值"。是从企业价值最大化的角度考虑成本工作,在具体操作上主张有增有降,不是一味地强调降,其主张对价值贡献度高的环节要增而不降,所要降的是那些低效、无用的环节。同时,战略成本管理是一种全方位的成本管理,其成本管理范围要从企业整个价值链进行统筹规划,并要求注重对上游供应商、关联单位的成本分析,力求使企业的外部资源成本最低。

全局性:与传统成本管理不同,战略成本管理具有全局性,认为企业的长期竞争优势是企业所有职能部门协同运作、协调发展的结果。成本管理不能将眼光仅限于生产领域,还要对勘探、设计、采购及服务等各个环节进行成本策划。同时,成本管理要对成本动因进行全方位的分析和控制,特别是要强化对结构性成本、执行性成本等无形成本的分析和控制。

主动性：与传统成本管理不同，战略成本管理具有主动性。在战略成本管理上，企业的成本管理不再是事后的反应、控制和考核，而是积极地参与企业战略的制定、执行和过程控制，具有前瞻性、规划性，从而为战略目标的制定、战略规划的展开、战略管理的评价提供决策支持信息。同时，战略成本管理要与企业的战略定位相匹配，并服务于特定的竞争战略。

3.2.2.3 "五品联动"战略成本管理的方法

A 开展价值链分析

价值链最初是由美国哈佛大学教授迈克尔·波特（Michacl Porter）于1985年提出，是一种寻求确定企业竞争优势的工具。作为一种强有力的战略分析框架，一直以来不断发展创新并被广泛运用。

价值链是企业为客户创造价值所进行的一系列经济活动的总称，包括行业价值链、竞争对手价值链和企业价值链。

价值链分析是企业战略成本管理的最重要内容和特征，是企业明确战略成本管理思路、努力方向和工作重点的重要工具。

（1）分析行业战略方向，确定企业定位。矿冶企业实施战略成本管理，要立足于国家钢铁工业长远发展战略，深入分析行业战略方向，找准企业定位，增强市场观念和竞争意识，特别是要准确把握自身在整个钢铁行业价值链中的位置，在保证钢铁原料需求和促进钢铁行业增加效益两个方面充分发挥作用。

（2）分析竞争对手，明确努力方向。由于国内铁矿石资源具有"贫、细、杂、散"的特点，导致国内矿冶企业的生产成本与国外同行业相比明显偏高，缺乏竞争力。实施战略成本管理，就是要分析竞争对手的价值链，明确自身的优势和劣势，找出潜力所在，找准努力方向，构筑低成本优势，增强抵御市场风险的能力，全面提升核心竞争力。

（3）分析成本动因，确定工作重点。矿冶企业实施战略成本管理，就是要突破局部最优思想，深入分析成本在勘、采、配、选、冶各环节的分布情况，准确把握各环节在整个系统中的位置，运用优效代换规律，在不同的品位之间进行优化平衡，增加低代价环节成本投入，减少高代价环节成本支出，合理分配加工成本，实现全价值链优化、系统成本最低和整体效益最人。

B 强化价值链管控

矿冶企业实施"五品联动"战略成本管理，应基于价值链分析对勘查、采矿、配矿、选矿、冶炼五大工程创造价值的各个环节进行"细"（精细化成本核算）"全"（全员成本管理）"新"（技术、体制和经营方式创新）"实"（实时监控各项成本活动）的管控，实现企业效益的系统提升和整体最大化。"五品联动"矿冶企业价值链示意如图3-4所示。

价值链中的环节	工　艺	工　序
(1) 勘查设计	资源勘查、工程设计	
(2) 基建工程	基建剥岩与工程建设	
(3) 原料采购	材料、备件、燃料等采购，水、电供应	
(4) 产品生产	采矿—配矿—选矿—冶炼	
(5) 产品销售		

工序流程：

矿岩 → 采矿（穿孔 → 爆破 → 铲装 → 运输）→ 矿（岩）破 → 矿石 → 选矿（破碎 → 磨选 → 过滤 → 输送 → 尾矿）→ 铁精矿 → 冶炼（原料 → 烧结（球团））→ 烧结矿/球团矿 → 钢铁

岩石排放

勘查　采矿　配矿　选矿　冶炼

运输

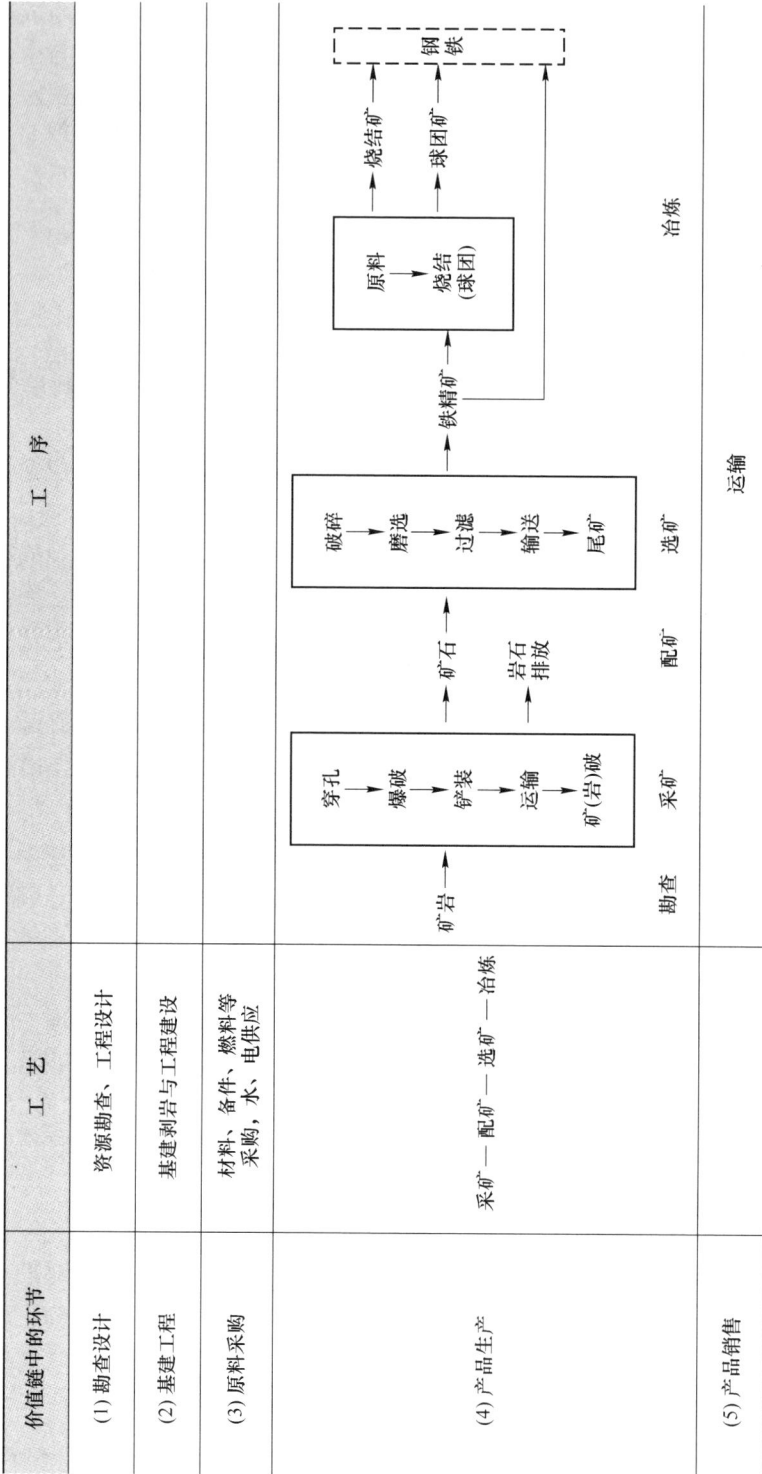

图 3-4　"五品联动"矿冶企业价值链示意

a 基于作业成本法的工序标准成本管理

作业成本法是以作业为基础，通过对所有作业追踪并进行动态反映，计量作业和确认成本对象，评价作业业绩和资源利用情况，为企业的成本管理提供更相关、更精准的成本信息的一种方法。采用作业成本法能够将间接成本和辅助资源更加准确地分配到作业、生产过程、产品、服务和用户中，其对于矿冶企业成本管理的意义在于：

其一，有利于确定价值链中各个成本发生阶段的成本动因，揭示出影响成本的关键性因素，便于明确成本管理的重点。

其二，有利于提供更加准确的成本计量与核算信息，为帮助企业对生产流程和作业进行重新设计等决策提供真实的成本信息。

矿冶企业基于作业成本法的工序标准成本管理（EAAE）是按照生产工艺划分核算工序，分工序制定工序标准成本，按照工序标准成本实施成本控制，分析产生偏差原因，提出改进措施，择优确定工艺路线，优化资源配置，改善生产组织结构，实现勘、采、配、选、冶各工序成本系统优化和整体效益最大。

工序标准成本管理（EAAE）包括标准成本制定（E）、标准成本核算（A）、标准成本分析（A）、标准成本评价（E）四个部分。

工序标准成本制定　工序标准成本制定应以企业战略为导向，以工序为主体。

工序标准成本制定原则：对已经达到企业或同行业先进水平的项目，按照企业或同行业先进指标制定；未达到先进水平的项目，要注重标准的改善，具体要考虑生产条件及生产工序变化、操作技术改善、技术开发成果的应用、设备装备更新等带来的标准的改善，以及人的主观能动性充分发挥可能产生的标准的改善。

工序标准成本制定方法：上下结合，由生产、技术、设备等各专业系统共同参与制定松紧适度、能够客观反映企业真实水平的标准成本。其中，物资消耗是结合资源的赋存条件和现有的技术工艺、设备装备等生产条件，建立物资消耗标准的数学模型，量化成本动因对物资消耗的影响，并设定动因变化系数，因地制宜地核定标准；费用开支是遵循业务发展、开支节约和历史成本统筹兼顾的原则，致力于优化费用支出结构，对保障性支出和效益性支出进行充分分析，对动因比较明显的费用项目实行定额管理，建立制定费用定额标准的数学模型，科学、合理地核定费用开支标准。

工序标准成本表达式：

直接材料标准成本+直接人工标准成本+制造费用标准成本

工序标准成本核算　工序标准成本核算是将企业在一定时期内生产经营过程中所发生的成本费用，按照生产工艺环节、性质和发生地点，分类归集、汇总、核算，计算出该时期内生产经营各环节发生的成本费用总额，分别计算各工序的实际成本的管理活动。其基本任务是正确、及时地核算产品各工序的实际总成本和单位成本，提供正确的成本数据，为企业经营决策提供科学依据，并借以考核成本计划执行情况，综合反映企业的生产经营管理水平[5]。

矿冶企业勘、采、配、选、冶工程生产的产品主要是铁矿石、铁精矿、烧结矿、球团矿及钢铁，采用品种法进行工序标准成本核算，即将物资消耗和费用计入工序标准成本环节后，再用一定的方法计算出不同品种的产品成本。

（1）工序标准成本核算基础。工序标准成本核算基础有：

定额管理。定额是在生产过程中，为了完成某一单位合格产品，所消耗的人工、材料、机具设备和资金。实行定额管理，对于节约使用原材料，合理组织生产，调动员工积极性，提高设备利用率和劳动生产率，降低成本，提高经济效益，都有重要的作用。建立和完善定额管理体系，按照统一标准制定定额指标，是实现工序标准成本核算的基础。

计量手段。成本核算是以价值形式计算产品的物耗和非物耗，物耗和非物耗的价值必须以准确计量为基础。要做好计量、验收设备的日常维护和定期校正，统一计量、验收的标准，确定计量环节和节点，提高计量手段，选择适当的计量方法，确保计量、验收结果的准确性。

原始记录。原始记录是企业生产经营活动的书面载体，是进行会计核算的依据。为了保证会计核算与监督工作的质量，必须建立健全经营活动过程中的原始记录。成本核算的原始记录至少包括材料物资原始记录、劳动工资原始记录、产品加工原始记录、产品原始记录、固定资产原始记录、费用开支的原始记录等。

（2）工序标准成本核算工序。根据企业管理需要，勘、采、配、选、冶生产按照生产工艺流程划分核算工序。以采、选环节为例，采矿工序可划分为：穿孔、爆破、铲装、运输、排土、岩石破碎、矿石破碎等。选矿工序可划分为：破碎、磨选、过滤、输送、尾矿等。

（3）工序标准成本核算项目。工序标准成本核算项目包括定额项目、非定额项目和费用项目。其中，定额项目由于生产工艺不同，核算项目有所不同。仍以采、选环节为例，采矿工序定额主要有：火药、爆材、钻具、汽柴油、轮胎、电等，选矿工序定额主要有：原主材料、钢球、衬板、药剂、燃料、动力等；非定额项目包括限额材料、低值易耗品等；费用项目包括职工薪酬、资产折旧、修理费、行政办公费等。

（4）工序标准成本报表。应通过建立电算化核算和管理模式，规范工序标准成本核算口径和成本归集途径，编制符合成本管理需要的各工序成本报表，来提高工序标准成本管理质量和工作效率。

工序标准成本分析　工序标准成本是一种目标成本，由于种种原因，工序的实际成本会与目标不符。实际成本与标准成本之间的差额，称为工序标准成本差异。工序标准成本差异是反映实际成本脱离预定目标程度的信息。为了消除这种偏差，要对产生的成本差异进行分析，找出原因和对策，以便采取措施加以纠正。

工序标准成本差异分析是使用作业分析改进经营控制和管理控制的一种管理手段。对生产工艺复杂的矿冶企业来说，是一种非常重要的成本管理工具。

工序标准成本评价 企业应将工序标准成本纳入经济责任制考核办法，实行严格考核，通过考核评价工序标准成本管理效果，促进成本降低和改进。

工序标准成本考核分为两部分：变动成本超降总额 A，固定成本超降总额 B，实际成本与标准成本的总差异 $\Delta = A + B$。$\Delta < 0$ 为成本降低；$\Delta = 0$ 为与标准持平；$\Delta > 0$ 为成本升高。其中：

$$变动成本超降额\ A = \sum 工序实际产出作业量 \times （工序单位变动实际成本\ -$$
$$工序单位变动标准成本）$$
$$固定成本超降额\ B = 固定实际总成本\ - 固定标准总成本$$

b 全面预算管理

美国著名管理学家戴维·奥利指出：全面预算管理是为数不多的几个能把组织的所有关键问题融合于一个体系之中的管理控制方法之一。全面预算管理是企业战略成本管理的重要组成部分，是将经营目标量化后再通过分析监控、绩效考核等手段来实现财务控制，是提高成本信息真实性、识别企业价值链、全盘考虑整个价值链之间联系、有效配置财务资源、推进企业战略实施、实现企业战略目标的需要。"五品联动"全面预算工作流程如图 3-5 所示。

预算编制与审批 预算编制是以系统价值最大化原则、指标先进合理原则、科学全面原则为核心，建立"以战略规划为导向，以目标利润为中心，以现金流量为重点，以集中管理为归口，以全员参与为载体"的全面预算管理体系，按照"上下结合、分级编制、归口管理、逐级汇总"的程序组织进行，内容全面覆盖生产经营过程中各项技术经济指标和财务指标。预算审批是指编制形成的预算在执行之前，企业要履行法定审查和批准程序。

预算执行与控制 预算执行与控制是指预算经法定程序审查和批准后的具体实施过程，是把预算由计划变为现实的具体实施步骤。预算执行工作是实现预算收支目标的关键步骤，也是合理配置财务资源的中心环节，必须充分调动各级责任人的积极性与创造性，强化其责任意识，形成预算执行与控制的责任体系，保证预算执行的进度和效果。全面预算执行与控制的具体内容主要包括全面预算的分解、执行和调整等。

全面预算分解是对预算指标的细化和落实过程，目的是保证全面预算管理目标的实现。全面预算的分解是一个循序渐进的过程，应尽可能地将各项预算指标

```
                                    ┌─────────┐
                                    │   开始   │
                                    └────┬────┘
                                         │
       ┌──────────────────────────────► ┌─────────────┐ ◄────────────────────────┐
       │                                │  制定预算目标  │                          │
┌─────────────┐                         └──────┬──────┘                           │
│  调整预算目标  │                          预算目标下发                            │
└──────┬──────┘                               │                                   │
       │          预算目标不合理    ◄──── ◇ Y/N ◇                                  │
       └──────────────────────────────────   │                                    │
                                         同意预算目标                              │
┌─────────────┐                               │                                   │
│  数据预测    │ ───────────────────► ┌─────────────┐ ◄────────┐                   │
└─────────────┘                        │  预算编制   │          审核不合格          │
                                        └──────┬──────┘         │                  │
                       预算上报               预算上报          │                  │
       ┌─────────────────────── ◄──── ◇ Y/N ◇ ──────────────────┘                 │
       │                                     │                                     │
       │                                  审核合格                                 │
┌─────────────┐   审核不合格              ┌─────────────┐                          │
│  预算调整    │ ◄──────────────────────── │ 预算分析/审批 │                        │
└──────┬──────┘                            └──────┬──────┘                         │
       │                                          │                                │
┌─────────────┐   预算需要调整                    │                                │
│  下达控制数  │ ◄──────────────────────── ◇ Y/N ◇                                 │
└──────┬──────┘                                   │                                │
       │                                       预算合格                            │
       │                                   ┌─────────────┐                         │
       │                                   │ 预算批复/汇总 │                       │
       │                                   └──────┬──────┘                         │
       │                                          │                                │
       │                                   ┌─────────────┐                         │
       │                                   │  预算下达    │                        │
       │                                   └──────┬──────┘                         │
┌─────────────┐                            ┌─────────────┐                         │
│ 执行情况分析 │ ◄──────────────────────── │  预算执行    │ ────────────────────────┘
└──────┬──────┘                            └─────────────┘
       │
┌─────────────┐
│  预算考核    │
└──────┬──────┘
       │
   ┌─────────┐
   │  预算   │
   │  完成   │
   └─────────┘
```

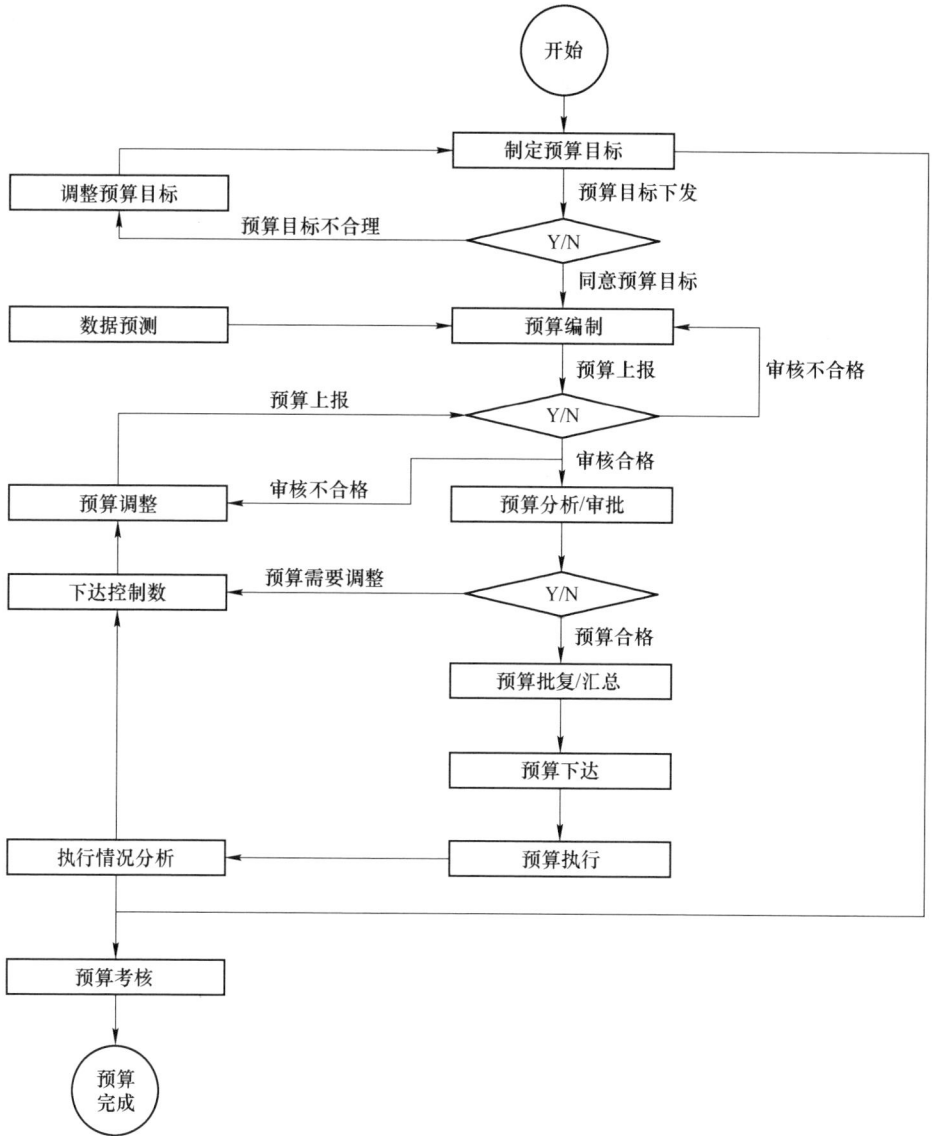

图 3-5　"五品联动"全面预算工作流程图

细化，并制定相应的保证措施。分解过程是以价值量保证指标的可衡量性，以应分尽分保证指标的可执行性，以责任到人保证指标的可落实性。

　　全面预算执行是对与产量、质量、技术经济指标等变量相关的收支，依据量本利关系进行动态控制的过程，分自我控制和外部控制。自我控制是各预算责任单位对自身预算执行过程的控制，通过自我控制实现资源配置和成本效益的局部优化；外部控制是预算执行过程中上级对下级的控制，通过外部控制实现资源配置和成本效益的系统优化。当今，计算机技术迅速发展，利用计算机管理信息系统（MIS）加强对预算执行过程的控制，具有较好的辅助管理控制作用，通过系统实现网络资源共享，便于各层次的管理者及时掌握预算信息，随时检查预算执行情况。"五品联动"管理信息交谈流程如图3-6所示。

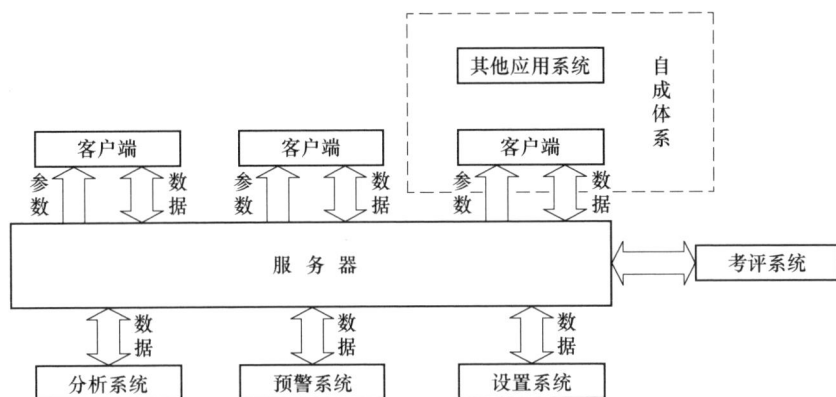

图3-6 "五品联动"管理信息系统流程图

全面预算调整是预算目标按一定层次、范围进行分解后，预算期内指令性的费用预算因特殊情况确需突破，必须按程序申请、办理调整。预算执行的责任单位因客观条件变化或其他特殊原因产生了阻碍预算执行的重大障碍时，须及时分析原因，按照全面预算管理流程向预算管理部门提出预算调整申请，预算调整的原则是不能偏离企业发展战略和年度预算目标，预算调整的方案应在经济上能够实现系统价值最大化，预算调整的重点是放在预算执行中出现的重要的、非正常的、不符合常规的关键性差异方面。

c 预算考核与评价

预算考核与评价是管理者对执行者实行的一种有效的激励和约束形式，在整个预算管理循环过程中是一个承上启下的环节。包括两层含义：一是对整个预算管理系统的考评，即对企业经营业绩的评价，是完善并优化整个预算管理系统的有效措施；二是对各预算执行系统的考评，是约束和激励各预算执行系统的必要措施。

从整体上看，预算考核与评价是对企业调配资源适应市场变化能力的评价和检验；就局部而言，是对企业内部各子系统在企业整体目标实现过程中所做贡献的评价和检验。通过预算考核与评价，激励预算执行者发挥成本管理的积极性与主动性，是推动企业落实战略管理目标的主要措施。

d 全员成本目标管理

随着市场竞争的日益激烈，成本在竞争中的作用愈发凸显。影响成本的各项要素，引起成本变化的各项动因，分散在各相关责任管理部门、各生产经营环节。"五品联动"管理模式下的成本管理，必须控制企业生产经营的全过程，即价值形成和成本发生的全过程。实行全员成本目标管理即是以提升企业价值为导向，以目标管理为核心，以全面预算管理为主线，以工序标准成本管理为重点，以定额标准化为基础，以信息化手段为支撑，以全体员工参与为载体，围绕企业战略目标的实现，自上而下地确定控制目标，通过体系、机制和制度的健全完善，实现员工"自我控制"，自下而上地保证目标的实现，并实现流程的系统优化和管理的持续提升，增强企业核心竞争力。

全员成本目标管理应以"一点、两线、三面、四化"作为基本思路。"一点"：以确保企业实现效益最大化为根本出发点。"两线"：横向以各专业系统为主体，全面发挥成本目标管理职能；纵向以各级成本中心为主体，全方位参与成本目标管控。"三面"：在指标体系建立方面，将财务指标与专业指标相结合；在责任体系建立方面，使整体责任与个体责任相衔接；在考评体系建立方面，以综合考评与专项考评相补充。"四化"：实现方案制度化、模式标准化、内容精细化、手段信息化。

实行全员成本目标管理，是各专业系统将专业管理与成本管理有机结合，建立对勘查、设计、生产、采购、服务等企业价值链所有环节全面实施成本管理的长效机制。生产系统按照效益优先的原则动态地制定和实施生产组织方案；设备系统在保证设备完好率和可开动率的同时，注重提高设备效率，抓好设备的经济运行；科研系统以实现低成本运营为重点开展科技攻关；供销系统在保证供应的基础上大力降低采购成本；工程系统在保证工程进度和质量的同时，严格按照预算标准控制费用；企管系统在优化组织结构和人力资源配置等方面降低管理成本。通过这一机制，形成人人关心成本、人人管理成本的全员成本管理格局，保证成本管理体系中的各责任主体协同、高效地发挥作用，各项成本管理措施全面顺利实施，战略成本管理有效融入生产经营全过程，各级成本管理目标全面实现、系统优化。

3.3　工期与质量管理

企业要在激烈的市场竞争中生存和发展，仅靠方向性的战略选择是不够的。残酷的现实表明，任何企业间的竞争都离不开"产品质量"的竞争，没有过硬的产品质量，企业终将在市场竞争中消失。为达到质量要求所采取的作业技术和活动称为质量控制。这就是说，质量控制是为了通过监视质量形成过程，消除质量环上所有阶段引起不合格或不满意效果的因素，以达到质量要求、获取经济效益而采用的各种质量作业技术和活动。

矿冶工程是一个巨系统，只有将其总体考虑，才能实现集成度（协同度）

最高的目的。所以，必须对边界品位、采出品位、入选品位、精矿品位、入炉品位这五个品位进行生产过程质量的全过程控制，才能最大限度地减少波动，实现系统效益的最大化。

加强质量控制，需要做好以下工作。

3.3.1 建立质量保证体系

质量保证体系是系统工程的理论、方法在质量管理中的具体运用，是现代化矿冶企业生产的要求，也是质量管理一个新的突破。所谓质量保证体系，是指企业以保证和提高产品质量为目标，运用系统工程的概念和方法，把质量管理各阶段、各环节的质量管理职能组织起来，形成一个有明确任务、职责、权限，互相协调、互相促进的有机整体，使各项质量管理工作有条不紊，做到程序化、标准化、高效化。质量保证体系的核心就是依靠人的积极性和创造性，依靠科学技术，保证产品质量。矿冶企业建立质量保证体系的重点是建立执行质量责任制。质量责任制是规定各职能部门和各岗位的员工在质量工作中的职责和权限，并与考核奖惩相结合的一种管理制度和管理手段。建立质量责任制是矿冶企业加强质量管理、稳定和提高产品质量的行之有效的措施。质量责任制能把同质量有关的各项工作和企业员工的责任紧密结合起来，从而形成一个严密的质量管理工作系统。要建立横向到部门，纵向到车间、班组和个人的质量责任制，并抓好责任制的落实，形成激励与约束相结合的机制。通过各级责任制的建立，使质量管理工作层层落实，责任到人，实现事事有人管，人人有专责，办事有标准，考核有依据，推动质量管理工作整体上水平。同时，严格质量指标考核，将质量指标纳入企业战略绩效考核中去，通过奖惩分明，有效调动广大员工做好质量工作的积极性，促进全员参与质量管理。

3.3.2 加大质量监管力度

矿冶企业应建立质量计量单位，并强化全面质量管理和质量监督检验，实行化检验集中归口管理，统一执行质量监督检验职能，充分发挥质量检验对大生产的预防、把关、警示、反馈作用。从原燃料入口检验、生产过程中的中间产品检验到输出产品检验，都要严格执行国家、行业及企业检化验方法标准，并开展有针对性的质量把关工作。首先，在原燃料采购和供应上，为杜绝供应商以次充好，要对入厂原燃料检验制定管理办法和严格的程序要求。其次，在生产过程中除对各项指标进行严格检测外，还应在各关键工序建立质量管理点，对采矿、选矿、冶炼生产的各重点区域开展质量管理（控制）点的管理，对重点环节指标进行重点控制。通过质量控制点指标的控制，强化质量意识和责任意识，规范员工的操作。

3.3.3　强化生产过程控制

采矿生产过程中的质量控制包括矿石质量管理中的地质工作、穿孔爆破、采装过程和矿石运输过程中的质量控制。具体来说，采矿生产要积极开展挑岩、挑矿、综合配矿工作，减少矿石中岩石的混入，保证矿石的品位和可选性。同时还要严肃工艺纪律，开展工艺纪律监察，严格执行各项验收制度；选矿生产过程中的质量控制包括破碎筛分作业、磨矿分级作业、磁化焙烧作业、选别作业、浓缩过滤作业和原、精、尾矿的质量控制。同时还要强化各环节指标的检测与控制，严格标准化操作，加强设备检修和维护，保证生产工艺条件稳定，使生产过程始终处于受控状态。在此基础上，提高选矿操作对矿石的应变性，减少指标波动；冶炼环节的烧结和球团生产要强化操作，精心配料，合理控制热工参数，保证烧结矿和球团矿化学指标、物理性能和冶金性能指标。

3.3.4　信息化控制

为更迅捷地调整生产，实现生产智能化管理，还需要有一套高效灵敏的质量信息反馈系统，以实现质量信息的传递畅通无阻，准确、及时地搜集和处理矿冶企业内外部各种质量信息，为保证和改进质量提供信息依据。比如，在现场安装在线监测装置，可实时对重点作业设备运转情况，粒度、浓度及品位等质量指标进行监测。通过对过程指标的多方法、全方位地控制，使生产调整及时，生产过程稳定，保证最终产品质量的稳定。为及时地传递质量信息，还需构建完善的MES-质量计量信息系统，并通过统计分析工具，如折线图、控制图等，及时发现各工序指标的走势，加强质量管理与控制。

第4章　钢铁工程的组织架构

4.1　概述

中国粗钢产量从 1949 年新中国成立初的 15.8 万吨，发展到 2017 年 8.32 亿吨，建设模式上总体上分为三个阶段：第一阶段，是从 1949 年中华人民共和国成立到 1984 年，这个阶段是计划经济阶段，钢铁工业的投资主要依靠国家，钢铁工程组织方式是工程建设指挥部；第二阶段，是从改革开放后的 1984 年到 2001 年，工程建设管理从学习"鲁布革"项目管理方式开始，不断完善项目管理机制，推行工程总承包制度；第三阶段，从 2001 年"入世"开始，进入创新发展阶段，这个阶段，中国钢铁工业经历了从 2 亿吨产能到 12 亿吨的高速发展，钢铁工程投资多元化，钢铁工程项目建设管理机制日趋成熟，根据工程建设投资方的项目管理条件，存在多种工程组织方式，如工程建设指挥部下的项目经理负责制、工程总承包、工程总承包管理等。

4.2　传统钢铁工程组织模式

企业组织是企业内部各要素及其相互关系的总和，是按照一定的目的和程序组成的一种权责结构，使企业全体成员为实现企业目标在管理工作中的分工协作，在职务范围、责任、权利方面所形成的结构体系，是在职、责、权方面的动态体系，必须随着企业的重大战略调整而调整。

工程组织具有企业组织的性质，工程组织具有两方面的含义，一是作为名词概念的组织结构形式，即按照一定的体制、部门设置、部门层级及职责分工而构成的有机体；二是作为动词概念的组织管理过程，即为达到项目目标，应用组织的权力对所需的资源进行合理配置，以有效地实现组织目标的过程。其核心是处理好组织内成员之间，组织成员与职责、任务，成员与资源之间的关系。

企业组织根据企业从事的行业性质、企业规模、企业所处环境不同，不同企业有不同的组织架构，但基本是几种基本形式的演变与组合。企业组织架构主要有以下几种形式。

4.2.1　直线制

这是一种简单的集权式组织结构，又称军队式结构，其领导与被领导关系按垂直体系建立，不设专门的职能部门。企业各级行政单元从上到下实行垂直领导，下属部门只接受一个上级的指令，管理职能基本上由行政主管负责。这种组织结构一般是用于生产规模小，生产过程简单的企业；适用于低成本、大批量、标准化生产。直线制工程组织如图4-1所示。

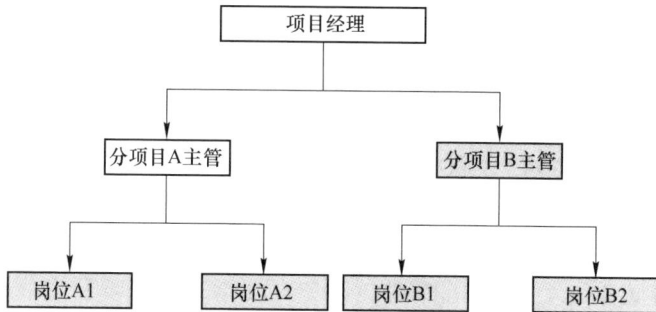

图4-1　直线制工程组织

直线制在工程建设领域适用于建设规模小、参与部门少的工程，或者是项目分解后某一具体的分部分项工程。

4.2.2　职能制

这种组织结构是企业内部在同一管理层级按照业务性质分别设置职能管理部门，各个职能部门在各自业务范围内向下一层级部门发出工作指令。职能制的组织结构优特点是能充分发挥职能机构的专业管理作用，管理工作精细，能适应现代化工业企业生产技术较复杂环境下的体制要求。

职能制在工程建设领域有两种形式，一种是将一个大的项目按照公司行政、人力资源、财务、专业技术、营销等部门的特点和职责，分成若干个子项目，由相应的各职能部门完成各方面的工作，项目协调在部门负责人层级进行，各职能部门分配到项目团队中的成员可能是暂时专职，也可能是兼职（如图4-2所示，项目主管负责的项目，A、B、C部门均派人员参加以便完成与本部门有关的项目任务，项目的协调工作是在项目主管的领导下，在各部门负责人之间进行）。另一种是对于小项目，在人力资源、专业需求等方面要求不太高的情况下，直接把项目交由公司某一职能部门负责实施，项目团队成员主要由该职能部门成员组成。

4.2.3　直线-职能制

这种组织结构兼有直线制和职能制的特点，目前，我国有相当一部分企业采用类似于这种形式的组织结构。这种组织结构把企业管理机构和人员分为两类，

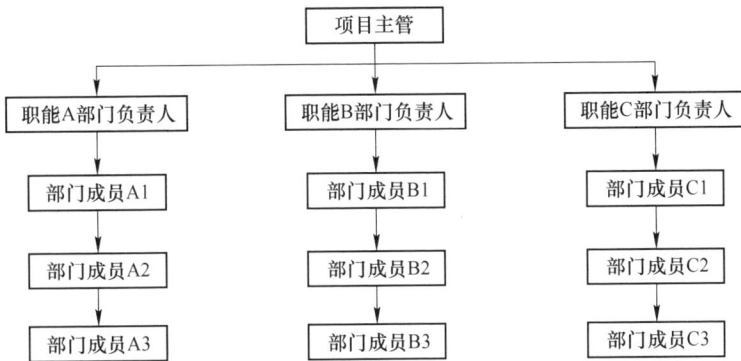

图 4-2 职能制工程组织

一类是直线领导机构和人员，按命令统一原则对各级组织行使指挥权；另一类是职能机构和人员，按专业化原则，从事组织的各项职能管理工作。直线领导机构和人员在自己的职责范围内有一定的决定权和对所属下级的指挥权，并对自己部门的工作负全部责任。而职能机构和人员，则是直线指挥人员的参谋，不能对直接部门发号施令，只能进行业务指导。直线功能制工程组织如图 4-3 所示。

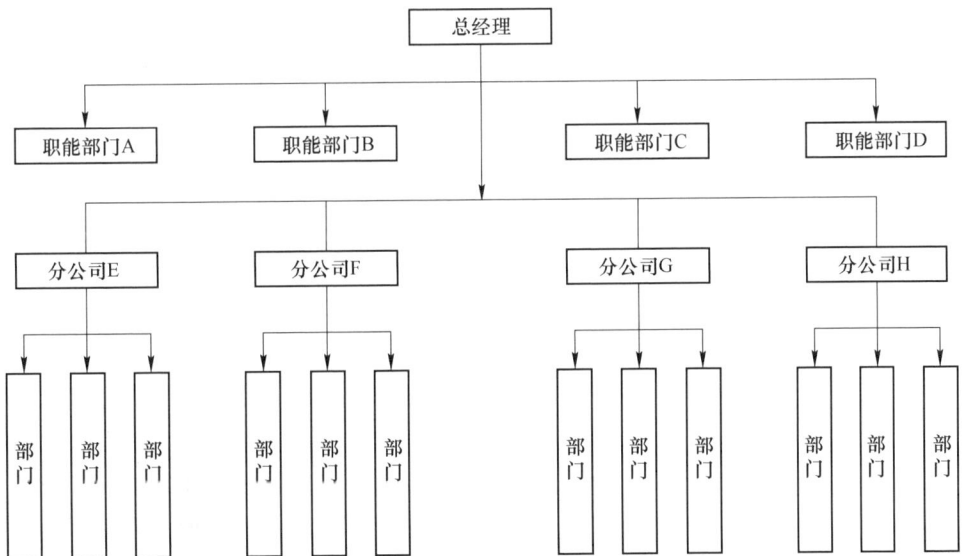

图 4-3 直线功能制工程组织

在工程建设领域，这种组织结构因职能部门只有参谋权，行使职能须向上级请示，造成效率低下，适应不了工程建设过程进度的需求，很少用于工程建设领域。

4.2.4　事业部制

　　这是一种高度（层）集权下的分权管理体制。它适用于规模庞大，品种繁多，技术复杂的大型企业，属于产品导向型的组织机构，是国外较大的联合公司所采用的一种组织形式，我国有些大型企业集团或公司采用这种组织结构形式（如图4-4所示）。事业部制实行分级管理，公司总部负责人事决策，预算下达及监控，并通过利润等指标对事业部进行控制。各事业部独立经营，从产品的设计，原料采购，成本核算，产品制造，一直到产品销售，实行独立核算，也有的事业部只负责指挥和组织生产，不负责采购和销售。在工程建设领域，由于事业部制高度分权的组织形式，各参与方的积极性和创造性得到较好的发挥，一般应用于大型综合性分区域工程项目。

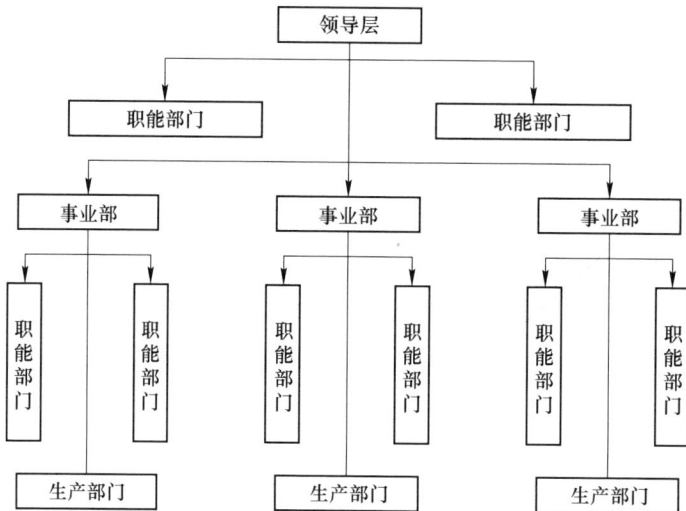

图 4-4　事业部制工程组织

4.2.5　矩阵制

　　这种组织形式产生于20世纪60~70年代，通过责任与权力在纵横两个方向的交叉使企业内部的各项工作更好的结合。企业组织机构设置横向的职能部门和纵向的业务部门，它的特点表现是当为某项特定项目成立跨职能部门的专门组织机构-项目部，例如组成一个专门的产品（项目）研发小组去从事新产品开发工作，各有关部门派人参加项目部，参加项目部人员一般情况下主要接受项目部负责人的领导，参与项目的研究、设计、试验、制造的工作，同时还要协调有关部门的活动，保证任务的完成，项目部随项目启动而组建，随项目结束而解散，组织机构人回原部门工作。因此，这种组织结构非常适用于横向协作和攻关项目。

矩阵制工程组织如图 4-5 所示。

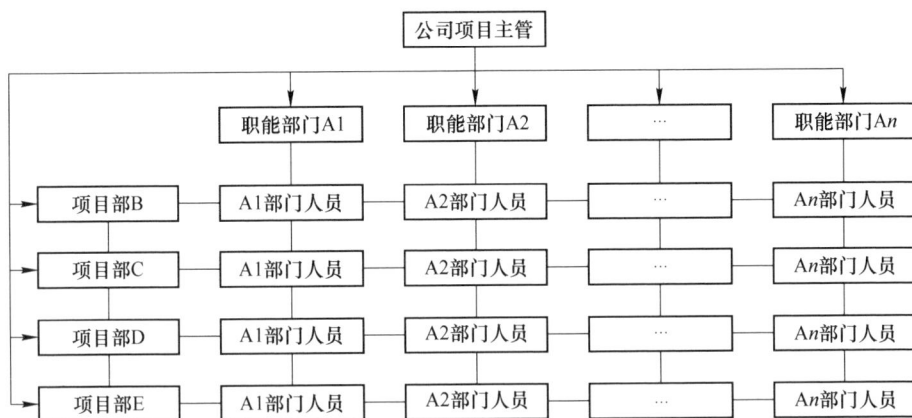

图 4-5 矩阵制工程组织

这种组织结构因其特有的优点，在工程公司的工程管理中得到广泛应用，一是具有较强的灵活性，依项目组建，任务清楚，目的明确，能聚集不同部门、不同专业人员的聪明才智和职业技能，发挥项目团队的创造力；二是能有效克服直线职能结构中各部门工作相互脱节的情况发生，使项目相关部门之间合作协调顺畅。

在工程组织中，根据项目经理对项目的约束程度，矩阵式组织结构又可分为弱矩阵结构、强矩阵结构。

弱矩阵项目组织结构特点如下：项目团队中没有一个明确的项目经理，只有一个协调员负责各部门的工作协调，团队成员按各自部门对应的任务完成工作。这种组织结构适用于参与部门少的小项目，常常是主体部门的领导充当了项目经理的角色。

强矩阵项目组织结构特点如下：项目团队有一个专职的来自于公司的项目管理部门的项目经理负责项目的管理和运行，项目经理具有丰富的项目管理经验和能力。这是工程项目管理常用的组织结构形式。

4.2.6 工程组织中的项目式组织结构和复合式组织结构

项目式组织结构形式是项目的组织独立于公司的职能部门之外，由项目组织自身独立负责项目的主要工作，项目的行政、财务、人事等在公司规定的权限内进行管理。这种方式的优点：项目管理关系简单，团队成员工作高效，项目成本、质量和进度更易于控制。

复合式组织结构有两种含义，一是企业的项目组织结构形式中有职能式、项目式、或矩阵式两种以上的组织结构；二是指在一个项目的组织结构形式中包含两种结构以上的模式。这种组织结构的最大特点是项目组织可以根据项目和公司情况确定项目的组织结构形式。

4.2.7　信息化时代企业组织机构的创新发展

传统的企业组织结构基本特征是层级管理，部门之间分工明确，组织稳定性好，工作效率提高，秩序井然，在社会信息化相对不发达的情况下，为化解决策者的"有限理论"和信息不完整等方面发挥了很好的作用。但企业普遍存在如企业决策过于集中，因层级多、结构臃肿造成效率低下，制度设计僵化，压制了员工创新动力等缺点。

因此，随着信息化日益发展，有些企业创新发展了组织结构。信息化环境下，企业组织结构有以下变化趋势：企业组织机构扁平化，管理者的管理范围扩大，信息化部分取代了中层管理人员；组织机构柔性化，企业能够更便利的利用组成一个动态组织为企业提供服务；组织结构网络化，这使得企业以协商的沟通方式取代命令式的沟通方式，从而使企业内部决策更开放、科学，更适应市场的需求。海尔集团为提高信息化环境下对市场需求的反应能力，推行料以"业务连"为核心的流程再造，在事业本部制基础上整合集团管理资源，形成创新订单支持流程 3R（R&D 研发、R&H 人力资源开发、R&C 客户管理）和保证订单实施完成的基础支持流程 3T（全面预算、全面设备管理、全面质量管理）的组织结构流程，创新企业的组织结构，推进国际化经营，很好的利用国际国内两个市场两个资源，大大提高了国际国内市场占有率。

信息化给工程组织带来了变化。一是工程组织中可以形成一个虚拟组织，即成立一个由项目相关方共同参与的、动态的虚拟项目建设管理班子，利用现代信息技术和共享技术，有效解决项目建设过程中信息不对称、信息扭曲、延误以及沟通方面存在的问题，实现对工程项目的扁平化管理，提高管理效率。二是工程组织扁平化，现代信息技术能够加大一级组织的管理幅度，减少管理层级，从而建立扁平化工程组织结构，使工程组孩子变得灵活、敏捷、富有柔性和创造性。

4.3　现代钢铁工程组织模式的创新

4.3.1　钢铁工程的传统组织方式

"工程建设指挥部模式"，是在改革开放以前计划体制时期的钢铁工程组织方式。为了既定的工程项目，临时成立工程建设指挥部，由于工程建设指挥部是政府主管部门或企业的临时组建机构，又有各方面主要领导组成的领导小组的指导与支持，因而在行使建设单位的职能时有较大的权威性，指挥部可以依靠行政手段协调各方面关系，有效解决征地、拆迁等外部协调难题，调配项目建设所需要的设计、施工队伍和材料、设备等。特别是在建设工期要求紧迫的情况下，能够迅速集中力量，加快工程建设进度。实践证明，工程建设指挥部负责制这种管理模式在我国工程建设史上发挥了巨大的作用。

这种采用行政手段来管理工程建设活动的模式存在着以下弊端：

（1）工程建设指挥部不是一个独立的经济实体，缺乏明确的经济责任制。指挥部拥有投资建设管理权，却对投资的使用和回收不承担任何责任。也就是说，作为管理决策者，却不承担决策风险。

（2）工程建设指挥部是一个临时组建的机构，不是一个专业化，人员的专业素质难以保证，他们在工程建设过程中积累了工程管理经验，又随着项目的建成投产而转入其他工作岗位，难以培养专门的项目管理人才。

（3）工程建设指挥部管理模式基本上采用行政管理的手段，过于强调管理的指挥职能，忽视了客观经济规律的作用和合同手段。

改革开放后部分企业的钢铁工程组织原则上用了这种方式，但此时的工程指挥部较以前油料实质性的变化，中国大型钢铁企业在发展过程中经历过企业社会化的过程，企业设置有健全的用于工程建设的机构，有发展规划部、设计部、工程建设部、造价中心、质检站、设备采购部、甚至建安公司。对于既定的项目，企业成立工程指挥部，企业主管领导任总指挥，临时从企业工程部、设备部、财务部及相关生产厂抽调人员作为指挥部成员，负责从项目立项、工程设计、设备采购、工程施工、工程竣工验收、设备调试的建设管理工作基。有的项目采用"项目制"的工程组织方式，但大多数项目采用"矩阵式"组织方式。

4.3.2 工程指挥部下的项目经理负责制

企业主管领导任工程建设总指挥，任命有项目管理能力的人为项目经理，抽调相关部门的人员组成项目部，与以上述部门共同完成工程建设过程中的设计、设备采购、建安、竣工验收、设备调试工作，项目经理是项目的主要负责人，项目部的工作主要是制定进度计划、控制投资、监督质量以及协调各部门的工作。实际上这是一种企业内部的项目矩阵管理模式。

4.3.3 以业主项目部为核心的项目组织方式

这种项目组织方式利用大型钢铁企业齐全的工程建设管理机构，形成以业主项目管理部为核心的工程组织管理方式。工程指挥部作为决策管理中心负责"项目群"的集成管理和协调管理，协调各职能部室积极履职为项目服务；工程项目部由富有工程管理经验的技术骨干组成，负责工程项目的进度、质量、费用、安全；工程施工部在施工阶段协调"项目群"各项目部之间的关系和施工工程总体调度。对于大型综合性钢铁工程项目，往往是有多个独立子项的"项目群"，这种工程组织方式充分发挥各层级人员的能力和职责、突出了工程项目部集中精力专司项目管理的"费用、进度、质量、安全"控制职责，把决策、项目外的协调及施工协调交由工程指挥部和工程施工部负责。实践证明这种管理模式对于大型综合性工程具有反应灵敏、快捷高效、协调共进优势，有利于工程建设的进度、和质量控制。项目管理部与各职能部门关系是在指挥部领导下的矩阵式组织结构。

还有的大型企业，在实施新基地工程建设时，根据自身的资源情况，在工程建设指挥部下面成立了以项目业主（未来的生产厂）为核心组建项目管理，项目管理组组长精通企业生产，同时又具备项目管理能力。工程建设指挥部授予项目管理组工程指挥、协调和组织的权力，即从技术考察交流、设计方案、关键设备选型、设备监造、项目实施、设备调试直至项目验收的全过程管理，把生产需求、工程设计、设备采购、施工安装等工作有机地结合在一起，以生产需求为中心、协同、整体实施项目建设。工程建设过程中遇到问题时，项目管理组及时指挥协调公司与项目建设有关的职能部门（如投资处、设计处、设备处、工程管理车等等）快速解决。这种"四结合"一体化管理模式，把生产需求同工程设计、设备采购、施工安装结合起来，避免把工程缺陷和隐患带到生产中去，同时也保证了项目的进度和费用控制要求。项目管理部与各职能部门关系是在指挥部领导下的矩阵式组织结构。

4.3.4　业主委托项目管理公司管理的工程组织方式

业主委托项目管理公司代表业主对工程项目进行全过程管理（PMC 方式），利用项目管理公司在工程项目管理人力资源优势、项目管理能力和经验、对工程项目实施相关方的管理能力优势，代表业主对既定的项目前期工作和项目建设实施进行管理、监督和指导。项目管理公司负责工程管理的全部工作。根据业主意愿，有的项目其决策权由业主把控。PMC 方式适用于中小企业或民营企业的工程项目建设，因为这些企业缺少有能力的项目管理机构和人员，雇用项目管理公司可以提高工程建设效率，保证项目功能，同时也免去了项目完成后对项目管理人员的安置的困扰。

4.3.5　业主委托工程公司工程总承包模式

业主通过招标方式委托工程公司承担工程项目的设计、设备采购、建安施工、设备调试的服务工作，并对所承包工程的质量、进度、费用、安全等方面全面负责，最终业主获得一个可以运营的完整工程，即所谓的 EPC 方式（E 是指工程设计、P 是指设备采购、C 是指建筑安装和设备调试）。采用这种工程组织方式时，工程的前期工作往往由业主负责，EPC 工作起始于工程初步设计，终止于设备调试。但也有从项目前期工作开始的全过程工程总承包。我国从 1984 年开始试行这种工程管理方式，2000 年开始推行以设计为龙头的工程总承包模式。这种模式在我国冶金工程建设应用较为广泛。一些"合同能源管理"的工程项目基本上用此模式。这种方式充分发挥工程公司集设计、采购、施工安装管理于一体的优势，通过统筹进度计划，内部协调，能够解决工程实施过程中设计、采购、施工安装存在的脱节矛盾，还可以通过设计、采购、施工阶段的合理交叉，缩短工程工期。

4.3.6　钢铁工程组织方式创新

我国实施改革开放后，特别是 2001 年国家大力推广"EPC"工程总承包项目管理模式开始，钢铁工程组织出现了一些新的管理模式，主要有以下模式：

业主工程指挥部"项目群"管理框架下，独立子项工程（如炼铁、炼钢工程等）的"EPC"工程总承包模式，或"EP"模式（既有资质的工程公司负责设计、设备供货和调试，建安工程则由业主负责）。

业主工程指挥部项目经理负责制条件下，单项工程（如炼铁、炼钢工程的循环水系统、除尘系统等）的 EPC 工程总承包模式，或"EP"模式。

业主委托项目管理公司"PMC"项目组织方式条件下 EPC 工程总承包方式。

除以上方式外，借助于信息系统高效的信息收集、处理、输出效率以及应用建筑信息系统（BIM）技术，使工程信息传递准确率和及时率提高，管理幅度加大，减少了中间管理的跨度，使得工程管理组织扁平化，从而提高了工程组织管理效率，降低了管理成本。

第5章 钢铁工程管理信息技术创新

5.1 BIM 等信息技术在钢铁工程中的应用

5.1.1 BIM 信息化基本内容

BIM 全称为 "Building Information Modeling" 即建筑信息模型，是以三维数字技术为基础，集成了建筑工程项目各种相关信息的工程数据模型。具体是指建筑物在设计和建造过程中，创建和使用的 "可计算数字信息"。而这些数字信息能够被程序系统自动管理，使得经过这些数字信息所计算出来的各种文件，自动地具有彼此吻合、一致的特性。

5.1.2 BIM 信息化管理应用

（1）可视化："所见即所得"，即模型三维的立体实物图形可视，项目设计、建造、运营等整个建设过程可视，方便进行更好的沟通、讨论与决策（见图 5-1）。

图 5-1　BIM 信息化应用

（2）协调性：各行业项目信息出现 "不兼容" 现象，如管道与结构冲突，各个房间出现冷热不均，预留的洞口没留或尺寸不对等情况。使用有效 BIM 协调流程进行协调综合，减少不合理变更方案或问题变更方案。

（3）模拟性：3D 画面的模拟；能效、紧急疏散、日照、热能传导等的模拟；4D（发展时间上）的模拟；5D（造价控制上）的模拟；对地震人员逃生及消防人员疏散等日常紧急情况的处理方式的模拟（见图 5-2）。

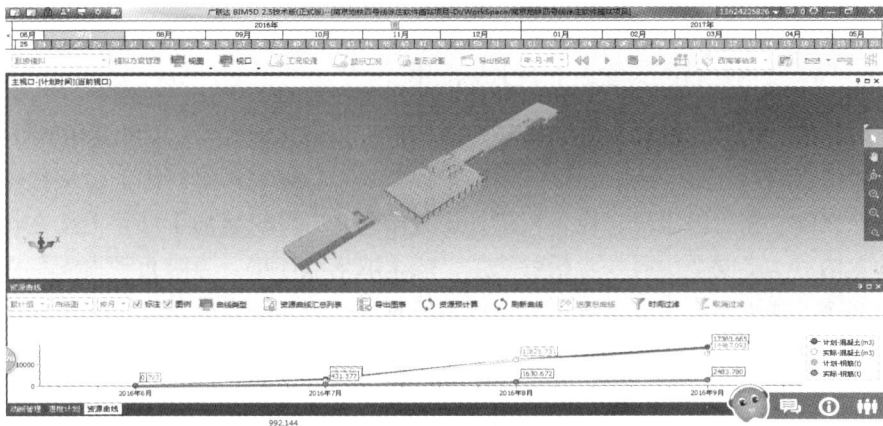

图 5-2　BIM 模拟性

（4）优化性：BIM 及与其配套的各种优化工具能对项目进行可能的优化处理。利用模型提供的各种信息来优化，如几何、物理、规则、建筑物变化以后的各种情况信息；给复杂程度高的建筑优化。

（5）可出图性：建筑设计图+经过碰撞检查和设计修改=综合设计施工图，如综合管线图、综合结构留洞图、碰撞检查侦错报告和建议改进方案等实用的施工图纸。

5.1.3　BIM 信息化管理效果

BIM 研究中心先后对首次中标空间狭小、管线复杂的鞍钢制氧站进行三维模型搭建，使施工人员直观了解制氧站的构造，直接指导施工。在鞍钢轧辊间项目上进行施工方案模拟演示，发现现场缺陷，优化施工方案。在南京地铁项目上首次应用 4D、5D 技术进行进度成本管理。

5.2　BIM 技术在装配式管道上的应用

5.2.1　BIM 技术与装配式管道的结合

通过 BIM 工厂化预制技术的应用提高了项目的预制率和装配率，有效地提高工效和工程质量。由于是系统复杂的大型站内管道，其安装程序复杂、组成件数量庞大，施工工期长，工厂化预制技术的应用效果会更加明显，但以往由于受设计能力与设计参数的限制，复杂的站内管道设计难免会有设计缺陷，为避免因设计缺陷而造成的返工，必然会降低管道的预制率。随着 BIM 技术的应用，可以在施工前发现并解决设计缺陷，最大限度提高管道的预制率。因此，BIM 研究中心针对合肥海纳项目项目运用 BIM 技术进行了管道的工厂化预制。这将改变传统的管道安装模式，对机电管道安装起到重要影响。

5.2.2　BIM 技术在装配式管道安装上的应用

BIM 研究中心首次在合肥海纳新能源项目上进行装配式管道安装，此项目中部分管道为法兰连接，为避免加工及施工误差累积导致安装组对不上，采取了误差消除措施。在分段末段，设备接口处设置调差管，将安装加工误差消除在该位置处。两弯头之间至少有一个松套法兰，或采取卡箍连接。为防止管道安装组对出现问题，要求施工中设备预就位，待整体管道安装完毕再灌浆定位。在装配式管道安装上应用 BIM 技术分为如下几步：

（1）BIM 软件建模。管道、设备、阀门、仪表、支吊架等构件优化调整（见图 5-3）。

（2）分段编号。分段原则：运输、安装方便，尽量减少接口减少漏点（见图 5-4）。

（3）分段图纸出图。分段图纸出图如图 5-5 所示。

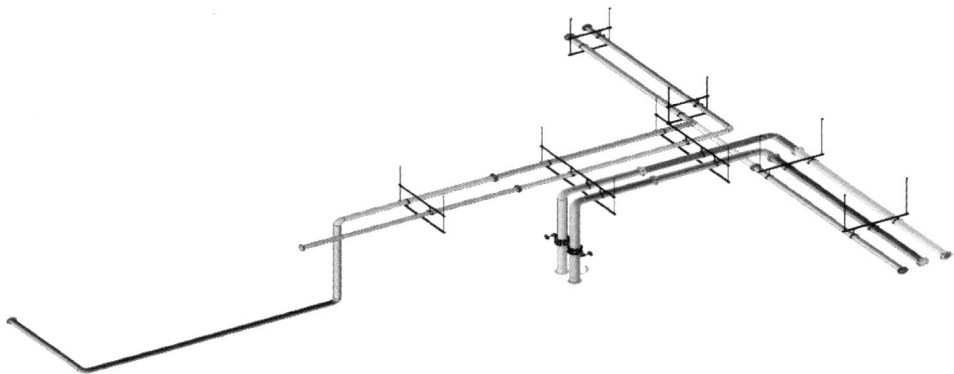

图 5-3　BIM 软件建模

5.2.3　BIM 技术在装配式管道的效果

（1）利用 BIM 技术，在管道预制前，制作管道 BIM 模型，并进行防碰撞检查。

（2）直接与供货厂家联系，核实各个阀门和设备的外形尺寸，修改 BIM 模型上确保管道预制的准确，避免预制管段修改。

（3）利用 BIM 技术，检查模型上的阀门和设备的操作空间和检修空间是否

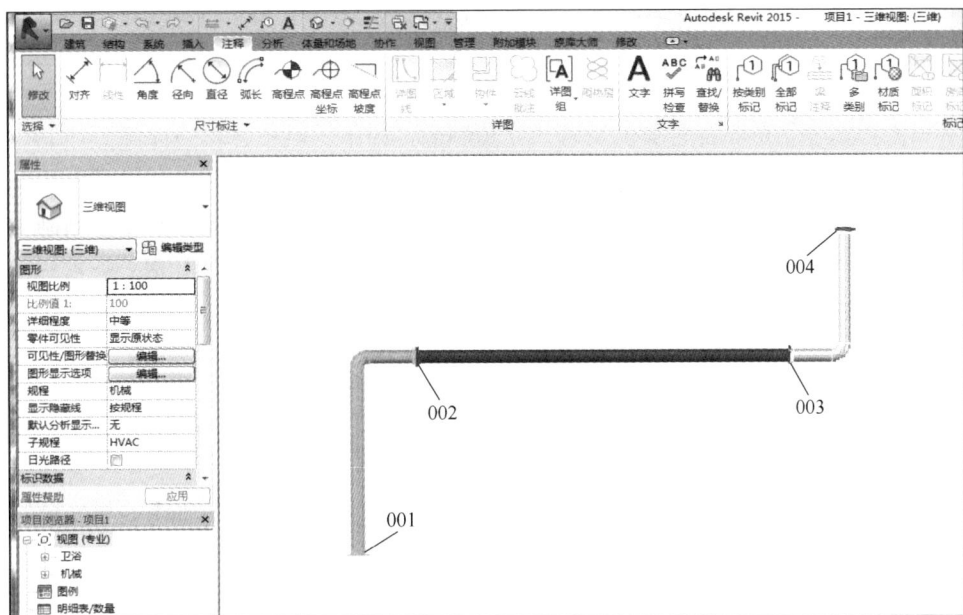

图 5-4 分段编号

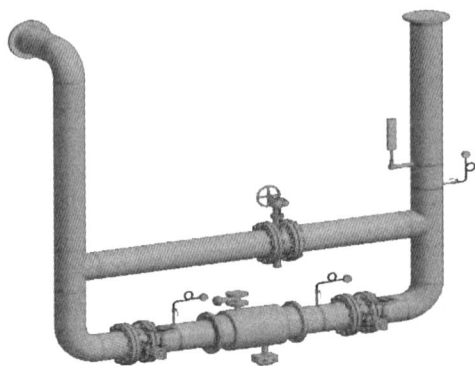

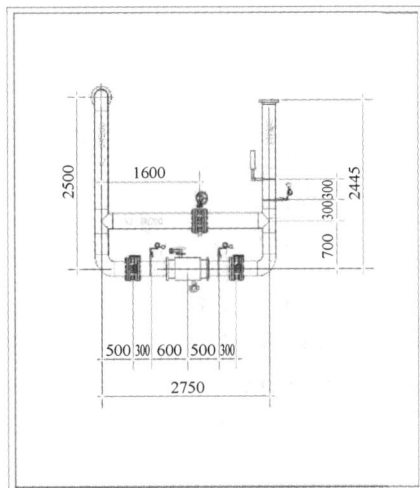

图 5-5 分段出图

满足要求，检查各个阀门、弯头等管道组成件等接口位置是否满足规范要求，并进行优化处理。

（4）利用 BIM 技术和模型，选择理想的预制方案。提高管道的预制率和一次优良率，避免工程返工，提高管道预制与安装质量。

　　通过在合肥海纳新能源项目上的应用，发现通过运用 BIM 技术进行管道的预制，使其不受现场条件的约束，即使是现场不具备管道开工条件，也可实现同时同地的管道预制施工，最大限度地缩短了施工工期。采用预制方式可以在加工厂房完成，不受自然条件气候的影响。在预制的过程中，由于是在地面施工而非高空作业，管道焊接的质量控制比较容易实现，质量易得到保证。预制使设备的利用率高，施工现场只做装配安装，便于现场的安全文明施工管理。同时，预制便于对人工、材料、设备的统一管理及调度，实现了资源共享。运用 BIM 技术的管道预制，大大提高了预制的准确性和预制率。

5.3　BIM 技术在智慧工地上的应用

5.3.1　智慧工地概况

　　施工现场岗位一线作业层，通过"云大物移智+BIM"等先进技术和综合应用，对"人、机、料、法、环"等各生产要素的实时、全面、智能的监控和管理，实现业务间的互联互通、数据应用、协同共享、综合展现，搭建一个以进度为主线、以成本为核心、以项目为主体的多方协同、多级联动、管理预控、整合高效的智能化生产经营管控平台，更准确及时的数据采集、更智能的数据挖掘分析、更智慧的综合预测，保障工程质量、安全、进度、成本建设目标的顺利实现（如图 5-6 所示）。

　　通过项目"智慧工地平台"整合项目上各个碎片化应用系统，自动采集各种信息数据，实现项目部生产管理统一指挥、生产要素资源快速落实，动态掌握成本盈亏，监控项目关键目标执行情况，为项目成功保驾护航。

5.3.2　未来智慧工地的应用

　　（1）打造一流的技术平台：智慧工地的技术核心是岗位作业层级智能建造工具的应用集成和数据采集，保证数据在线、及时准确的自下而上的采集。

　　（2）智能建造工具：1）智慧工地建设核心是一线作业岗位层级智能建造工具的应用，其实是传统生产方式向智能建造生产方式的一种转变，也是工作方式和行为习惯的转变。2）将智能建造工具分类讲解分别对应安全环保、进度管理、质量管理、成本管理的项目目标管理。3）智能建造岗位工具使用，形成生产调度协作平台，替代手工，提高效率，数据产生和自动采集。

　　（3）建立统一的数据平台，形成智能分析的项目 BI 和企业 BI：智慧工地平台与 BIM 建造平台、数字企业平台互联互通，综合展现，为企业建立统一的数据平台，积累企业数据资产，通过数据提取和分析，形成单项目 BI 和企业 BI，满足决策者智能决策和目标监控，作业一线岗位操作者智能高效。

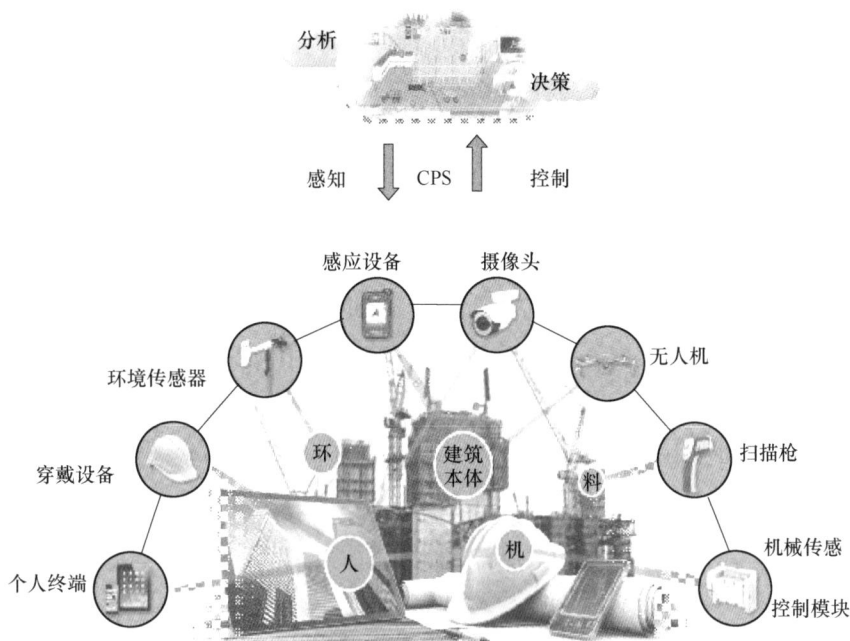

图 5-6 智慧工地

5.3.3 智慧工地应用价值

（1）项目整体应用价值。核心价值是保障项目成功，应用 BIM、云、大数据、物联网、移动互联网、人工智能等科学技术应用，满足项目建造安全管理目标、质量管理目标、环保管理目标。经过测算，帮助项目进度提前 2%~5%，项目成本降低 2%~5%，实现项目精益化建造、智能化管理。

（2）企业应用价值。多项目目标智能监控，风险防范。企业可以通过手机端或者 PC 端直接通过地图方式监控各个项目的工期、质量、人员、材料、环保等目标，能够及时发现风险项目，进入风险项目掌控具体问题，制定解决措施。建立企业统一数据平台，积累数据资产，协助企业集约经营，智能决策。

（3）项目级应用价值。项目经理向各级领导汇报工作（会议室用 LED 大屏、观礼台用智能触屏），可以直接调取项目 BIM 模型、业务指标，直观形象地介绍项目状况、生产情况等相关内容，既形象、直观，又体现项目的智能管理水平。

（4）岗位级应用价值。1）智能生产，提高效率。通过施工现场智慧建造手段，借助智慧工地平台可视化管理，数据实现在线、及时、准确、全面，生产目标下达清晰、风险预警及时、纠偏措施得当。根据经验测算，现场一线岗位作业人员工作效率提升 25%~35%，包括现场劳务管理员、施工员、材料员、经营人员等，安全检查、质量检查施工人员工作效率提升近 50%，有效地支撑安全、质量管理履职履责，保证安全、质量目标顺利实现。2）业务替代，高效协作。智慧工地平台集成智慧工地的多种碎片化应用系统，针对各岗位进行智能建造业务替代，协同应用本无联系的各独立系统，发挥综合价值，形成多种应用、集成互联的业务协同平台。

第6章 钢铁工程的后评价

6.1 经济后评价

6.1.1 经济后评价概况

经济后评价包括投资和执行情况、项目财务效益评价两个部分。

6.1.1.1 投资及执行情况评价

投资及执行情况评价包括投资变动情况、资金来源及到位情况的内容。

（1）投资变动情况。将项目竣工决算与批复的可研报告投资估算及初步设计概算投资进行比较，计算差异程度。

（2）资金来源及到位情况。从建设资金来源渠道、数额、到位时间和对工程进度及投资控制的满足程度，分析资本及、流动资金实际占用的合理性，说明流动资金对生产运行的满足程度。

6.1.1.2 财务效益评价

财务效益评价包括方法参数及计算范围、项目生产以来生产经营及效益状况、项目财务效益分析、项目不确定性及风险分析四个方面的内容：

（1）方法参数及计算范围。项目后评价需要说明后评价采用的财务效益评价方法、参数及计算范围应与可研报告的相应内容具有可比性，若不一致则需要说明原因。

（2）项目生产以来生产经营及效益状况。根据生产（试生产）过程、生产天数、主要产品产量及销售状况，结合当前生产负荷情况，考核项目的实际效益状况，计算项目从投产到后评价时点前各年的销售收入、生产成本、利润水平等指标，与可研报告值对比，分析变化原因。

（3）项目财务效益分析。根据实际生产经营情况和评价期预测数据计算项目计算期内的销售收入、生产成本、利润、内部收益率、投资回收期等指标，与可研报告值比较，分析变化原因，对未达到预期目标的项目提出对策。

（4）项目不确定性及风险分析。敏感性分析主要是对后评价时点后的产量、经营成本、价格等进行预测和分析；结合行业和项目本身特点，识别项目风险因素，对主要风险进行分析，提出规避风险、控制风险对策。

6.1.2　经济后评价主要考虑的因素

（1）投资变化情况。评价建设投资变化时，重点考虑项目技术方案变更引发的投资变化、建设方案变更引发的投资变化、从资金来源、债务资金的资金成本变化等方面评价建设资金来源变更对总投资的影响。

（2）运行和效益变化情况。对项目运行和效益变化情况重点从项目实施进度、钢材价格市场变化对销售收入的影响、大宗原燃料市场价格变化对生产成本的影响、国家及地方财税政策变化对项目效益的影响、投资的变化对折旧和摊销等固定成本的影响等方面进行评价，并根据实际情况更新效益测算，与可研指标进行对比，并提出风险因子及防范措施。

6.1.3　经济后评价核心指标体系

（1）投资方面。投资方面的核心指标包括：总投资变化率、单位生产能力（效益）投资及变化率、资金成本变化率、资金到位率等指标。

（2）运营效果方面。运营效果方面的核心指标包括：项目达产年限变化率、产品价格变化率、生产成本变化率、固定成本变化率、投资利润率及变化情况等指标。

（3）全寿命周期的经济效益。全寿命周期经济效益的核心指标包括：净现值及变化率、内部收益率及变化率、投资回收期及变化率、借款偿还期及变化率等指标。

6.1.4　经济后评价方法

经济后评价应遵循工程咨询的方法与原则，依据《建设项目经济评价方法与参数》中的经济评价方法，后评价过程中分别采用统计预测法、对比分析法、效益分析法等方法开展评价。

6.1.5　经济后评价典型案例

以"某钢厂高强度机械和高速铁路用钢棒材连轧生产线易地改造项目经济后评价"为例，从项目建设内容、外部条件变化入手分析，因项目厂址、内容均发生较大变化，最终以项目工程竣工决算为依据，将项目实际竣工决算投资与集团公司批准的投资计划相比较，超支率约为 6.66%；资金筹措方面，项目实施过程中采用了较灵活的融资方式，解决资金问题，资金成本基本与可研吻合。

项目运行及效益状况方面，由于产品市场状况较可研（重做可研，下同）时点发生较大变化，项目实际达产率较低，产品价格难以达到预测水平，影响项目的关键性指标发生明显变化，因此以项目实际运行情况进行整体效益预测，与可研对比，项目投资回收期、内部收益率、投资利润率均无法达到可研的水平，经济后评价基于项目现状提出：调整品种结构，增加高附加值产品比重；改变项目资产负债结构，降低项目的财务费用；减少外购钢坯，增加自供坯数量等改善经济效益的建议。

6.2 工艺技术后评价

6.2.1 技术后评价需要考虑的因素

技术后评价主要是对项目的生产工艺、设备选型、技术参数、规模和容量、总图物流、土建工程等进行技术分析。需考虑的主要因素包括：

（1）工艺技术的可靠性。即对新技术、新工艺在生产领域的应用进行经验总结，同时，应对不成熟的工艺进入生产领域，给国家资金造成严重损失的项目，认真分析原因，以便在今后的项目建设过程中吸收经验教训。

（2）工艺流程合理性。不同的产品在冶炼工艺（如长流程、短流程）、预处理方式、精炼方式、铁水运输方式、原材料规格、型号、质量、几何形状、加工精度、技术条件等方面均有不同的要求，工艺流程应能有针对性地满足这些要求。原材料加工和形成产品的过程是否顺畅、便捷、具有连续性，以及原材料的消耗情况等。

（3）工艺对产品的质量的保证程度。主要通过实际生产情况分析、调查、核实对比，衡量产品质量的各种参数，并分析其对产品的质量的影响。

（4）工艺对原材料的适应性。即考察项目所采用工序是否与原材料相适应；如果原材料来源不稳定或有多种来源渠道时，工艺对原材料的适应性如何。

（5）工艺装备后评价，即是指对主要生产工艺设备、辅助生产设备、科学研究设备、管理设备、公用设备等的后评价。

（6）工程建设后评价，即是指对钢铁项目工程设计方案，总平面布置、物流仓储的合理性、土建工程建设等方面的后评价。

6.2.2 钢铁工程技术后评价的核心指标

钢铁工程技术后评价，应根据以下核心指标对钢铁工程进行综合评价：

（1）产品质量指标是否符合产品的质量要求；

（2）物料消耗指标，如成材率等；

（3）能源消耗指标，如工序能耗等；

（4）环境保护指标，如污染物排放指标等；

（5）劳动生产率指标，如每人每年产钢量（吨/（人·年））等；

（6）装备效用指标，如达产率等；

（7）安全生产指标，如事故发生率等。

6.2.3 技术后评价的主要方法

钢铁项目技术后评价应根据不同情况，对项目立项、项目评估、初步设计、合同签订、开工报告、概算调整、完工投产、竣工验收等项目周期中几个时点的指标值进行比较，特别应分析比较项目立项与完工投产（或竣工验收）两个时点指标值的变化，并分析变化原因。主要评价方法可采用：

（1）统计预测法。统计预测法是以统计学原理和预测学原理为基础，对钢铁项目已经发生事实进行总结和对钢铁项目未来发展前景做出预测的项目后评价方法。

（2）逻辑框架法。逻辑框架法是通过投入、产出、直接目的、宏观影响四个层面对钢铁项目进行分析和总结的综合评价方法。

（3）对比分析法。即根据后评价调查得到的项目实际情况，对照钢铁项目立项时所确定的直接目标和宏观目标，以及其他指标，找出偏差和变化，分析原因，得出结论和经验教训。钢铁项目后评价的对比法包括前后对比、有无对比和横向对比。其中，前后对比法是项目实施前后相关指标的对比，用以直接估量项目实施的相对成效；有无对比法是指在项目周期内"有项目"（实施项目）相关指标的实际值与"无项目"（不实施项目）相关指标的预测值对比，用以度量项目真实的效益、作用及影响；横向对比是同一行业内类似项目相关指标的对比，用以评价企业（项目）的绩效或竞争力。钢铁项目后评价调查是采集对比信息资料的主要方法，包括现场调查和问卷调查。后评价调查重在事前策划。

（4）利益群体分析法。利益群体是指与钢铁项目有直接或间接的利害关系，并对钢铁项目的成功与否有直接或间接影响的有关各方。

（5）综合评价法-项目成功度评价方法。通过综合评价做出钢铁项目的逻辑框架图，评定钢铁项目的合理性、项目目标的实现程度及其外部条件，列出项目的主要效益指标，评定项目的投入产出结果、汇总报告的所有内容，采取分析打分的办法（即项目成功度评价法），为项目的实施和成果做出定性结论。

6.2.4 技术后评价的步骤

技术后评价的步骤主要为：

（1）提出问题；

（2）筹划准备，指定计划；

（3）深入调查，收集资料；

（4）分析研究；

（5）编制后评价报告。

6.2.5　工艺技术后评价典型案例

6.2.5.1　案例1

A　项目概述

某钢厂年产 60 万吨不锈钢板坯项目，连铸坯规格 220mm×（800～1600）mm，定尺长度 5000～12000mm，最大坯重 32t。主要以生产 400 系列不锈钢为主，兼顾生产 300 系列和 200 系列产品，炼钢车间产品方案见表 6-1。

表 6-1　炼钢车间产品方案表

生产钢种	代表钢号	年产量/t	比例/%
铁素体不锈钢	430、410S、409L	300000	50
马氏体不锈钢	410、420	60000	10
奥氏体不锈钢	304、316、304L、316L	150000	25
奥氏体不锈钢	201、202、J4	60000	10
双向不锈钢	2205、2507	30000	5
总　　计		600000	100

B　工艺及设备的后评价

项目设计采用一步法即"脱磷转炉—AOD 精炼转炉—LF 钢包精炼炉—板坯连铸机"工艺方案，即脱磷时铁水由混铁炉出铁到铁水包或由高炉铁水罐直接兑入铁水包，测温取样后用旋转过跨车将铁水包运至加料跨，将铁水兑入 100t 脱磷转炉内进行脱磷作业。脱磷冶炼出钢后的钢包由钢包车运至精炼跨，由天车兑入 AOD 炉内。AOD 主要功能是对脱磷后的半钢水进行脱碳保铬作业，当碳脱至目标值后，进行还原期操作，加入硅铁还原渣中的氧化铬，最后将钢水出至钢包内。AOD 出钢后将钢水运至 LF 炉进行钢水温度和成分的精调处理。合格钢水吊运至不锈钢板坯连铸机回转台上进行连铸作业，钢水由中间包进入结晶器，再经二次冷却后形成不锈钢连铸坯，按定尺切割后，由辊道热送或下线缓冷修磨后送往轧钢车间。工艺方案主要特点如下：

（1）采用 100t 脱磷转炉作为铁水预处理设备对铁水进行深脱磷处理。

（2）110t AOD 精炼转炉采用侧吹风口和炉顶氧枪的复合吹炼技术。

（3）脱磷转炉氧枪用汽车由车间东侧运至转炉跨，由高跨的 20t 吊车经氧枪吊装孔及氧枪通廊吊至高跨氧枪工作位；AOD 转炉氧枪从车间西侧进入转炉跨，由 10t 吊车经 AOD 的氧枪通廊吊至氧枪工作位。

（4）LF 钢包精炼炉采用纵向双车布置方式，变压器额定容量 15MVA。

（5）不锈钢板坯连铸机采用基本半径为 R9m 的直弧型连铸机，连铸配备弯曲段电磁搅拌装置（S-EMS），采用在线去毛刺、自动打号和铸坯二次离线切割技术。

（6）炼钢车间不单独设置渣跨。炼钢车间产生的废渣通过铁路统一运输到公司渣场进行处理和综合利用。

（7）车间运输方式主要考虑汽车运输。除铁水和炉渣用铁路运输外，其他原料如铁合金、各种辅料及零星材料均采用汽车或叉车运输。

（8）冶炼、连铸区域的除尘按脱磷转炉、AOD 精炼转炉、连铸机铸坯切割、铸坯二次火切除尘四大系统配置，其中脱磷转炉和 AOD 精炼转炉均为干式布袋除尘，烟道采用喷涂技术，LF 炉除尘点并入脱磷转炉除尘主管道。

这一项目以脱磷转炉替代常规铁水预处理和电炉冶炼工序，大幅降低生产能耗，有效提高生产效率，具有前瞻性、实用性和经济性，符合国家节能减排政策要求。同时车间设计贴合实际情况，能够有效利用工装设备及厂房面积，车间布置合理、流程顺行，满足生产工艺需求。

C　项目效果评价

这一项目设计采用一步法即"脱磷转炉—AOD 精炼转炉—LF 钢包精炼炉—板坯连铸机"工艺，工艺路线清晰、合理。从具体的工艺配置和设备选择看，具有以下特点：

（1）生产工艺水平较高。项目采用脱磷转炉进行铁水预处理的一步法不锈钢生产工艺，在国内不锈钢领域实属首创，具有连续高效的生产能力、产品质量优、能耗物耗较低等特点，代表了不锈钢生产的技术发展方向，项目工艺技术处于国内先进水平。

（2）项目设备选型合理。采用 100t 脱磷转炉作为铁水预处理设备对铁水进行深脱磷处理，脱磷转炉采用顶底复吹工艺，氧枪可喷吹石灰粉，底吹搅拌创造良好的动力学条件，脱磷效率高；实现少渣冶炼，有利于锰的还原，可用部分锰矿代替锰铁，减少了铁合金消耗量；配置自动化炼钢系统和铁合金加料系统。

110t AOD 精炼转炉采用侧吹风口和炉顶氧枪的复合吹炼技术，对原料适应性较强，生产率较高，能用廉价的高碳铁合金作炉料，具有很强的脱碳和脱硫能力，生产的不锈钢质量稳定。

LF 钢包精炼炉变压器额定容量 15MVA，采用钢包车移动式，纵向双车布置；采用复合导电臂，降低短网阻抗；采用有载调压，提高热效率；配备 PLC 及基础级自动控制系统，操作安全可靠。

不锈钢板坯连铸机采用 R9m 直弧型连铸机，全过程无氧化保护浇注，采用结晶器液面检测和漏钢预报技术，喷淋水和气雾冷却相结合的动态配水冷却方式，配备弯曲段电磁搅拌装置（S-EMS），采用在线去毛刺、自动打号和铸坯二次离线切割技术，过程计算机对生产管理、生产计划、物料跟踪、质量判定、切割优化等进行自动控制，技术装备水平高，产品实物质量好。

（3）生产装备技术需进一步完善和提高。脱磷转炉和 AOD 精炼转炉均未配备溅渣护炉装置，造成炉龄较低，炉衬维护量和耐火材料消耗较大；转炉未配备烟气余热回收装置，造成能源浪费；除尘管道存在设计缺陷，弯道多，积灰严重，需要人工清灰；LF 炉实际生产操作采用人工控制，自动测温取样等配套二级自动化控制系统均未使用。

D 核心指标达标情况

这一项目共生产钢种 12 个，板坯综合合格率为 99.65%，板坯宽度达标率为94.34%。产品合格率较高，产品竞争力优于初步设计确定的产品大纲。各种钢板坯合格率和宽度达标率见表 6-2。

表 6-2 各钢种板坯合格率和宽度达标率

生 产 钢 种	410S	304	430	06Cr19Ni10	409L	410L
产量/t	537165.5	47553.6	93647.2	4014.9	279.0	1147.6
合格量/t	536449.3	47446.6	92611.6	4010.2	274.5	1145.5
板坯合格率/%	99.87	99.77	98.89	99.88	98.79	99.82
生产板坯数量/块	27961	1849	4035	186	14	48
符合判定标准板坯数量/块	26707	1761	3539	159	11	33
板坯宽度达标率/%	95.52	95.24	87.71	85.48	78.57	68.75
生 产 钢 种	S30408	420J1	316L	304J1	430R	2205
产量/t	681.6	4461.2	390.7	442.9	50456.7	406.9
合格量/t	680.6	4371.1	388.7	439.9	49857.5	400.2
板坯合格率/%	99.85	97.98	99.47	99.31	98.81	98.36
生产板坯数量/块	23	247	13	18	2684	19
符合判定标准板坯数量/块	23	241	13	17	2476	16
板坯宽度达标率/%	100.00	97.57	100.00	94.44	92.25	84.21

项目投产以来，除脱磷转炉冶炼周期尚未达到设计值外，AOD 精炼转炉、LF 钢包精炼炉、板坯连铸机的各项指标均达到或优于设计值，设备运行正常、平稳。项目设备运行指标对比见表 6-3。

表 6-3 项目设备运行指标对比情况

序号	项 目	单位	300 系列		400 系列	
			设计值	达到值	设计值	达到值
1	脱磷转炉					

续表 6-3

序号	项　目	单位	300 系列		400 系列	
			设计值	达到值	设计值	达到值
1.1	平均炉产钢水量	t	60~100	95	60~100	95
1.2	最大出钢量	t	100	95	100	95
1.3	平均冶炼周期	min	30	40	30	35
2	AOD 精炼转炉					
2.1	平均炉产钢水量	t	110	115	110	112
2.2	最大出钢量	t	120	120	120	118
2.3	平均冶炼周期	min	70	68	70	65
3	LF 钢包精炼炉					
3.1	最小处理量	t	85	90	85	90
3.2	升温速度	℃/min	3~4	3.5	3~4	3.5
4	板坯连铸机					
4.1	铸机设计速度	m/min	0.25~2.5	1.15	0.25~2.5	1.1
4.2	浇注一炉钢时间	min	40~50	42	40~50	42
4.3	连浇炉数	炉	5	6.2	6	7
4.4	连铸机准备时间	min	60	60	60	60

项目主要原材料及能源动力介质消耗指标的设计基本合理,可以保证年产 60 万吨不锈钢板坯的正常生产需要。项目生产 300 系列不锈钢由电炉采用废钢+镍铁(低镍生铁)为原料冶炼铁水供给 AOD 转炉,400 系列不锈钢生产所需铁水一部分由脱磷转炉供应,一部分由电炉采用废钢+铁水为原料冶炼供应,因此实际生产指标中电耗较高。同时,实际生产消耗活性石灰和轻烧白云石高于设计值,回收废钢量未达到设计值,除电耗外,其余各项能源动力介质消耗均达到或优于设计指标。项目主要原材料的能源动力介质消耗指标如表 6-4 所示。

表 6-4　项目主要原材料和能源动力介质消耗指标

序号	项　目	单位	300 系列		400 系列	
			设计值	达到值	设计值	达到值
一	主要原材料消耗					
1	铁水	kg/t	700	0	850	877

续表 6-4

序号	项 目	单位	300 系列		400 系列	
			设计值	达到值	设计值	达到值
2	活性石灰	kg/t	115	160	85	95
3	萤石	kg/t	24	23	17	20
4	轻烧白云石	kg/t	7.5	30	6.5	21
5	氧化铁皮	kg/t	11.3	13.5	14.3	13.5
6	渣罐	kg/t	0.3	0.3	0.3	0.3
7	脱磷转炉炉衬	kg/t	10.8	10.8	10.8	10.8
8	镁钙砖	kg/t	21.5	21.5	21.5	21.5
9	铁包浇注料	kg/t	3.2	3.2	3.2	3.2
10	中包浇注料	kg/t	25	25	25	25
11	补炉料	kg/t	1.6	0.92	1.6	0.92
12	其他耐火材料	kg/t	20	20	20	20
13	液压及润滑剂	kg/t	0.005	0.005	0.005	0.005
14	覆盖剂	kg/t	0.3	0.2	0.53	0.2
15	引流砂	kg/t	0.3	0.55	0.3	0.55
16	保护渣	kg/t	0.5	0.4	0.5	0.55
17	结晶器铜板	kg/t	0.02	0.02	0.02	0.02
18	铁合金					
	其中：硅铁	kg/t	25	25	19	20
	高碳铬铁	kg/t	340	270	292	245
	低碳硅锰	kg/t	18	17	0.8	0.6
	镍铁	kg/t	40	720	—	
	低碳锰铁	kg/t	0.2	0.5	—	
	镍	kg/t	70	5		
	低碳铬铁	kg/t	2.5	3	0.85	2
二	主要能源动力介质消耗					
1	氧气（标态）	m³/t	85	75	85	80
2	氮气（标态）	m³/t	78	68	78	75

序号	项　目	单位	300 系列		400 系列	
			设计值	达到值	设计值	达到值
3	氩气（标态）	m^3/t	18	13	19	15
4	焦炉煤气	GJ/t	1.63	0.7	1.63	0.7
5	高炉煤气	GJ/t	0.47	0.2	0.47	0.2
6	压缩空气（标态）	m^3/t	50	40	50	40
7	电	kWh/t	65	580	65	230
8	环水	m^3/t	45	45	45	45
9	补充新水	m^3/t	0.7	0.2	0.7	0.2
三	回收项目					
1	除尘灰	kg/t	20	20	20	20
2	氧化铁皮	kg/t	3	3	3	3
3	废钢	kg/t	30	18	30	15
4	回收蒸汽	kg/t	95	0	95	0

6.2.5.2　案例 2

A　项目概述

国内某新建冷轧厂以满足国民经济发展和国家产业政策的需要为原则，以市场为导向，建设具有 21 世纪国际先进水平的精品板材基地，主要生产汽车、家电、建筑结构及轻工五金等行业急需的高技术含量、高附加值的板材产品，其中以高强度、高塑性、高成型性的汽车板为标志，将弥补我国市场空缺，替代进口，满足国民经济建设需求。

冷轧厂设计年产商品卷 200 万吨，产品规格为（0.3~2.5）mm×（900~2080）mm，产品定位为汽车、家电等高附加值的精品板材，最高强度级别为 780MPa。工程配备酸洗轧机联合机组 1 条、连续退火机组 1 条、连续热镀锌机组 2 条、重卷检查机组 1 条、重卷拉矫机组 1 条、半自动包装机组 2 条及相应的公辅设施。

B　工艺及设备的后评价

本项目建设连续化、高速化和自动化的生产机组。

（1）酸洗轧机联合机组。选用大功率激光焊机，焊接质量好，减少断带率，提高机组作业时间；适应钢种范围宽，适合薄规格、高强钢产品生产及新产品开发。采用三段式浅槽紊流酸洗工艺及高张力拉伸破鳞机。缩短酸洗时间，提高酸洗效率，降低酸耗。改善板形，产品质量好。采用高精度转台式切边剪，集成碎边剪。可实现在线更换刀具，自动调整宽度，切边精度高，利于提高成材率。采用CVC+五机架6辊串列冷连轧机，具有工作辊正负弯辊，中间辊正负弯辊，中间辊窜辊并预留防止带钢边部减薄的EDC系统。平直度及板凸度控制能力强，轧薄及控制边部减薄能力有利于带钢减薄。采用大转盘双卷取芯轴的Carrousel卷取机，设备布置紧凑，占地面积小；提高轧机作业率，是目前世界上先进的带钢卷取设备。

（2）连续退火机组。采用清洗、退火及精整为一体的连续退火工艺，减少了占地，缩短了生产周期，提高成材率，降低生产成本。采用全自动激光焊机，适应高强钢生产要求。清洗段的碱洗、电解清洗、热水漂洗采用立式槽减少设备长度。在碱洗、电解液循环系统中设置高效磁过滤器、超滤及碱液浓度自动控制，降低碱液中杂质含量。退火炉采用脉冲燃烧控制方式，相比较常规的比例燃烧控制，炉子的调节灵活，烧嘴的效率不受热负荷的影响，烧嘴的效率高。采用全辐射管加热连续退火炉和快速冷却技术，保证了退火产品的高质量，适合汽车板、高强板（最高780MPa）等高档产品的生产需求。选用单机架六辊湿平整机，保证平整后带钢板形及机械性能优良。

（3）连续热镀锌机组。采用立式活套和立式退火炉的机组结构形式，减少了占地，确保了机组高速度，大产量。能获得更好的板形，减少炉子维修工作量，提高机组生产技术经济指标。清洗段采用多级强化清洗，清洗强度大、效果好，提高镀层附着力。采用加热能力大、冷却速度高、温度控制精度高、炉辊辊形控制优良的全辐射管加热连续退火炉，适应多品种、高质量的退火要求。退火炉采用脉冲燃烧控制方式，相比较常规的比例燃烧控制，炉子的调节灵活，烧嘴的效率不受热负荷的影响，烧嘴的效率高。采用感应加热陶瓷锌锅，并配有锌液温度控制和锌锅液面探测系统，可根据液位信号向锌锅自动喂入锌锭。采用空气/氮气两用气刀及三辊式无铬钝化设备。对于GA产品的生产，采用大功率高频感应加热的合金化炉，感应式带钢边部加热、电加热保温段，在线设置铁含量测定仪，确保GA产品质量。

（4）在线带钢产品质量检测和控制技术。在酸洗上采用了在线连续酸浓度分析仪及其控制系统，实现酸浓度的自动调节，减少带钢欠酸洗和过酸洗，降低新酸耗量和废酸排放量。冷连轧机组上采用了板形仪和板形自动控制系统，实现对带钢厚度、带钢平直度的前馈和反馈闭环控制；采用了测张、测厚和激光测速仪，提高了AGC的控制精度。连续退火机组中，带温的测量采用了新型的辐射高温计通过双波长测量带钢表面的能量，能更精确的测量带钢温度，提高炉温的控制精度。热镀锌机组设有锌锅液位传感器、锌锅温度传感器、冷态镀层厚度测量和控制等，可在线调整气刀最佳化参数设定，获得更经济的镀层厚度和表面质量。连续退火机组和热镀锌机组还配置有在线自动表面缺陷检查装置，通过图像识别、比较，自动判断带钢表面缺陷，可以严格控制高质量板材的生产。

项目的产品质量指标对比见表6-5。

表6-5 产品质量指标对比表

序号	项 目	计量单位	设计值	实际值	国内先进水平	国际先进水平	备注
冷轧商品卷（连续退火机组）							
1	成材率	%	96.15	96.10	96.15	96.15	
2	平直度	IU	5	3	5	3	
3	凸度	μm	80	10	20	20	
4	厚度精度	%	5	2	4.5	4.5	
5	宽度精度	mm	1	1	1	1	
6	表面残留物	mg/m²	15	13	15	10	
7	表面色差		O5（FD）	O4（FC）	O5（FD）	O5（FD）	
8	机械强度	MPa	780	780	780	1470	高强钢
镀锌商品卷							
1	成材率	%	95.80	94.1	95.8	95.8	
2	平直度	IU	6	3	3	3	
3	凸度	μm	60	20	20	20	
4	厚度精度	%	3.5	2	3.5	3.5	
5	宽度精度	mm	1	1	1	1	
6	镀层厚度精度	g/m²	5	3	5	3	
7	表面残留物	mg/m²	15	14	15	15	
8	表面色差		O5（FD）	O4（FC）	O5（FD）	O5（FD）	
9	机械强度	MPa	780	590	580	1180	汽车板

（5）计算机管理系统。采用三级计算机控制系统——基础自动化级（L1级）、过程控制级（L2级）和生产管理级（L3级），形成一个完备的层次化的计算机网络。

（6）节能降耗手段满足"低碳经济"要求，主要包括：

1）原料通过运输链系统从热轧厂运到冷轧厂，降低了一次钢卷倒运能耗。

2）轧机工作辊、中间辊换辊车直接开进磨辊间，减少轧辊倒运，降低能耗；工艺冷润系统乳化液流量随轧制过程需要而改变，能获得最佳冷润效果，且可以节能。

3）酸轧机组、连退机组、热镀锌机组的漂洗段和清洗段采用串级漂洗工艺，降低脱盐水消耗。

4）连退机组和热镀锌机组退火炉均回收烟气余热对带钢进行预热，退火炉采取良好的全纤维炉衬绝热措施，减少炉体散热，节省能源。

5）酸再生设施采用喷雾焙烧法再生工艺，废酸回收率99%，利于环境保护；配置脱硅装置，产生高纯度氧化铁粉用作电子工业磁性材料。

6）采用高效水质稳定药剂和加药系统自动化，提高循环水系统的浓缩倍数，与浓缩倍数为2比较可节约新水33%，水的循环率达到98%。

7）设置了冷凝水回收系统，回收蒸汽冷凝水，循环再利用，节省水的消耗。

8）雨水分质收集。地面雨水排放至总厂雨水收集管网，而屋面雨水收集后送入全厂污水处理厂回用，达到雨水再利用目的。

本工程实现后，综合能耗指标如下：总能耗为25.2225×10⁴tce 煤；吨产品能耗为122.14kgce；万元产值能耗为2351kgce。本项目设计的冷轧产品工序能耗均低于《钢铁企业设计节能技术规定》（YB9051）中的能耗标准值，吨产品能耗和万元产值能耗均处于国内先进水平。

C 工程建设的后评价

整个冷轧工程，总图及工艺布置合理，物流运输流畅，仓储能力配置合理；采用地上、地下相结合的布置形式和多种处理方式，使能源介质管路路径短，流程合理；设计过程中采用三维管道设计，安排好管道的位置、标高和检修计量平台的设计，避免管道碰撞，而且方便日常生产维检工作。

6.3 产品后评价

产品方案后评价主要是在项目达产一段时间后，对产品的市场适应性、产品盈利能力进行评估，目的是对比分析产品方案的经济效益、社会效益，对产品方案及时提出修正建议，使企业获得更大产品利润和行业影响力。同时，通过反馈机制，使产品后评价出来的经验得到推广、教训得以吸收，防止错误再发生，提高项目投资成功率。

6.3.1 产品方案后评价核心指标体系

6.3.1.1 经济效益评价

产品方案后评价经济效益评价的核心指标是产品贡献率。产品贡献率是分析每种产品对企业经济效益贡献的一个指标，也是确定不同产品对企业当前和长远发展重要程度的衡量指标。产品贡献率主要指标有两个，分别是单位产品利润率、销售收入占比。

单位产品利润率：代表了该类产品的盈利水平，对企业效益的贡献。

销售收入占比：代表了该类产品对企业现金流的贡献。

6.3.1.2 社会效益评价

生产企业特别是国有企业，其经营目标除取得经济效益外，还肩负满足国家战略发展需求的任务。如满足国防军工、航空航天、海洋工程、核电、增材制造等行业用钢需求。涉及此类产品，产品方案后评价则主要针对产品产生的社会效益进行评价。产品方案后评价社会效益评价的核心指标是产品自给率。

6.3.2 产品方案后评价方法

6.3.2.1 经济效益评价

首先是分大类产品贡献率分析。分大类产品贡献率主要代表该类产品的发展潜力，主要指标有产品产量占比（如线材产量/钢材总产量）、销售收入占比、单位产品利润率，采用3~5年数据。

然后是细分品种贡献率分析。该部分主要分析细分品种单位产品利润率、利润占比、销售收入占比，为大类产品细分品种定位评价提供依据。如分析帘线钢、弹簧钢等细分品种对线材大类产品的贡献等，根据现状和发展趋势，对现阶段和未来发展提供依据（见图6-1）。

该部分主要分析每大类产品贡献率，如线材、钢筋、中厚板、冷轧板等产品的总体的利润率和销售收入占比，并将每类产品分别列入产品发展策略图，描述分析不同产品的发展策略。

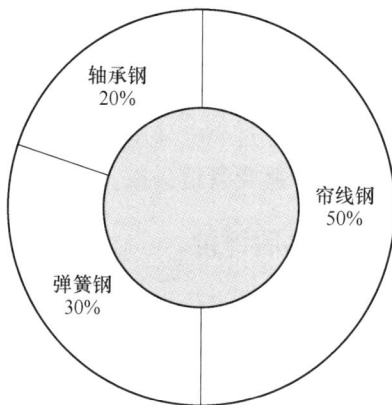

图6-1 细分品种利润或销售收入占比

6.3.2.2 社会效益评价

通过计算产品产量对社会对该产品的需求量的满足程度，得到产品自给率及替代进口量。如某高端钢材产品国内需求量5万吨且长期依赖进口，某企业通过研发实现对此产品的供给，年产量2万吨，则评价此产品方案改变了长期依赖进口的局面，实现替代进口2万吨，产品自给率提升至40%。

6.3.3 产品后评价步骤

（1）数据搜集、整理。选取项目达产后三年产品产量、销量、销售收入、产品利润等有效指标。

（2）数据计算、比较。通过产品贡献比，比较产品盈利能力；个别产品（量小、高端）需通过钢材自给率体现对社会贡献。

（3）结论及建议。通过对产品盈利能力及社会贡献的评价，对产品方案设计的合理性进行评价，并对战略产品、重点产品、稳定发展产品、择机退出产品进行重新定位。

6.3.4 产品方案后评价典型案例

某企业线材年生产能力230万吨。主要产品为冷镦钢、预应力钢绞线用钢、易切削钢、号钢、合金结构钢、帘线钢、焊接用钢等。

对企业线材分品种产品的销售利润率和销售收入占比进行分析，主要指标见表6-6。

表6-6 2016年分品种销售利润率和销售收入占比情况

序号	品 种	销售利润率/%	销售收入占比/%
1	混凝土钢棒	8.2	0.4
2	预应力	4.4	10.0
3	冷镦钢	0.7	13.8
4	硬线	5.0	6.4
5	焊接用线材	6.1	18.6
6	齿轮钢	5.3	0.1
7	易切削钢	0.1	2.9
8	帘线钢	20.1	47.2
9	轴承钢	11.7	0.5
10	弹簧钢	20.3	0.1

根据表6-6中10个产品品种的产品销售收入占企业总销售收入的比例和各品种销售利润率建立起产品贡献率分析图（见图6-2）。

由图6-2可见，企业的战略产品是帘线钢，重点产品是弹簧钢和轴承钢，稳定发展产品为焊接用线材，提升产品为混凝土用钢棒、齿轮钢和硬线，整合提升或退出产品为冷镦钢盘条和预应力用盘条，培育或择机退出产品为易切削钢。根据上述分析，原产品方案中，三项产品存在退出可能，七项产品存在较好发展空间，整体判断原产品方案相对合理，盈利能力较强。

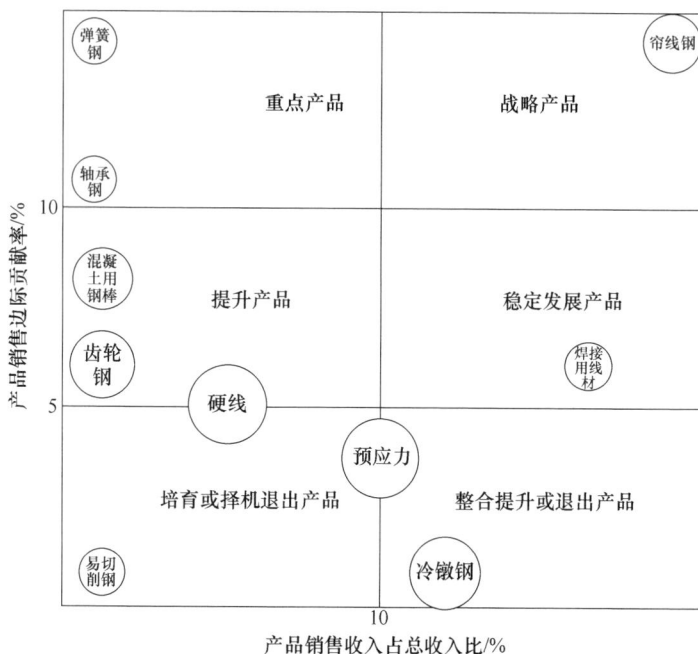

图 6-2　线材产品贡献率分析图

6.4　环保后评价

环保后评价是指编制环境影响报告书的建设项目在通过环境保护设施竣工验收且稳定运行一定时期后，对其实际产生的环境影响以及污染防治、生态保护和风险防范措施的有效性进行跟踪监测和验证评价，并提出补救方案或者改进措施，提高环境影响评价有效性的方法。

6.4.1　环保后评价原则

项目环评工作按照分类管理的原则，第一类是由国家环境保护部、省环保厅及市环保局负责对项目环境影响评价文件的审批；第二类是由区环保局负责对项目环境影响评价文件的审批。环保后评价则遵循科学、客观、公正的原则，全面反映建设项目的实际环境影响，客观评估各项环境保护措施的实施效果。

6.4.2　环保后评价文件

环保后评价文件包括：

（1）建设项目过程回顾。包括环境影响评价、环境保护措施落实、环境保护设施竣工验收、环境监测情况，以及公众意见收集调查情况等。

（2）建设项目工程评价。包括项目地点、规模、生产工艺或者运行调度方式，环境污染或者生态影响的来源、影响方式、程度和范围等。

（3）区域环境变化评价。包括建设项目周围区域环境敏感目标变化、污染源或者其他影响源变化、环境质量现状和变化趋势分析等。

（4）环境保护措施有效性评估。包括环境影响报告书规定的污染防治、生态保护和风险防范措施是否适用、有效，能否达到国家或者地方相关法律、法规、标准的要求等。

（5）环境影响预测验证。包括主要环境要素的预测影响与实际影响差异，原环境影响报告书内容和结论有无重大漏项或者明显错误，持久性、累积性和不确定性环境影响的表现等。

（6）环境保护补救方案和改进措施。

（7）环境影响后评价结论。

6.4.3 环保后评价的核心内容

（1）环境保护过程评价：对项目环境保护制度的执行情况，环境保护措施的实施和落实情况进行分析评价。例如是否按项目进度执行了环境影响评价制度、"三同时"制度、项目竣工环境保护验收制度等；是否按环保主管部门批复的环境影响报告书和环境工程设计了环境保护措施；是否执行了环境监测计划等。

（2）环境效益评价：环境保护投资与环境效果的对比分析。确定项目预期的环境保护目标是否达到、项目的主要环境效益指标是否实现。

（3）环境影响的（后）评价：包括对项目建设期和营运至目前已发生的环境影响进行回顾评价，以及对未来可能发生的影响进行预测评价。

（4）环境目标可持续性评价：根据项目评价的综合结论，明确项目环境保护目标是否可持续的问题，并为维持环保目标可持续性和增强可持续能力，提出环境保护补救措施、项目环境保护和管理改善建议、追加的环保投资等内容。

6.5 安全后评价

安全后评价也称为风险评价或危险评价，它是以实现工程、系统安全为目的，应用安全系统工程原理和方法，对工程、系统中存在的危险、有害因素进行辨识与分析，判断工程、系统发生事故和职业危害的可能性及其严重程度，从而为制定防范措施和管理决策提供科学依据。

6.5.1 安全后评价的方法及原则

安全后评价主要采取安全评价法，综合应用安全检查表、定量危险性评价、事故信息评价、故障树分析以及事件树分析等方法，分成六个阶段采取逐步深入，定性与定量结合，层层筛选的方式识别、分析、评价危险，并采取措施修改设计消除危险。安全后评价应遵循权威性、科学性、公正性、严肃性、针对性、综合性和适用性原则。

6.5.2   安全后评价步骤

建设项目中的安全设施和职业病防护设施必须符合国家、行业和地方规定的标准，必须与主体工程同时设计、同时施工、同时投入生产和使用。

评价的步骤分为：前期准备、辨识与分析危险及有害因素、划分评价单元、定性及定量评价、提出安全对策措施建议、做出安全评价结论、编制安全评价报告。

6.5.3   安全后评价三个阶段

安全后评价通常根据工程、系统生命周期和评价的目的分为安全预评价、安全现状评价、安全验收评价。

（1）安全预评价是在建设项目可行性研究阶段或生产经营活动组织实施之前，根据相关的基础资料，辨识与分析建设项目、生产经营活动潜在的危险、有害因素，确定其与安全生产法律法规、标准、行政规章、规范的符合性，预测发生事故的可能性及其严重程度，提出科学、合理、可行的安全对策、措施和建议，做出安全评价结论。

安全预评价是"三同时"的保证。通过安全预评价，可有效地提高工程安全设计的质量和投产后的安全可靠程度；在设计阶段，必须落实安全预评价所提出的各项措施，切实做到建设项目在设计中的"三同时"。

（2）安全现状评价是针对生产经营活动中的事故风险、安全管理等情况，辨识与分析其存在的危险、有害因素，审查确定其与安全生产法律法规、规章、标准、规范要求的符合性，预测发生事故或造成职业危害的可能性及其严重程度，提出科学、合理、可行的安全对策、措施和建议，做出安全现状评价结论。

安全现状评价可客观地对生产经营单位安全水平做出结论，使生产经营单位不仅了解可能存在的危险性，而且明确如何改进安全状况，从而实现建设项目在施工中的"三同时"。

（3）安全验收评价是在建设项目竣工后正式生产运行前，通过检查建设项目安全设施与主体工程同时设计、同时施工、同时投入生产和使用的情况，检查安全生产管理措施到位情况，检查安全生产规章制度健全情况，检查事故应急救援预案建立情况，审查确定建设项目满足安全生产法律法规、标准、规范要求的符合性，从整体上确定建设项目的运行状况和安全管理情况，做出安全验收评价结论。

安全验收评价是"三同时"的验证。通过安全验收评价，比照国家有关技术标准和规范，对建设项目设备、设施及系统进行符合性评价，提高安全达标水平，实现投入生产和使用的"三同时"。

第7章 钢铁工程与企业管理

7.1 集中一贯制管理

7.1.1 集中一贯制管理是现代化冶金生产的需要

中国的钢铁工业从20世纪中期至今日，经历了不同的发展阶段，到70~80年代连铸技术的发展，特别是全连铸—连轧工艺的广泛推广，钢铁生产实现了紧凑型、连续化、高速的生产模式。这种高度集中、连续化、自动化和高速化的现代钢铁企业决定了它与以往传统钢铁企业所不同的管理特性。

钢铁生产的特点为：（1）连续性，工艺过程按烧结、炼铁、炼钢、连铸、热连轧、冷连轧各工艺过程连续的完成各生产环节；（2）各中间产品的数量比例性，为了保持生产能力的平衡，生产过程各阶段、各工序之间在生产能力上必须保持合理的比例关系；（3）节奏性，高炉出铁和炼钢对铁水的需求及炼钢和连铸连轧必须保持各生产环节在生产速度上的平衡，充分利用热能；（4）生产过程的准时性，要求生产过程各阶段、各工序要满足后续工序的时序要求；（5）生产过程中的平行性，即物料在各工序之间平行作业，以充分利用生产设备，同步检修，提高生产效率。集中一贯制管理可以高效的管理和调配能源，解决能源的优化利用。

由于钢铁生产的新工艺对各工序衔接的紧凑性和节奏性的要求，就需要一种能对各工序、各生产环节的统一管理、统一协调的新型管理模式，而集中一贯制就是适应这种需求而应运而生的管理模式。

7.1.2 钢铁行业集中一贯制管理的历史回顾

集中一贯制管理是宝钢从日本引进的管理模式，"集中"是横向的集中，是同一类业务部门集中到一个部门；"一贯"是纵向的一贯，是生产过程从头到尾的全流程，集中一贯管理是生产过程自始至终的全流程管理，分工明确、责任清晰，资源合理分配，实现预期目标。

集中一贯制强调的重点是完整的管理平台，由钢厂统一规定生产、技术，费用方面的重要的管理基准值，统一编制生产、技术、能源消耗、物资供应等管理计划的唯一基准值，对各工艺环节的生产能力、效率收得率及材料能源的单耗进行统一定值管理。

1986~1994 年，宝钢经过 8 年的不断完善改进，真正建成了集中一贯制管理体系。"集中"与"一贯"是相互依存的，缺一不可，没有一贯就不可能有集中，只有集中才能更好地实施一贯管理。随着宝钢的不断发展，宝钢在钢铁企业中的龙头作用越来明显与重要，国内钢铁企业纷纷效仿宝钢，建立集中一贯制管理体系，也都取得了不错的效果和成绩。可以说，集中一贯制管理对中国钢铁企业的发展起到了非常重要的作用。

7.1.3 集中一贯制管理面临的问题

从 20 世纪 90 年代开始，钢铁行业经历了几轮大起大落。由于经济形势的不断变化，很多钢铁企业通过强强合并、小小联合、兼并重组等方式，不断调整生产方式、经营方式，随着整体产能的扩大，各钢铁企业的经营范围、市场布局都发生了重大变化。现在的钢铁企业与十年前相比，都有了本质的变化。很多钢铁企业都已经形成了一个集团、多个钢铁股份公司、多个不同产业子公司的"大集团"格局。

因此，各大钢铁企业都不同程度地开展了管理模式改革、生产变革，原有不适应当前经济发展的体制机制逐步开始逐渐退出历史舞台，集中一贯制管理还是分散管理基本已经不是选择。

原有的战略管控型管理逐渐被集中一贯制管理所替代、原各生产环节及管理环节包括销售、生产、物流、售后的传统模式均向"集中一贯制"过渡。

综上，时代变迁、经济发展、企业变革都对集中一贯制管理提出了问题和新的命题。那么原有的集中一贯制管理制度是否真的不再适合钢铁企业发展了呢？但事实是，有些钢铁企业已经意识到虽然钢铁生产的主线并没有变，钢铁企业依然是钢铁生产为主，但是集中一贯制管理已经使生产和销售管理形式上发生了不同程度的变化，那么集中一贯制管理的"精髓"是什么？钢铁企业必须在新形势、新时代下，重新赋予集中一贯制管理新的定义和新的内容。

7.1.4 新时代集中一贯制管理的主要内容

国内钢铁企业近年来发生了很多变化，例如宝钢武钢重组、鞍钢攀钢合并、河北各大钢铁企业合并重组成立河钢集团，沙钢的不断发展壮大等，国内的钢铁企业已经发展为宝武集团、河钢集团、沙钢集团、鞍钢集团、首钢集团、中信泰富特钢集团等"钢铁集团"企业。面对这种集团式企业，集中一贯制管理在当前新时代下，应该赋予新的内容。

7.1.5　计算机管理提升集中一贯制管理水平

集中一贯制管理在发展初期，计算机技术的广泛应用为集中管理提供了必要支撑。从 20 世纪 90 年代末期开始，计算机技术开始了突飞猛进的发展，从现场数据总线、二级控制系统、MES、ERP 等信息系统在各大钢铁企业的广泛应用和不断发展，信息系统已经成为集中一贯制管理的必要数据基础。

钢铁企业纷纷组建成一个集团、多个股份公司、多个子公司的架构，信息系统的架构和应用都发生了重大转变。但是从钢铁的销售、生产、质量、物流、能源、财务等全产业链的角度来看，信息系统是一个完整的体系，信息流是完整的，计算机管理（信息化）为提升集中一贯制管理水平发挥着重要支撑作用。

7.1.6　典型案例

（1）案例 1：宝钢信息化架构如图 7-1 所示。

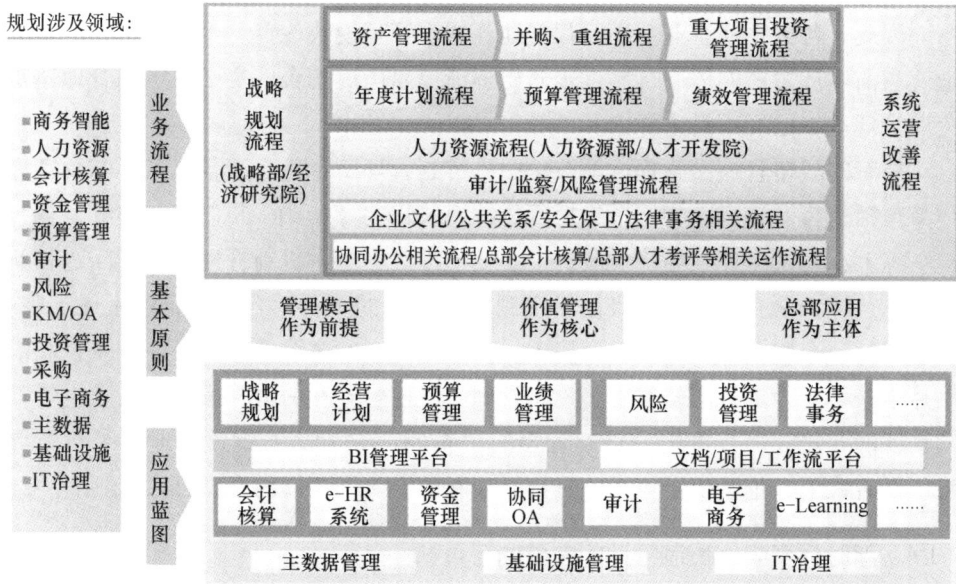

图 7-1　宝钢信息化架构

（2）案例 2：鞍钢的信息化系统结构，如图 7-2 所示。

（3）案例 3：中信泰富兴澄特钢的集中一贯制系统结构，如图 7-3 所示。

		企业发展战略决策　经营指标规划　决策分析体系		Level V
战略层	电子商务	公司治理：审计管理　集团管控　风险管理	数据挖掘与数据仓库	
运营层		财务成本管理：预算管理　账务管理　成本、费用管理控制		Level IV ERP
		营销管理　　资源及经营计划管理　资产、设备管理　知识管理 采购供应管理　产品生命周期管理　人力资源管理　科技管理	DWH & DM	
		生产计划管理　工艺及产品质量设计　产品质量管理 设备运行管理　储运管理		
执行层		作业计划调整及优化　物料调度及跟踪　质量及检化验管理 储运作业管理　订单执行情况跟踪　生产实绩收集		Level III MES
		生产过程控制 模型优化		Level II PCS
		机组设备自动控制 在线数据采集		Level I I/O BA

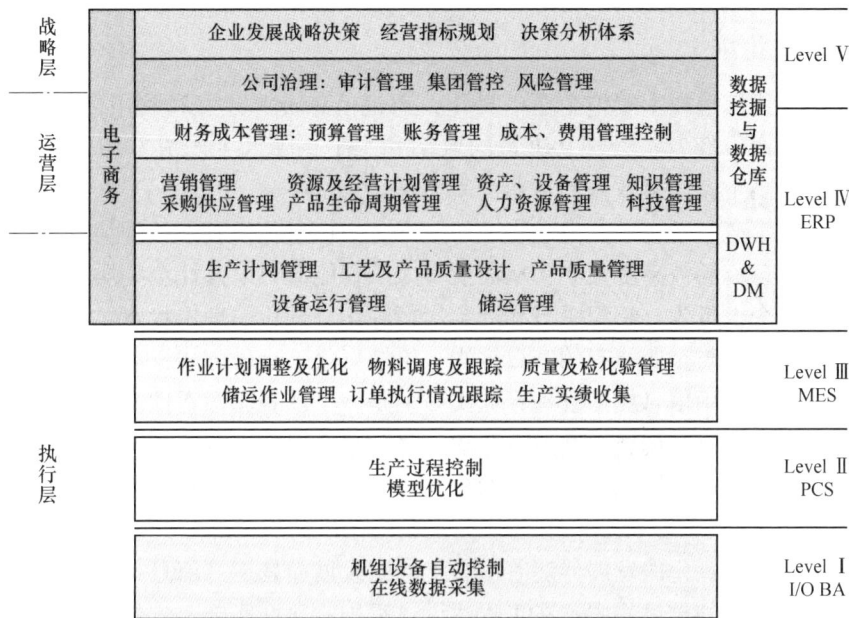

图 7-2　鞍钢的信息化系统结构

江阴兴澄特种钢铁有限公司
JIANGYIN XINGCHENG SPECIAL STEEL WORKS CO., LTD

核心思想：集中一贯、按单生产、三流同步

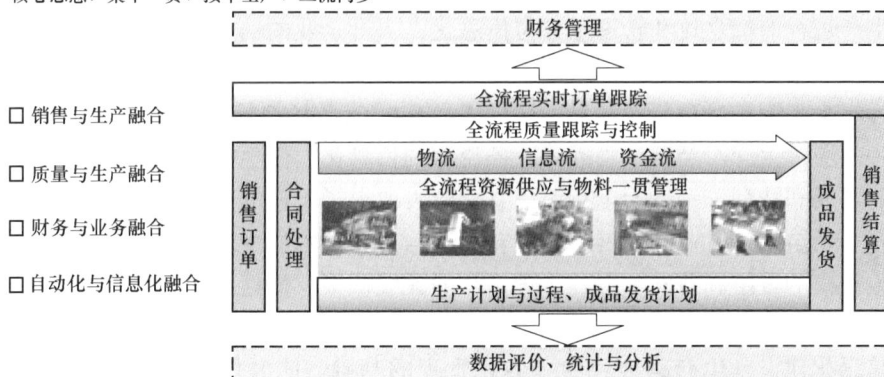

财务管理

全流程实时订单跟踪
全流程质量跟踪与控制

□ 销售与生产融合

□ 质量与生产融合

□ 财务与业务融合

□ 自动化与信息化融合

物流　　信息流　　资金流
全流程资源供应与物料一贯管理
生产计划与过程、成品发货计划

销售订单　合同处理　　　　　　　　　　　成品发货　销售结算

数据评价、统计与分析

实现效果

1. 全面覆盖兴澄特钢烧结、炼铁、线棒及钢板等所有产线，实现一体化运作
2. 以市场为导向，以客户需求为目标，按合同组织生产，实现全流程合同跟踪
3. 按照集中一贯理念，进行一体化的生产组织和质量设计，实现均衡生产
4. 以质量为核心，建立"标准+α"的质量体系，实现全过程质量跟踪与管控
5. 对生产过程中的各种事件，快速响应，并动态调整计划，实现柔性制造

图 7-3　中信泰富兴澄特钢的集中一贯制系统结构

7.2　信息系统

利用现代信息技术实施企业信息化，通过信息资源开发和利用信息化系统，不断提高生产、经营、管理、决策的效率和水平，降低生产成本和提高管理水平，进而提高企业经营效益和企业竞争力。

信息化生产力是迄今人类最先进的生产力。信息化代表了一种信息技术被高度应用，信息资源被高度共享，从而使得人的智能潜力以及社会物质资源潜力被充分发挥，个人行为、组织决策和社会运行趋于合理化的理想状态。

实施信息化与企业原有的产权结构、组织形式、运作方式、利益格局等诸多方面相关联。应用信息技术管理企业实质上是一个以观念根本性变革为基础和条件的体制创新、机制创新。通过企业的信息化建设促使企业管理水平的提升，进一步促进企业管理水平和运行效率的提高，使企业管理走向科学化、规范化，系统化和最优化。

冶金工业信息化的发展伴随着冶金工业的发展而发展，信息化建设必须体现在冶金工程建设的全过程中，在工程建设过程中一次性实施全方位的生产过程信息化，逐步以生产过程信息化为基础，实现与企业管理信息化、电子商务等信息化系统在时间和空间上的无缝连接，共同构成企业信息化的全部内容。

信息化技术是将信息技术应用于产品的设计、制造、管理、销售的全过程。钢铁企业的信息化包含生产信息化和管理信息化两方面内容，两者的一体化构成了当代钢铁企业信息化的全部内容。其中生产的信息化又包括生产装备的信息化、生产过程的信息化和管理全方位信息化，提升企业的信息化装备水平是构建新型现代化钢铁企业的基础。

近年来，钢铁冶金行业信息化建设成为支撑企业生产、管理现代化的重要手段之一。通过生产、经营、管理等业务流程的信息化，催生了整个企业乃至整个行业的发展和转型。钢铁冶金行业信息化建设取得了飞速的发展，有效地促进了整个企业乃至整个行业的发展和管理转型。信息化技术的发展为国内钢铁行业顺利的大规模的重组和兼并、各种管理信息的无缝衔接、快速组织生产奠定了关键性的一体化协调生产的基础。

信息化建设是生产跨地域的一体化管理的基础，同时借助信息化建设的软（件）、硬（件）兼施，企业实现了并购重组后的跨地域、多基地经营管理上的协同应用，包括销售及物流管控、财务管理、采购供应链、原料采购物流管控、工程项目管理、人力资源管理、协同办公、科技管理、需求管理与综合销售计划、电子商务等的一体化。其中，以财务为核心的理念，关注企业成本，建立以价值最大化为导向的集团企业财务管理体系，为降低成本、提高企业经营效益做出了贡献。考虑到钢铁企业的生产特点，信息化帮助其实现了产品全生命周期的一贯制管理。而且产销纵向"管控一体"系统，将管理指标细化成生产控制参数，通过计划、实时调度处理，真正实现管控一体的闭环管理（见图7-4）。

钢铁企业的生产信息化包括生产装备的信息化和生产过程的信息化，生产装备是信息化与工业化融合的载体，提升企业生产装备的信息化水平是构建现代新型钢铁企业的基础。钢铁企业从烧结、炼铁、炼钢、连铸、轧钢等主要生产线、工序和机组，包括配套的检化验、计量和能源的装备设施实现了基础自动化和过程自动化，从而实现了基层生产单位的生产实绩和业务数据的自动采集处理，保证数据信息的实时性和正确性；依托信息系统提高控制精度、优化工艺流程，实现对产品质量的提高和改进；确保生产出满足客户个性化需求的高附加值、高端化、具有竞争力的钢铁产品。

其中，以财务为核心的理念，关注企业成本，建立以价值最大化为导向的集团企业财务管理体系，为降低成本、提高企业经营效益做出了贡献。考虑到钢铁企业的生产特点，信息化帮助其实现了产品全生命周期的一贯管理。而且产销纵向"管控一体"系统，将管理指标细化成设备控制参数，通过计划、实时调度处理，真正实现管控一体的闭环管理。

生产制造过程是企业竞争力实现的基础，制造执行系统MES（Manufacturing Execution System）是对生产执行层的管理和生产运作的手段，同时也是衔接企业生产执行层与企业运营层的桥梁和信息纽带。所有决定企业能否成功竞争的优势，如价格、质量、产品上市时间、产品创新、售后服务等，这些优势能达到什么程度最终都取决于企业对生产制造过程的设计、控制以及管理的实施。正是制造执行系统MES将过程控制系统与企业运营层的管理信息系统无缝集成，实现管理模式与管理手段的高效整合，使企业能以信息技术为手段，通过管理信息化和生产过程自动化，实现精细的产品制造和严密的质量控制；同时，使产品及其生产制造过程的有关信息可以及时收集、存储并得到处理，才能保证高质量的产品在最恰当的时机送到最需要的客户手中。

企业资源计划ERP（Enterprise Resource Planning）是管理思想，简单地说就是将企业各种资源作为一个整体来考虑，进行整体规划、计划使之发挥最大效能，为企业获取最佳效益。作为信息应用技术的企业资源计划ERP系统则是以财务管理系统为核心，以产销系统为基础，涵盖销售、采购供应、生产计划、科技质量、设备和资产、储运物流、财务和成本、投资项目、人力资源等管理领域的信息系统。ERP系统是支撑钢铁企业日常运营的主体信息系统，一方面，ERP系统通过制造执行系统MES将企业的管理理念和管理思想落实到订单执行等生产组织的过程中；另一方面，又将企业运营所需的各种信息及时准确地提供给各层面人员，以便适时处置；同时，将企业决策所需的各种信息送达相关系统或模块进行处理，使整个系统真正发挥出预期的作用。

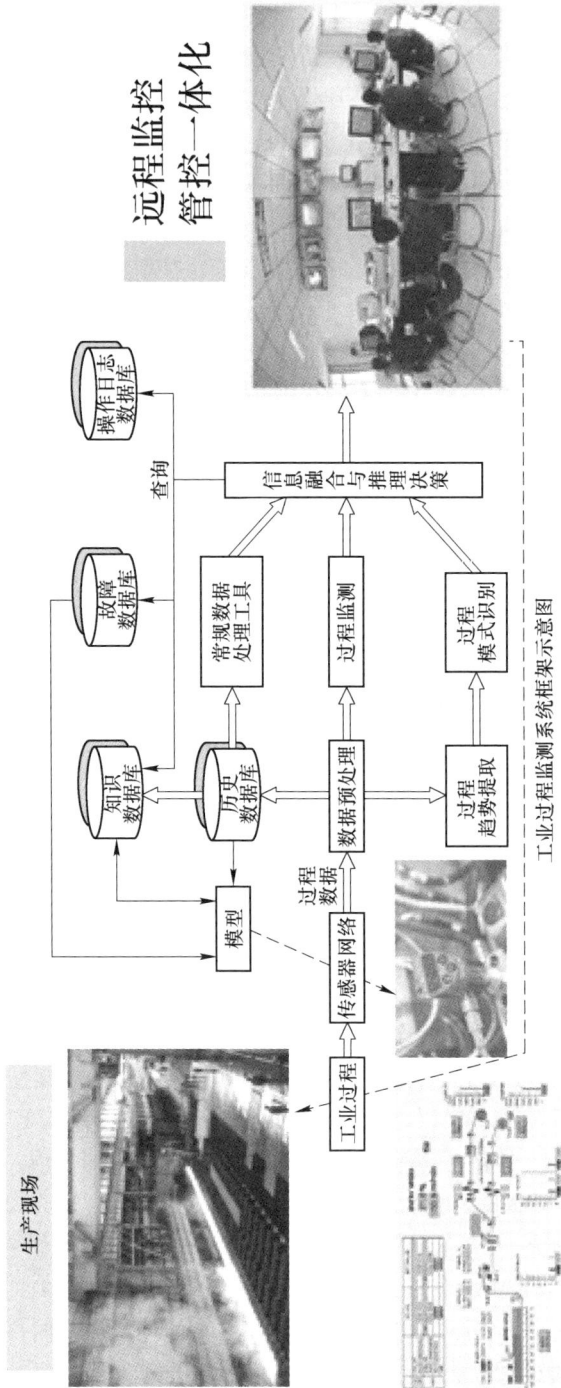

图 7-4　远程管控一体化

钢铁企业战略决策系统覆盖企业发展战略决策、关键绩效指标、决策分析体系、集团管控、审计管理、风险管理等领域的业务职能，是体现企业意志、贯彻企业战略目标的平台，支持企业高层领导及管理人员管理和控制企业的整体运作。

以宝钢、鞍钢、武钢等为代表通过信息化建设，冶金企业成材率、吨钢综合能耗、交货周期、制造成本、交货承诺、用户异议率等指标得到了很大改善，经济效益显著。实践证明，信息化是提升冶金企业经济效益的重要保证。

冶金企业信息化的内容几乎在横向和纵向包揽了冶金生产和管理的全部内容。生产自动化和管理自动化相结合，实现一级、二级、三级、四级、五级系统集成，有效将作业指令转化为操作指令和设备的控制参数，直接控制生产过程（见图 7-5）。

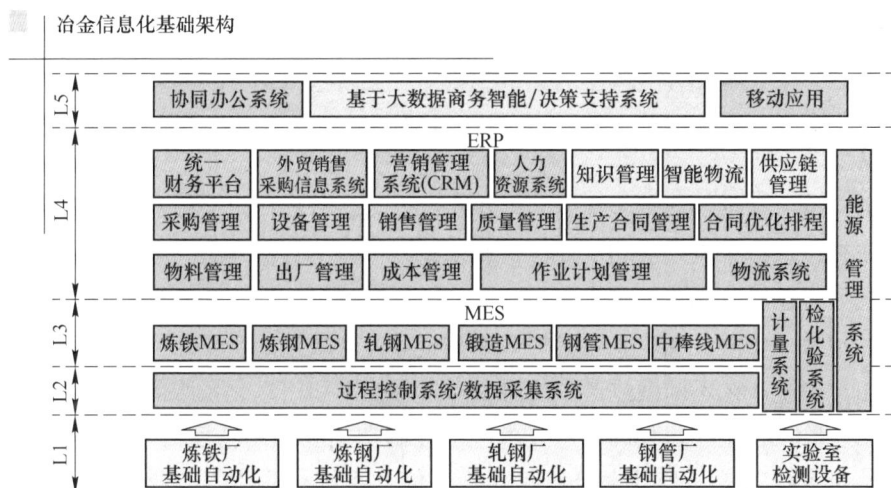

冶金信息化基础架构

L5	协同办公系统	基于大数据商务智能/决策支持系统	移动应用	

ERP

L4: 统一财务平台｜外贸销售采购信息系统｜营销管理系统(CRM)｜人力资源系统｜知识管理｜智能物流｜供应链管理｜采购管理｜设备管理｜销售管理｜质量管理｜生产合同管理｜合同优化排程｜物料管理｜出厂管理｜成本管理｜作业计划管理｜物流系统

能源管理系统

MES

L3: 炼铁MES｜炼钢MES｜轧钢MES｜锻造MES｜钢管MES｜中棒线MES｜计量系统｜检化验系统

L2: 过程控制系统/数据采集系统

L1: 炼铁厂基础自动化｜炼钢厂基础自动化｜轧钢厂基础自动化｜钢管厂基础自动化｜实验室检测设备

改造冶金工业——精准管理和控制

图 7-5 冶金工业信息化基础架构

基于钢铁企业的运营模式及生产线设备配置特点，系统的管理控制功能及数据生成使用的完整性，钢铁企业信息系统通常被设计成涵盖设备操作控制级、工艺过程控制级、生产运行管理级、企业运营级和战略管理级五级的系统；另一方面，从企业管理职能划分的视角考虑可将这个五级系统划分为战略、运营、执行三个层级，将信息技术的五级系统与管理职能的三层组合即可构成的钢铁企业管理信息系统体系结构的概括描述。

取决于各钢铁企业管理运营模式的差异、企业规模的差异、管理信息系统建设技术路线的差异及或对于管理信息系统体系结构分级定义和术语定义的差异，钢铁企业的管理信息系统体系结构分级定义可有各不相同的表述形式（见图 7-6）。

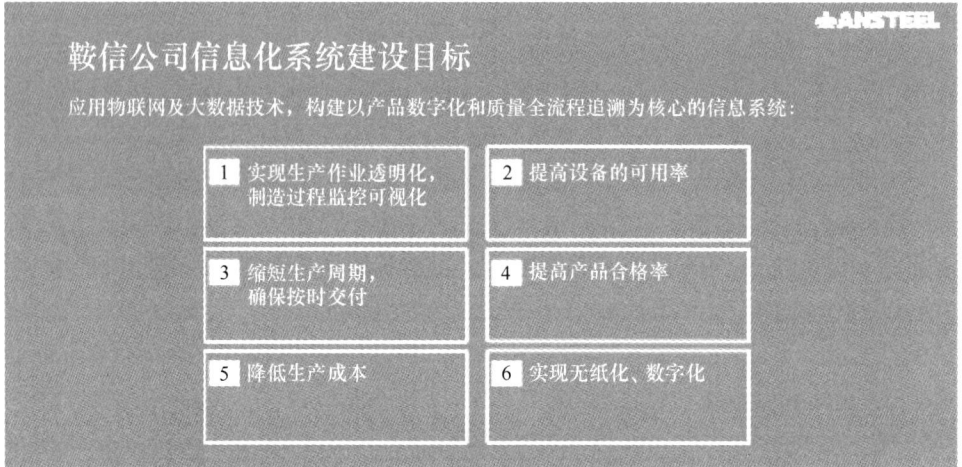

图 7-6 公司信息化系统建设目标

以宝钢、鞍钢、武钢为代表的设备先进、装备自动化水平较高的钢铁厂信息化系统建设取得了巨大成功，通过信息化建设，经济效益显著，发展较快的一些中型钢厂也已经基本实现了主要生产过程的自动控制、处理和数据采集，取得了很好的成效。实践证明信息化是提升冶金企业经济效益的重要保证。

由于冶金工艺不断演进产生的对生产过程控制和信息化系统的持续提高的要求，下一阶段，生产过程的信息技术应用控制功能和控制精度需要进一步提高；管理信息系统应进一步开发企业综合管理信息系统、并使之产业化，服务全行业。预计未来钢铁企业在一些信息化前沿技术的研究与应用上会取得突破，包括云计算、物联网等（见图 7-7）。

将跨地域集团的信息化系统进行重新整合与设计，构建企业私有云，形成云服务模式，在架构上具体分为基础服务、平台服务、应用软件服务，打造数字化钢铁企业，实现跨地域的一体化管理。

继续推进集团一体化战略管控系统的建设，支持企业运营管理及快速决策的移动管理平台的建设，支持与上游供应商及下游客户快速服务响应的协同供应链平台的建设。信息化工作取得一定成效的钢铁企业利用信息化技术着手对已有信息系统的薄弱环节进行改造和充实，进行业务流程创新和系统创新，对企业的组织结构和经营流程进行大规模的改造，充分释放信息化更大的潜在效益。

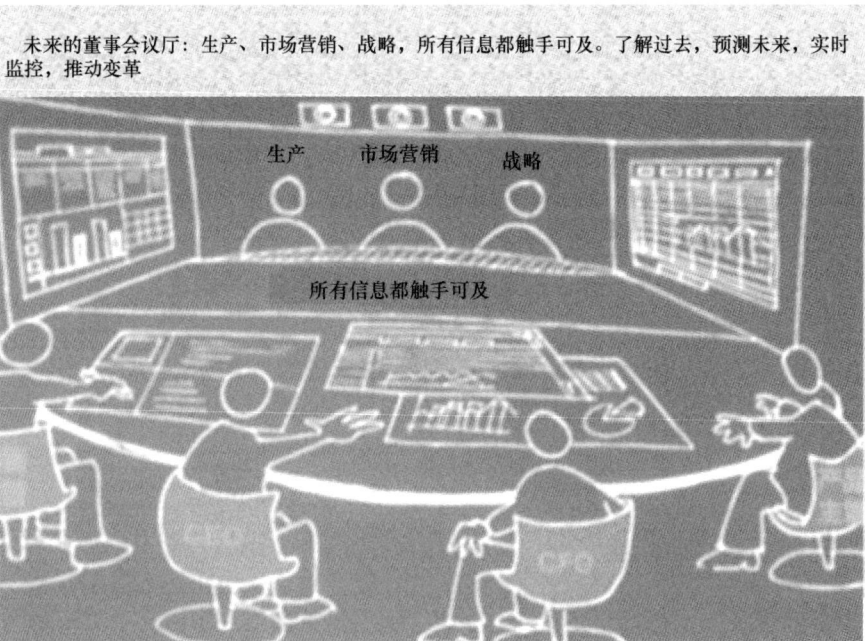

图 7-7 未来钢铁企业信息化之路

7.3 智能化系统

7.3.1 人工智能与智能制造

涉及智能化现在要区分人工智能和智能制造。

人工智能可以分为"人工"和"智能"两个独立的语言部分,而人自身的"智能程度"不等于"人工智能"。人工智能包括十分广泛的科学,是研究、开发用于模拟、延伸和拓展人的智能的理论、方法、技术及应用系统的一门新的技术科学,是计算机领域的一种延伸,它由不同的领域组成,如机器学习、计算机视觉等,诞生出了能够拥有人类智能类似的新型设备。其主要特点就是可以简单识别人类的语言、图形等方面的信号,并根据这些信号来进行相应的操作。简言之,人工智能研究的一个主要目标是使机器能够胜任一些通常需要人类智能才能完成的复杂工作。

智能制造是基于新一代信息通信技术与先进制造技术深度,贯穿于设计、生产、管理和服务等制造活动的各个环节,具有自感知、自学习、自决策、自执行和自适应等功能的工作效率更高的新型生产方式。

人工智能是一种机器智能，是由机器来仿真或者来模拟人工智能的系统或者学科。智能制造是一个十分复杂的系统工程，涉及多个领域的技术，是先进制造技术与信息技术的深度融合，源于工业领域长期积累的工业智能、信息领域的人工智能（见图 7-8）。以这两种智能技术为主体，兼顾其他智能技术，是智能制造技术的主流发展方向，正逐渐融入冶金生产，开始实施"人工智能"，并在逐步地向智能制造迈进。

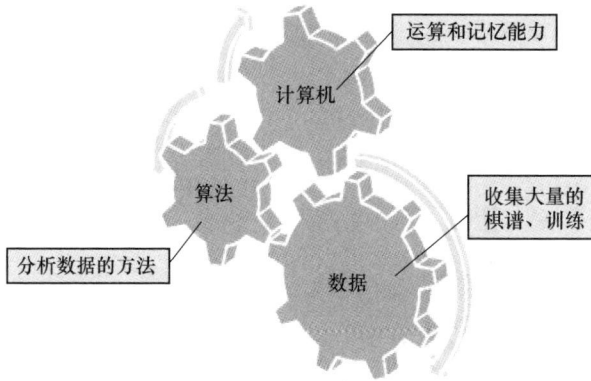

图 7-8　人工智能的三要素

智能制造是钢铁行业转型升级的现实需要，也是钢铁行业高质量发展的有力保障。钢铁企业必须把智能制造融入钢铁企业全流程和智能决策过程中，做到精准、高效、优质、低耗、安全、环保，全面提升发展质量。

当前，钢铁行业在基础自动化、过程自动化和企业经营管理系统等方面取得很大进步，为钢铁行业智能制造奠定了较好基础。钢铁智能制造正处于起步阶段。

大型钢铁企业在实现物流、信息流、资金流同步方面取得了显著的进步，积极探索大数据在研发、生产能源管控、质量控制等方面的应用，有效地支撑了整体行业制造水平和能力的提升，集约高效、实时优化的智能生产新体系正逐步构建。

钢铁行业现已有智能制造试点示范，如宝钢、鞍钢、武钢包括一些民营企业，在智能车间、智慧矿山，大规模定制等试点示范项目取得了一定成果。

7.3.2　冶金工业生产流程与智能控制

冶金工业生产流程与智能控制如图 7-9~图 7-11 所示。
鞍钢智能化能源管控系统如图 7-12 所示。

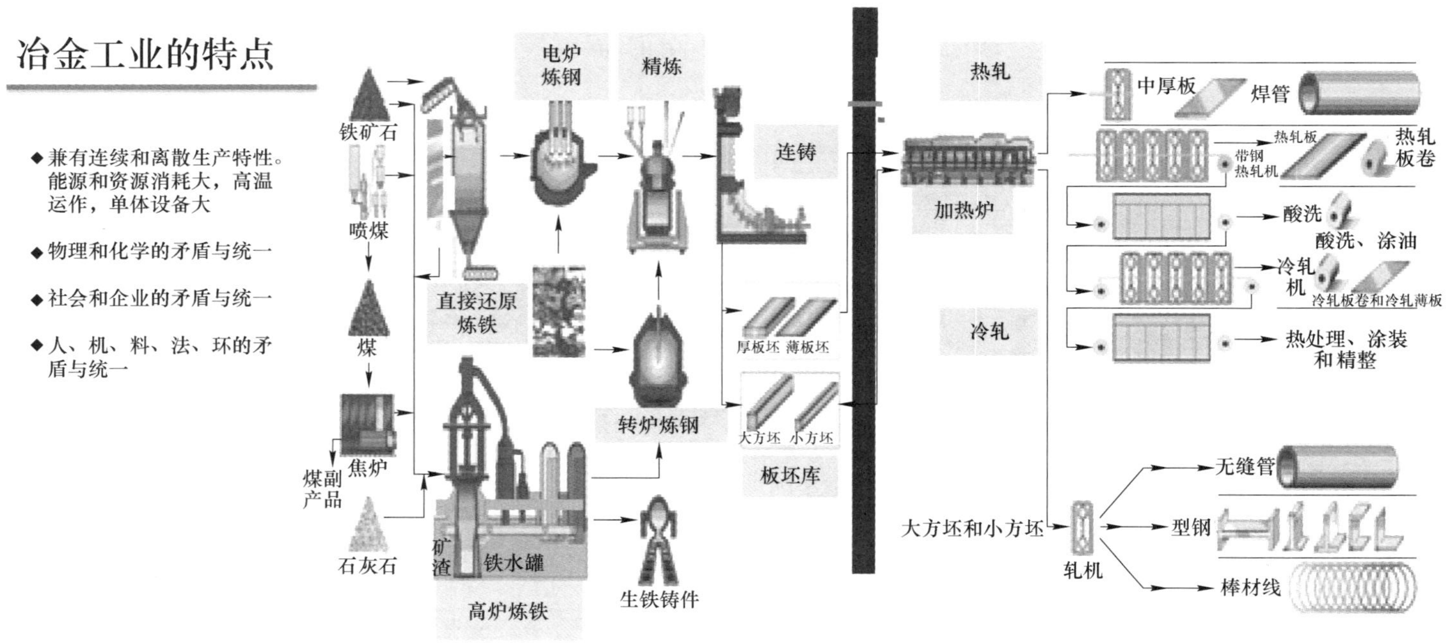

图 7-9 冶金工业的特点和主要生产流程

决策支持系统设计完善改善公司高管关注的生产经营相关重要指标体系，并用管理驾驶舱系统子以集中展现，通过对KPI指标进行分析，帮助公司高级管理人员直观、准确地衡量企业业绩和效益。管理驾驶舱主要展示主要信息分类：生产经营总览、财务、营销、采购、制造、设备、能环等业务领域系列KPI等。

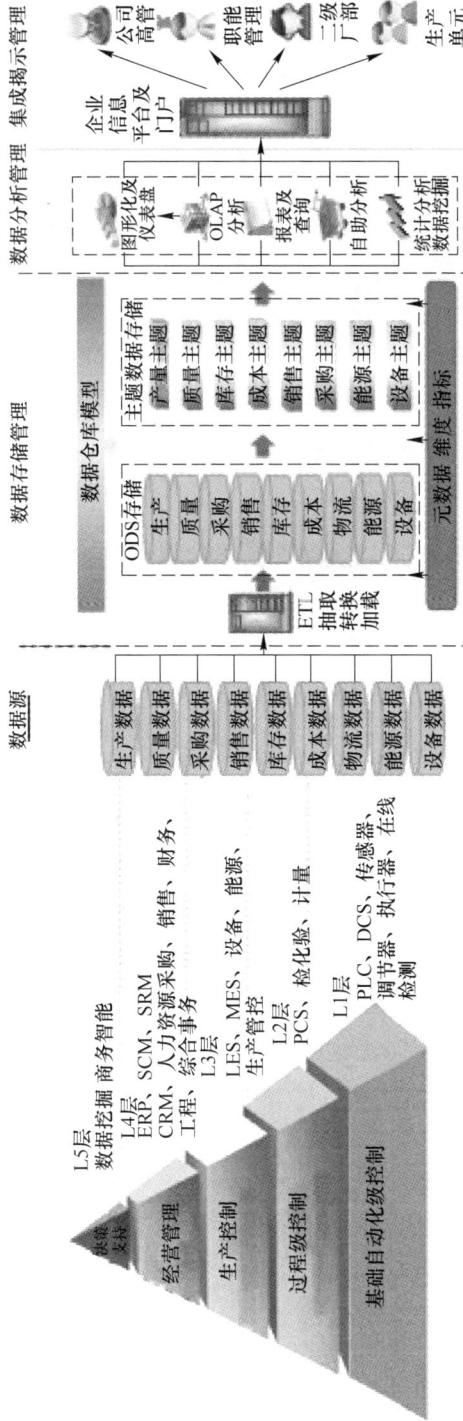

图 7-10　冶金智能制造决策支持系统

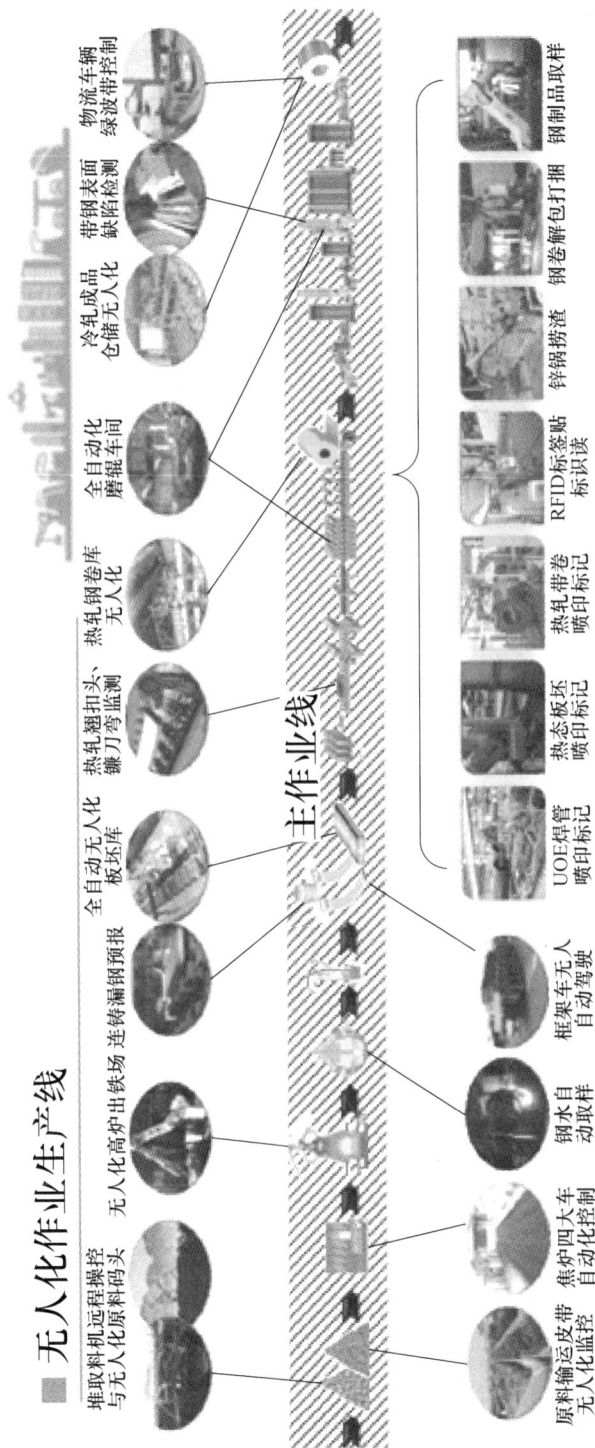

图 7-11 高度自动化和操作无人化

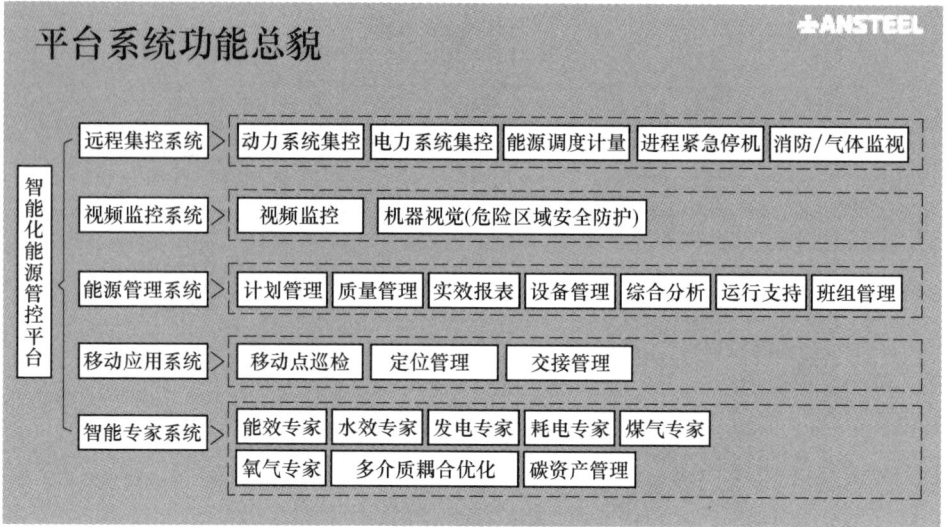

图 7-12　鞍钢智能化能源管控系统

鞍钢智能控制无人化作业生产线示范如图 7-11 所示。

7.3.3　目前国内正在进行的工业智能核心技术研发

（1）针对不同应用场景的最佳模型、最优算法、最合适参数；

（2）过程模拟与过程优化及人工智能相互结合技术；

（3）新一代数值模拟核心技术：AI+CFD；

（4）炼铁大数据和云计算技术。

7.3.4　人工智能技术在钢铁冶金行业的应用

（1）在钢铁企业建立云平台核心应用软件（过程模拟、优化、大数据、AI 模型等）。

（2）建立和训练 AI 模型。

（3）承接过程模拟、优化方案设计；新技术、新工艺可行性论证。

7.3.5　业绩及部分结果验证

（1）烧结矿人工智能质量预测与实际测量结果的比较：平均预测精度 97%～99%。

（2）焦炭人工智能预测与测量结果的对比：平均预测精度 99.4%。

（3）常规及优化高炉配矿喷吹煤配比对比：固定烧结配料方案，固定高炉炉料结构，通过优化块矿配比、球团矿配比、喷吹煤配比使铁水成本极小化，每吨铁水降本效益 30 元。

（4）常规及优化烧结配料烧结质量及铁水成本的对比：降本 26.3 元/吨。

（5）高炉可视化模型的验证：目前能用于对比的主要数据是风口平均送风压力和炉顶十字测温。某大型高炉计算与实测风口送风压力、风口与炉顶压差的对比结果显示模型计算精度 99%。

（6）未来高炉：目前国内首套"一键炼铁"系统在宝钢 3 号高炉已经投运成功，昆钢也正在推行智能制造方案。对未来高炉生产提出：1）大量使用机器人用于风口中、小套拆装机、残铁开口机、炉前清渣；2）热风炉智能烧炉、换炉、换炉补风；3）炉前智能取样；4）智能配料、喷煤；5）优化配料模型；6）实现互联网+生产实时监控、炉况自动报警等。

2019 年 11 月 18 日武钢条材总厂 CSP 分厂 1 号转炉连续两炉全自动出钢，实现了转炉自动化无人操作安全出钢，大幅度提高出钢速度，减少炼钢周期，减少钢水温降（见图 7-13 和图 7-14）。

图 7-13 一键炼钢实时画面（一）

7.3.6 钢铁冶金行业人工智能和智能制造分析

我国钢铁工业正在大力推广智能化生产，在人工智能方面的应用起步很早，应用的实例也很多，技术也相对成熟。如在热轧生产中的专家系统、神经元网络都属于人工智能范畴，随着大数据的应用，模型的精度更高。由于钢铁生产为流

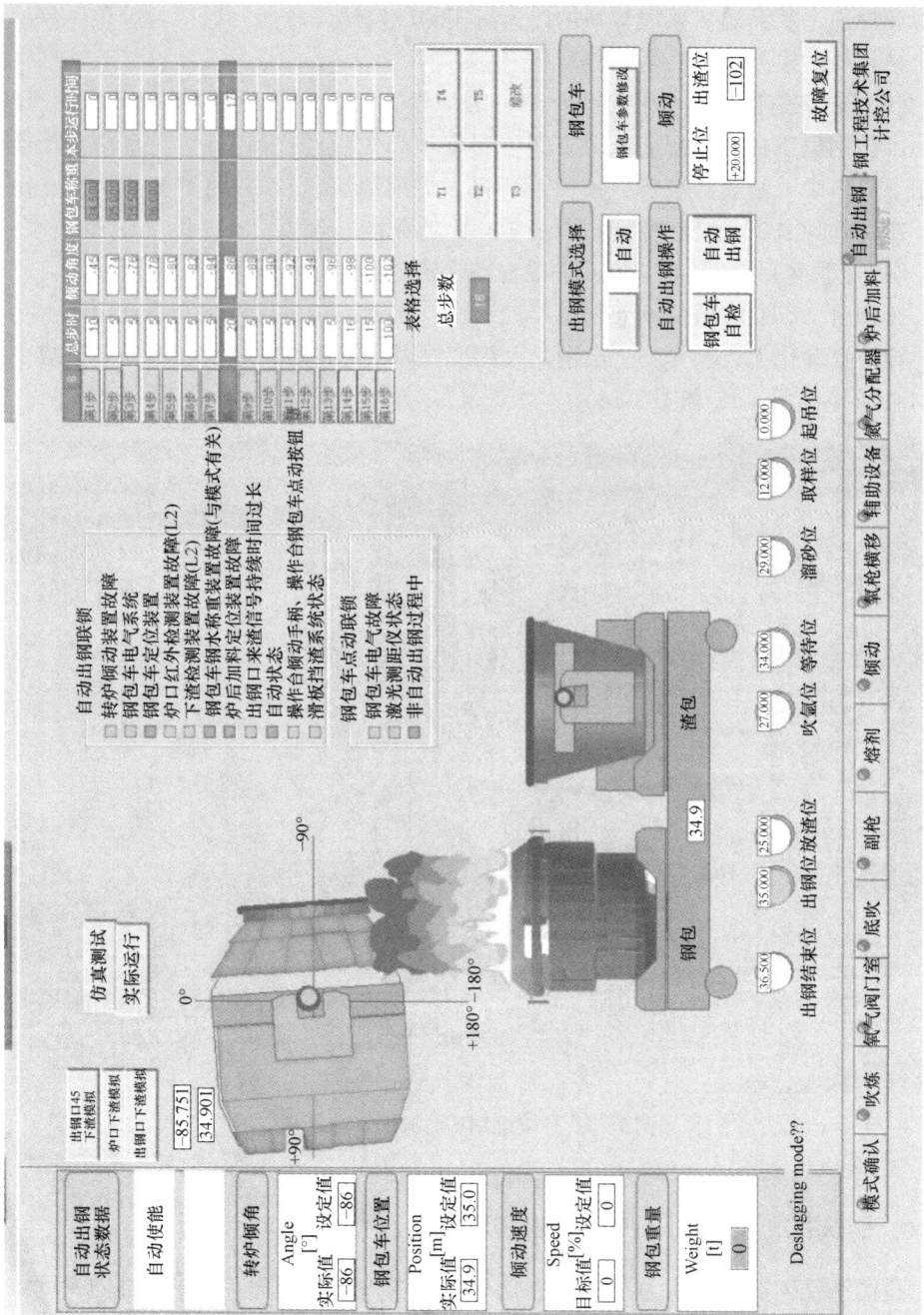

图 7-14　一键炼钢实时画面（二）

程工艺，实施智能制造需要的条件：

（1）工艺流程建立数字化模型、进行模拟仿真、实现生产流程数据可视化和生产工艺优化。

（2）实现对物流、能流、物性、资产的全流程监控，建立数据采集和监控系统，生产工艺数据自动数采率达到90%以上。实现原料、关键工艺和成品检测数据的采集和集成利用。

（3）采用先进自动控制系统，自控投用率90%以上，关键生产环节实现基于模型的先进控制和在线优化。

（4）建立生产执行系统（MES），实现生产模型化分析决策、过程量化管理、成本和质量动态跟踪以及从原材料到产成品的一体化协同优化。建立企业资源计划系统（ERP），实现企业经营、管理和决策智能优化。

（5）建立工厂通信网络架构，实现工艺、生产、检验、物流等制造过程各环节之间，以及制造过程与数据采集和监控系统、MES 和 ERP 之间无缝衔接。

（6）强大的网络能力，实现生产过程和管理信息的全程可视化。

中国作为世界钢铁大国，为成为钢铁强国，加速智能制造，势在必行！

7.4 能源中心

7.4.1 钢铁企业能源管理现状及发展趋势

7.4.1.1 能源管理的发展历程

钢铁企业的能源管理有着自身特点，钢铁企业外购能源主要包括煤、电和水三类介质，其他的能源主要有钢铁生产产生的副产品，如煤气、蒸汽等。因此钢铁企业能源管理的水平高低，主要体现在吨钢能耗。对于大型钢铁企业，吨钢能耗每降低一个百分点，其年经济效益就是千万级别，所以能源管理在钢铁企业内部虽然是服务于生产，但对企业经济效益的影响十分巨大。

A 适应高水平的能源管理模式，能源的管理组织架构的变革

钢铁企业能源管理最早主要以各生产厂为主，钢铁企业内部能源生产单元、发电厂、制氧厂、燃气厂、给水厂等，都各自为战，为保证能源的计量结算，企业内部还设有计量厂，而能源管理相对弱化，主要由机关的能源处负责。十多年前，国家出台了节能减排的补贴政策，各大钢铁企业纷纷开始了能源管理（管控）中心的建设工作，将原有的各个能源生产单位进行整合，统一由能源中心负责能源的生产、调配和平衡工作，但为保证公平，大多数企业的计量单元还独立在能源中心体系外，但计量数据与能源中心共享共用。近几年，虽然大的组织架构没有明显变化，但是通过管理职能调整，钢铁企业也开始对能源中心的组织机构、管理范围做出了优化调整，但总的来说，其职能没有发生本质变化。

B　管理思想的发展历程

纵观国内外能源管理的历程，大体经过了三个发展阶段。一是基于单体设备与工序级的能源管理，重点关注单体设备节能技术，减少能源介质的"跑、冒、滴、漏"；二是基于能源介质平衡的能源管理，重点关注一次能源及二次能源在生产过程中的供需平衡，从全局上减少能源的浪费；三是基于全流程优化与系统节能思想的能源管理，重点关注全生产流程及工序间的优化、协调，按系统节能的思想，降低公司整体能源消耗。

7.4.1.2　能源管理的发展趋势

传统能源管理仅仅以"能源流"为管理对象，没有同制约能源消耗的"制造流""价值流"及"设备状态"等"能效因子"有效结合起来进行综合性的系统管理，因而难以做到最大限度地降低能源消耗与成本、提高能源利用价值。针对这一问题，2008 年以来，宝钢经过深入研究与探索，在钢铁行业率先实施了以"三流一态"为特点的能源综合管理，取得显著成效，首家通过国家《能源管理体系标准》（GB/T 23331—2009，GB/T 23331—2012）认证，其经验在国内钢铁行业推广，对其他行业也有广泛借鉴价值。这一管理创新的主要特点是"三有"：

（1）有一套科学完备的定量分析与工作方法，包括能源管理 5 级指标体系、5 级能源成本影响因素分析模型、能源专业诊断评审、能源基准值分析与评价等，可以从公司能源总成本（TCE）一直到工序、生产线和成本中心能源总成本、全厂范围辨识的总计 15902 个"能耗源"及其中的 96 个重要"能耗源"、全厂范围从"三流一态"四个维度 16 个方向总计界定的 400 个"能效因子"进行系统定量分析，发现问题，制定改进措施。

（2）有一套促进节能技术运用的有效管理方法，包括"节能项目全生命周期管理法"、2010 年国家开始鼓励企业推行的"合同能源管理模式"等，把公司节能总指标的压力逐级传导到各级责任主体，把能源专业诊断评审挖掘出来的节能潜力点转化为一个个节能项目，中低温余热回收、太阳能光伏发电、移动供热、永磁调速、低温余热发电等一批节能新技术在宝钢得到快速推广。以 2013 年为例，投产运节能项目 41 项，年节能 10.8 万吨标煤。宝钢节能新技术的应用一直保持国内领先水平。

（3）有一套健全的组织保障体系。成立了由公司总经理任组长的领导小组，由运营改善部牵头、能源环保部提供专业支持、以及生产、设备、财务、投资等相关部门配合的能源管理创新团队，共同研究改进能源管理。通过"能耗源"与"能效因子"，明确了所有相关部门与岗位人员的目标、职责和激励政策，实现了能源管理"纵向到底，横向到边"，成为全流程、全员参与的自主性活动。

随着世界工业 4.0 和中国制造"2025"规划的实施，能源管理进入了基于信息化、智能化高度融合的全新发展阶段。其显著标志是：以生产大数据驱动为基础，以基于物质流、信息流、能量流协同优化为手段，构建能源管控平台和智能化专家系统，实现公司整体节能效益最大化。

7.4.2 能源管理系统的建设历程及发展趋势

7.4.2.1 能源管理系统（EMS）的建设历程

（1）计量系统阶段该系统主要解决远程抄表、厂际间计量结算和统计报表的基础问题。

（2）能源管理系统 V1.0。在原有计量系统基础上，按照动力系统、电力系统进行划分，加入部分能源管理功能，如能源计划管理、质量管理、操作票管理、报表管理。其管理背景是在能源中心建设初期配套建设支撑管理流程的信息系统。

（3）能源管理系统 V2.0。宝钢提出"三流一态"过程中，宝钢的能源管理系统也随之开始重新建设，在原有功能基础上形成现在广为应用的 EMS 系统，主要功能包括能源生产监视、能源计划管理、质量管理、运行支持管理、报表管理、电力监视及调度、能源平衡优化等。

（4）能源管理系统 3.0。近年来，"大云物移"等新兴 IT 技术开始广泛推广和应用，宝钢、首钢、鞍钢等企业纷纷对能源管理系统进行改造升级，其突出特点是通过大数据分析技术，深度挖掘节能空间，实现能源生产与调配的多维度动态平衡，实现钢铁企业整体能源与钢铁产品生产的价值最大化。

7.4.2.2 能源管理系统发展趋势

信息系统独善其身的时代已经过去了，信息共享、管理协同、移动访问、实时感知等需求对信息系统的要求也越来越高。因此，能源管理系统的建设发展已经不能只从自身入手，信息技术的融合应用成为必然，智能制造为能源管理系统的发展提供了解决之道。

如图 7-15 所示，能源管理的智能化目标主要包括：打通四个环节、解决三个问题、实现两大突破。

（1）打通四个环节。通过智能化信息系统建设，进一步实现数据驱动管理和决策，打通状态感知（实时数据采集）、实时分析（实时数据分析）、科学决策（建立专家知识库提供优化方案）和精准执行（按照优化方案进行操作控制执行）四个环节，为实现能源智能化奠定基础。

（2）解决三个问题。通过对电、水、煤气、氧气等多介质进行有效的能耗

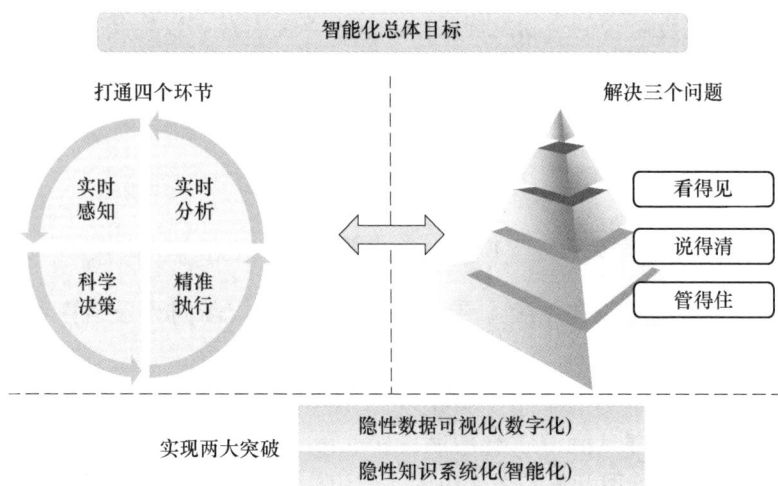

图 7-15　信息系统融合应用

统计分析、能效关联分析和平衡预测分析，实时全面了解能源全生命周期管理和应用现状（看得见），诊断能源应用各环节出现的异常问题，预知能源产生和消耗变化趋势（说得清），提出能源综合优化的最优方案（管得住）。最终达到生产与能源协同优化，有效降低能源的系统介质放散损失，提高能源介质的相互转化效率，减少生产过程中不必要的能源浪费，降低企业能源成本的目的。

（3）实现两大突破。通过监视控制系统、智能化管理系统，将现场隐性的信息数字化（可视化），让生产操作和管理对现场实时情况及时有效地进行了解和做出判断；通过建立系统化的专家知识库，将人脑中的隐性知识系统化，实现分析诊断的智能化。

7.4.3　智能制造在能源管理中的应用案例

7.4.3.1　中信泰富新冶钢能源智能调度系统

A　网络概述

新冶钢能源管理中心系统采用独立专用网络。现场分区域设置 6 个百兆环网，这 6 个区域环网通过冗余链路上联到千兆主环网，主环网的上层是中央以太网，中央以太网用于连接 I/O 实时数据采集服务器、操作站、技术管理站、数据库/实时数据库服务器、应用服务器、工程师站、GPS、网络打印机等。网络结构详见图 7-16 新冶钢能源中心网络拓扑图。

中央以太网为双层千兆单模光纤环网，中央以太网交换机放置在冶钢能源管控中心机房，在中央以太网交换机侧留有与公司 ERP 的接口，中央以太网与

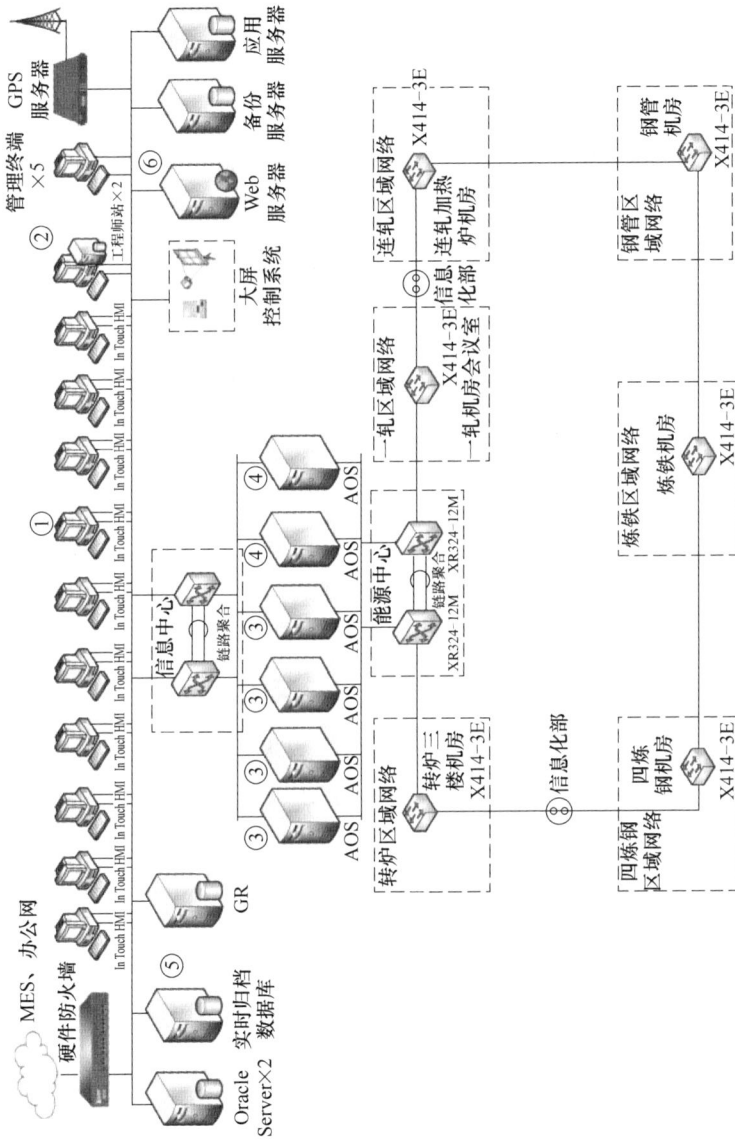

图7-16 中信泰富特钢集团新冶钢能源中心拓扑结构

ERP 间设置有防火墙进行隔离防护。

主环网为千兆单模光纤冗余环网，通过 6 个区域环网连接冶钢 EMS 的数据采集服务器与现场各生产、公辅单元的控制系统、采集设备等。

现场的 6 个区域环网为百兆单模环网，连接 PLC 和 RTU 数据采集站等网络设备。网络交换机均为工业级可网管交换机设备，网络数据传输能力满足能源管理系统网络的要求，具备较高的网络拓展及改造能力。能源管控中心设置的操作站都可以通过网络访问、操作底层的能源管理设备。

B　能源管理范围

能源管理中心管理范围主要是电力、煤气、水、压缩空气、蒸汽、氧氮氩等介质系统的能源公辅单元，要实现分散控制、集中管理与调度，达到节能降耗的目的，并通过监控台对各类产、供能设备（变电站、水站、煤气柜等）及用能设备进行监控管理；对无人值守站所的设备实施远程操作和控制。

能源管理中心还可以提供能源调度高级决策支持信息等。系统充分集成生产过程中的能源相关数据和信息，为能源管理和调度人员提供强大的生产事件追踪和分析的工具，为公司能源管理应用构建统一的信息界面和应用平台，是全公司信息化系统的一个重要组成部分。

C　模块化的能源管控信息系统

企业级能源数据采集网络覆盖了企业工序间管理，形成了较完备的数据采集、处理、统计分析管理功能，能源管理基础设施较完备，基本能够满足两化融合初期管理需要，建立了能源管理中心和能源环保综合管理保障体系，管理手段和运行保障体系完善。

能源管理中心根据生产工艺要求，设置电力、动力、给排水专业调度台，能源调度借助 EMS 的操作站进行能源系统潮流监视及主要能源设备状态监视、操作和调整，对能源系统及相关生产单元进行全局监视；能源生产技术人员借助 EMS 管理用机，完成主要潮流监视、技术分析、统计报表输出、能源平衡管理等功能，以实现为完成生产指导制定运行方案等功能。

转炉区域能源管控系统拓扑结构图如图 7-17 所示。

炼铁区域能源管控系统拓扑结构图如图 7-18 所示。

7.4.3.2　鞍钢智能化能源集控平台案例

A　智能化能源管理的建设目标

以能源、生产、设备三方面的管理问题为导向，利用智能化技术与科学理论、实际经验无缝融合，按照单体设备、工序、公司三级对能源生产全过程的能耗、能效进行分析评价，对能源产生量、消耗量进行精准预测，通过与生产、设备系统的数据共享、管理协同，建立能量流、铁素流、价值流及设备状态的动态

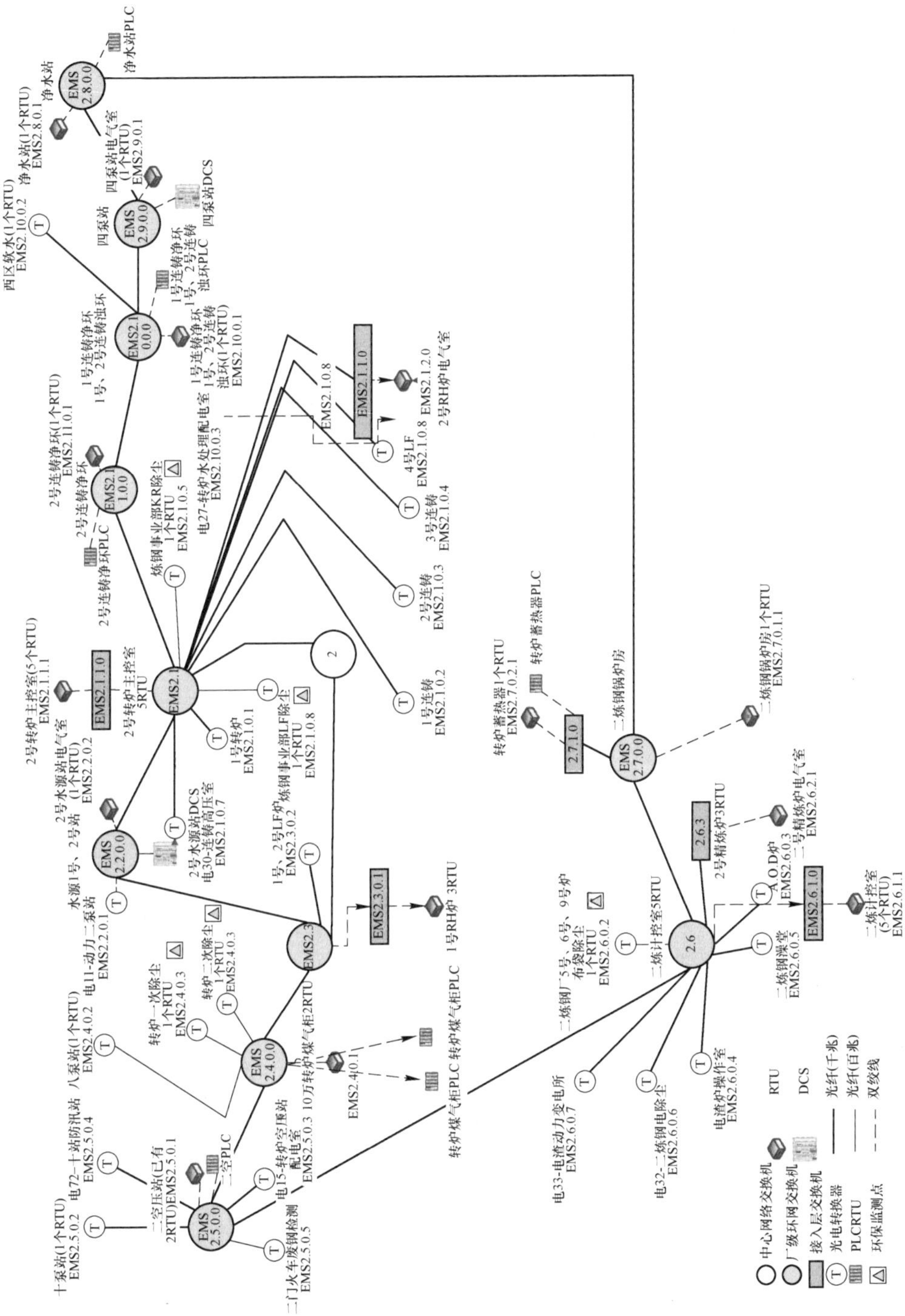

图7-17 转炉区域能源管控系统拓扑结构图

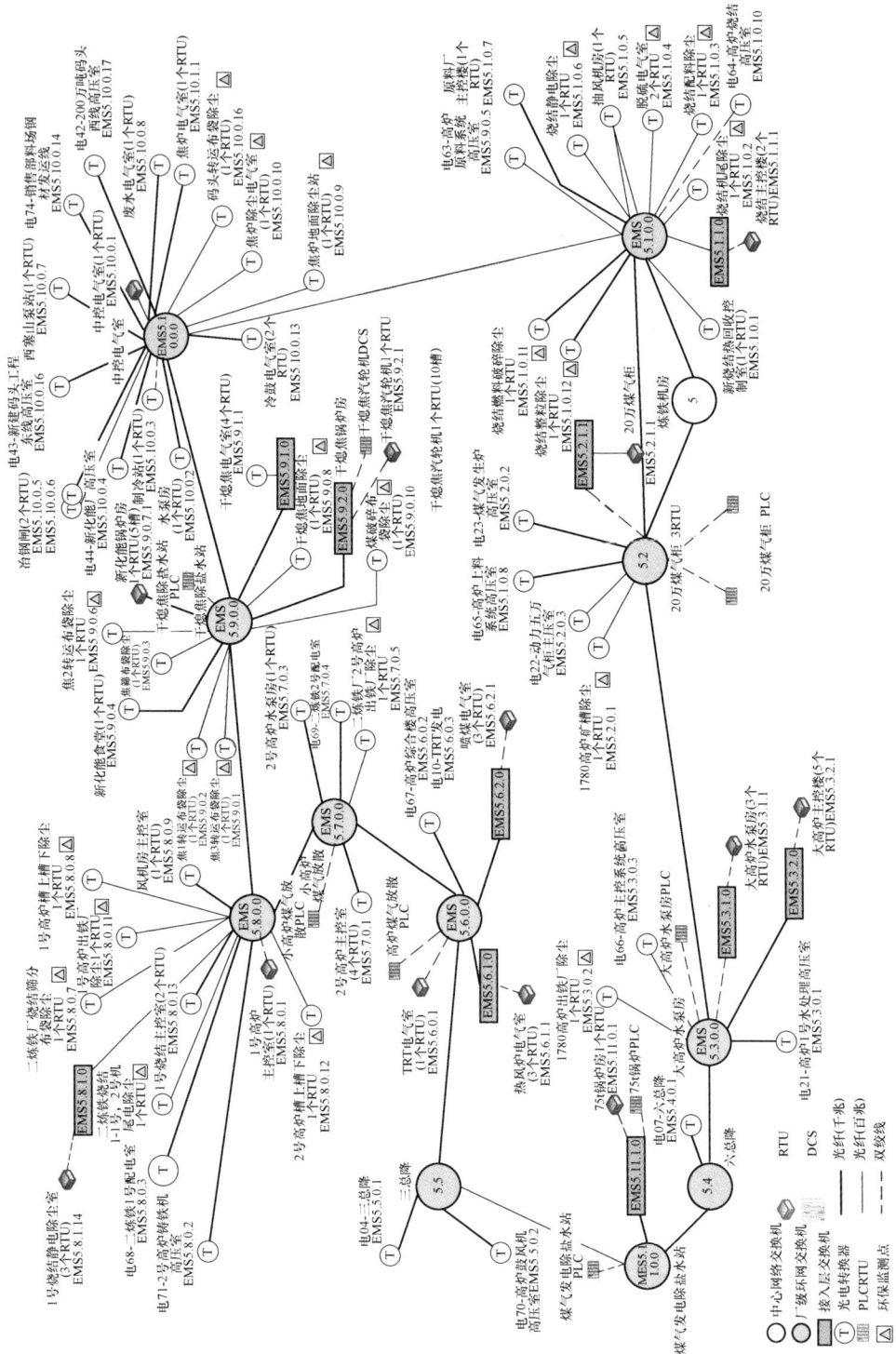

图 7-18　炼铁区域能源管控系统拓扑结构图

平衡优化体系，实现全流程的价值最大化。

B 智能化能源集控平台总体架构

智能化能源集控平台总体分为三部分：（1）数据采集、数据存储、数据处理、数据接口层。（2）远程集控系统。（3）智能化能源管理系统。平台整体框架如图 7-19 所示。

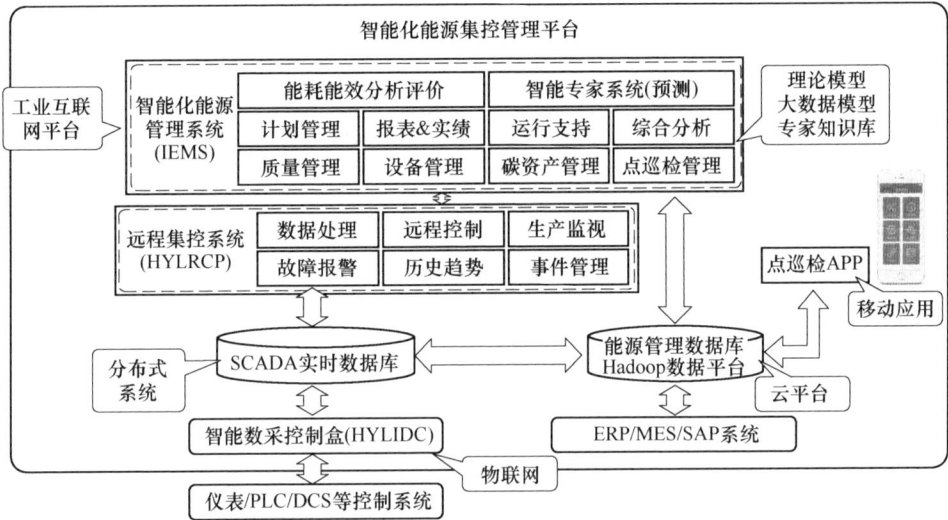

图 7-19 智能化能源管控平台

C 网络架构

既要强调网络的整体性，同时也要考虑高性能、高可靠性、可管理性和可扩展性等诸多方面，以满足未来业务发展。平台网络共包括工业控制网、视频网、互联网入口、能源管理网和网络安全防护五大部分，整体架构图如图 7-20 所示。

D 平台突出特点

（1）能源全系统实现远程集中操控。通过基础设备升级、自动控制系统改造，对全部站所室进行无人化升级改造，同时建设远程集中操控平台，实现生产监视与远程操作的大集中。其作用不仅可以全面提升能源生产操控的自动水平，更重要的是将现场的实际情况第一时间的反馈给全部能源生产、调度、点检以及钢铁生产调度及管理人员，最大程度地减少问题反馈时间，让问题处理及时有效。其次另一大作用是优化人力资源配置，先实现一人一专业多角色、再实现一人多专业多角色，最大程度地提高人员素质和人员能力。

（2）工业互联网平台的建设及应用。当下正是工业互联网的发展初期，未来钢铁企业会纷纷推出自己的工业互联网平台，鞍钢在建设智能化能源集控平台

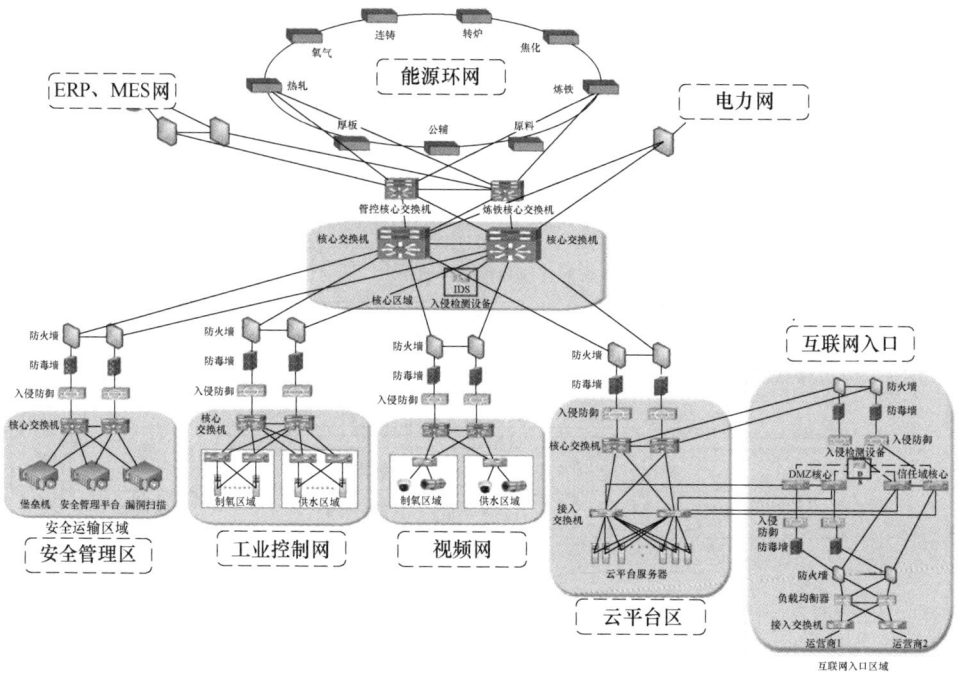

图 7-20　智能化网络架构

的同时，综合考虑未来企业管理的多变性和复杂性，并结合企业自身特点，打造了具有自身特色的工业互联网平台，架构示意如图 7-21 所示。

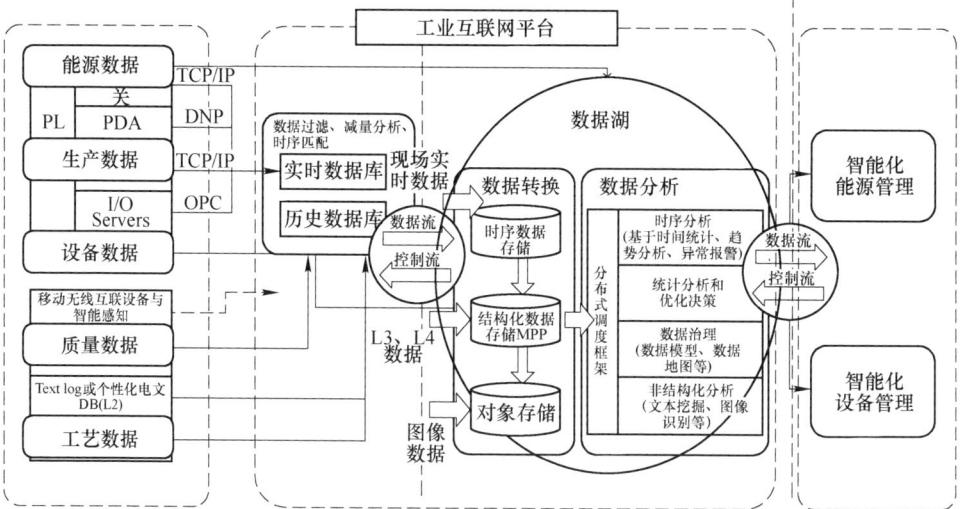

图 7-21　工业互联网平台

E 钢铁全流程能源管理平台

横向比较分析国内钢铁企业的能源管理系统,基本都定位在公司级能源管理层,而系统也只服务于能源中心内部,其系统基本没有外延,虽然有的企业将能源数据与其他信息系统进行了对接,但局限性依然明显。

鞍钢在重建能源管理系统的设计阶段,即放眼全局,将能源管理系统的外延扩展到厂级能源管理、工序级乃至设备单体级别的能源管理,纵向从公司一直延伸到设备、横向从能源扩展到设备,这样不仅大大提高了管理细度,也最大程度地挖掘发现能源、设备、生产之间的关联问题,不仅仅可以从能源自身发现问题,也可以将相关联的设备、生产原因显露出来,从而从公司层面提升能源、生产、设备等综合管理能力,降低整体能耗成本,其经济效益和管理效益十分巨大。

F 能耗能效分析评价体系

能耗、能效及时有效的分析一直都是管理者的一个迫切需要解决的一个课题,原有能源管理系统基本上都是基于报表数据的统计分析,包括同比、环比等,分析手段十分单一,每当管理者提出新问题时,就需要系统重新定义报表,由此带来的低效是管理者所诟病的。能耗管理链如图 7-22 所示。

图 7-22 能耗管理链

大数据技术为解决这一难题提供了解决之道,但其应用前提是充足、准确、及时的现场实时数据,鞍钢智能化能源集控平台首先解决数据采集问题,在原有能源系统数据采集的基础上,将单体设备、工序能耗的相关数据进行了实时采集。然后利用大数据平台对数据进行存储、处理,并将理论模型和数据算法模型进行融合,再利用机器学习技术对模型进行优化完善,最终建立单体设备、工序、公司三级能耗分析、产能能效分析模型,同时结合管理变化制定分析评价体系,完美地将系统与管理相结合,形成利用系统发现问题、分析问题,利用管理解决问题,实现节能降耗的良性循环体系。

G 智能化能源专家系统

鞍钢平台中智能化能源专家系统的建设内容主要是两个方面,(1)能源平衡预测,是指建立能源发生、消耗预测模型,准确预测能源的产供量变化趋势;(2)能源专家知识库,是指结合能源缓冲设备性能、用能设备优先级、生产调度情况和经验，建立能源平衡优化调整的系统化决策支持专家库。通过两者融合，最终实现能源的多维度动态调整，实现能源价值最大化。优化模型如图 7-23所示。

图 7-23   优化模型

H   多介质耦合优化体系

煤气，蒸汽和电力是钢铁企业重要的能源介质，科学调度煤气资源，优化蒸汽与电力介质对钢铁企业节能减排、提高经济效益具有重要意义。目前大多数企业所建立的能源管控系统目的是为生产管理提供对各种能源介质的集中监控、统一调度，但是，仅仅是硬件设备的完善，在能源介质预测与优化调度方面均未能发挥出应有的作用，对于各种能源介质的优化调度还有很大潜力可挖。

准确预测和科学调度煤气、蒸汽和电力介质对钢铁企业节能减排提高经济效益具有重要意义。钢铁企业煤气、蒸汽、电力相互之间有着强烈的耦合性，如果只对单一能源介质进行优化，存在一定的局限性，不能达到全局的最优，因此，需要开发多介质能源优化调配耦合模型，通过采集钢铁企业生产运行数据，基于大数据挖掘技术，对多种能源介质进行优化分配，实现能量流在钢铁制造流程网络中的优化分配和调度。与此同时，在企业实际生产过程中，设备的耗能情况以及运行情况对企业生产安全至关重要，既要保证安全生产，又要尽量节能降耗，节省成本。

构建多周期煤气-蒸汽-电力优化调度模型，对不同阶段、不同目标实时生成最优生产方案。理清煤气-蒸汽-电力之间的耦合关系，构建煤气-蒸汽-电力优化调度耦合模型，实现不同需求、不同时段的优化，达到提升发电量，提高煤气利用率的目的，同时保证气柜和锅炉的稳定性。基于多介质耦合优化结果，自动实现能源介质报表的生成，分析优化结果，为煤气、蒸汽和电力系统的优化管理提供依据。该模型综合考虑了富余煤气的波动、蒸汽和电力的动态需求、多燃料来源结构、分时电价、锅炉负荷特性、汽轮机耗量特性以及生产安全约束等影响因素，并使用求解器进行优化建模求解。结果表明该模型能够为钢铁企业煤气-蒸汽-电力系统提供合理的生产计划方案，实现了富余煤气的合理分配以及能源的高效利用，降低了能源系统运行成本，提高了企业的经济效益和环境效益。能源系统如图 7-24 所示。

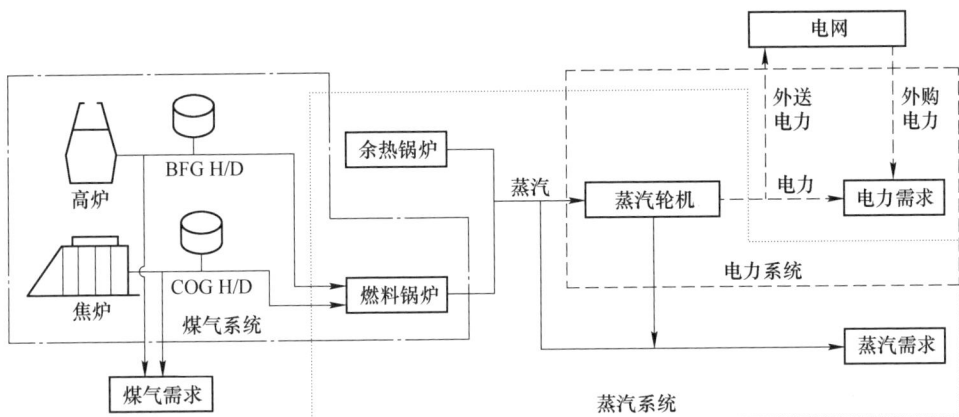

图 7-24 能源系统

Ⅰ 平台建设效益

鞍钢智能化能源集控平台的建设效益主要体现在以下方面：

（1）人力资源优化效益。通过基础设备和自控系统的升级，平台真正实现了能源全系统的远程集中操控，因此在人力资源上可以进行大幅度的优化配置。

（2）能源平衡优化效益。通过能源产生量、消耗量预测，在系统中实现合理的动态平衡，可以科学准确的分析预测出能流趋势，并提出平衡优化方案，从而大大提高能源利用效率，降低不必要的能源浪费，实现节能降耗。

7.4.3.3 管理的节能效益

系统平台通过能效能耗分析及评价，发现问题、分析问题、提出解决方案，从而为管理者挖掘生产、设备等多方面的节能空间，最终通过管理手段，在系统外对生产、设备等相关问题进行解决优化，这部分节能效益其实远远大于前两者的效益总和，只有通过管理节能，才能从钢铁企业生产全流程的角度，实现钢铁产品综合能耗成本最优化、整体能源效益最大化。

第8章 钢铁工程管理案例

8.1 中部某企业一米七轧机工程

8.1.1 工程概述

中部某企业"一米七"轧机系统工程（也称○七工程）是在 20 世纪 70 年代初期，经毛泽东、周恩来等国家领导人亲自决策建设的国家重点项目，是我国钢铁工业现代化的起步工程，代表了当时我国钢铁行业最高水平，意义重大，影响深远。

该工程总投资约 40 亿元，经国家计委［1972］计字 168 号文件批准，主要包括从联邦德国引进 1600mm 板坯连铸机和 1700mm 冷连轧机、从日本引进 1700mm 热连轧机和硅钢片厂成套设备等 4 个主体工程，以及第二炼钢厂、硅钢前工序改造工程等配套工程和公用辅助设施等共计 143 个项目。

一米七轧机系统工程是在"文化大革命"期间建设的，1973 年 10 月开始与外商谈判，1974 年 3 月至 8 月与外商签约，9 月开始施工准备与场地平整，1975 年土建工程动工，1978 年 4 季度陆续投料试车，进行设备考核和试生产。到 1980 年底投产建成止，共完成投资 38.47 亿元。

主体工程建设工期，从 1975 年 6 月土建施工开始到 1978 年 12 月 12 日全部试车成功止，共 42 个月。其中，连铸车间 1974 年 8 月签约，1975 年 9 月土建动工，1978 年 10 月 27 日负荷试车成功。合同规定从签约起 29 个月建成，实际从土建动工起为 38 个月。硅钢片厂 1974 年 6 月签约，1975 年 6 月土建动工，1978 年 11 月 23 日负荷试车成功。合同规定从签约起 36 个月建成，实际从土建动工起为 41 个月。若从签约时间算起，分别拖期 17~21 个月。

连铸车间经过一年多的试生产和设备功能考核，于 1979 年 11 月 21 日由中、德双方签字验收。合同规定考核 36 项，除 10 项由于技术条件不具备未考核外，其他（如浇铸速度、连浇炉数、板坯力学性能、尺寸误差等）指标均已达到合同规定的参数。

热轧带钢厂经过考核和试生产，于 1980 年 7 月 24 日由中、日双方签字验收。已经轧制了合同规定范围（1.2~12.7mm 的不同厚度，550~1550mm 各种宽度）的板、卷、带材，包括 5 条精整线在内，考核了合同规定的 95 个项目，小时生产能力、产品质量和性能，都达到或超过设计指标。

冷轧薄板厂经过试生产和设备功能考核，于 1979 年 12 月 4 日中、德双方签字验收。经过对 63 个项目的考核，证明冷轧厂设备运转的连续性、稳定性已达到合同规定的指标，小时产量、班产量的产品质量亦达到了合同规定的指标。

冷轧硅钢片厂于 1979 年 8 月 21 日由中、日双方签字验收。经过对合同规定的 86 个项目的考核，证明各主要生产线的主要参数和小时产量都达到或超过了合同规定的保证值，产品的成材率和性能合格率，均达到或超过了设计指标。高牌号硅钢专利在硅钢前工序技术改造完成后考核。

一米七工程从 1974 年 9 月破土动工，到 1980 年年底建成投产，历时六年两个月，1981 年年底经国家基本建设委员会组建的验收工作组通过验收。

8.1.2 中部某企业"一米七"轧机工程几点启示

（1）加强对工程建设的集中统一领导。国家计委、建委组织国务院有关部门大力支持一米七轧机工程建设。国内配套设备工作得到国家物资总局、一机部、成套设备总局等 15 个部、委、局和省、市有关单位的支持，共分别交付各种产品约 4.6 万余吨。石油化工部对国外设备所需的润滑油、轧制油及液压用油进行了大量科研和试制工作。铁道部、交通部为引进设备、材料的运输开了绿灯。铁道部承担新武东编组站的施工任务。邮电部也承担了 4000 门电话站的建设。水利电力部加快了"四厂"电站的建设，并在 1959 年 5 月采取河南、湖北两省并网措施，为设备考核创造了条件。轻工业部对一米七轧机所需要的物资也做了大量的分析、研究和研制工作。商业部对一些特殊物资作了专项安排。经国家物资总局批准对一米七工程所需钢材召开两次专项订货会议，共拨钢材 40.66 万吨、木材 $27.27 \times 10^4 \mathrm{m}^3$、水泥 73.28 万吨、油漆 4000 余吨以及其他急需物资。中国人民建设银行及时拨出资金，保证了建设需要。

湖北省委、武汉市委及冶金部都设立了支援一米七轧机工程建设的办公室，负责解决有关事宜。湖北省、武汉市委还派出所属设计单位及施工队伍承担了供热电站、通信设施、仓库设施、供电、厂区公路及外招大楼等项工程的施工任务，同时组织砂石料生产，供应砂石料 437 万余吨。在生活的物资供应方面，湖北省、武汉市有关部门千方百计，优先满足建设职工的需要。冶金部也组织了全系统参加和支援一米七工程建设，先后有 11 个冶建公司以及有关设计和研究单位参加了一米七工程建设，还有一批冶金机修厂为一米七轧机工程赶制非标准设备。

（2）根据合同规定工期要求，拟定切实的施工总体规划。按合同规定，三厂一车间要在 29 个月到 36 个月分别建成。指挥部将 143 项工程分别交给十几个单位承建，同时采取大兵团联合作战的方法，要求主体齐头并进，主体与辅助交叉进行。安排了"三个战役""六个歼灭战"。在实践中，按照每个战役的工程量、技术要求、设备供货与图纸资料到达时间等情况，抓住薄弱环节，明确施工重点，从而推动了施工有秩序进展。

（3）在组织指挥方面，明确了区域责任制。总指挥部重点掌握施工总体规划、年度基本建设计划、重点工程形象进度、施工总平面管理。下设的各分指挥部掌握系统工程和单项工程施工规划和方案，以及重点工程的作业设计。各分部对下属单位也按区域建立责任制。两级指挥部不断进行综合平衡，加强调度指挥，既保证了统一领导又发挥了各级区域负责单位的积极性。

（4）坚持"百年大计，质量第一"的方针。这项工程由于生产的自动化程度高，在成千上万的设备零件的环节中，不允许有一点差错，只要其中某一个环节质量没有达到技术要求，就不能实现自动化，甚至会造成事故。因此，从工程的回填土直到调整试车投产考核，都把工程质量摆在首位。在土建和安装的质量标准上规定：国外标准高的按国外标准干，国内标准高于国外的按国内标准干，就高不就低，从严不从宽。

（5）做好项目控制，搞好综合利用。一米七轧机工程建设总投资 38.9 亿元。在建设过程中，指挥部抓了概（预）算的包干工作，促进了施工成本的降低和投资的节约。建设中实现重大技术革新 140 余项。连铸厂房高 22m、45t 重的混凝土柱子，采用滑动模板浇灌，解决了吊装机械不足的问题。江边水源泵站，内径 35m、筒壁厚度 1.2m、井筒调试 32.7m，采用滑动模板施工。这样，仅采用滑动模板一项就节约木材 3400 余立方米，节约劳动力 12 万工日。在设备安装中，广泛采用了高强度微膨胀水泥砂浆座浆法，不仅提高了安装质量，而且节约大量钢垫板。在液压管道施工中，试验成功并局部推广循环酸洗，这在冶金建设史上还是第一次，比沿袭的槽式酸洗节约一半人工，提高一倍速度。在排水方沟工程中，对穿越渣山部位采用井巷法代替顶管法，节约投资 500 余万元。为了解决天然石料供应不足，各施工单位充分利用了中部某企业生产的钢铁渣。铁渣用作混凝土的骨料，广泛用于基础、柱、梁、墙板、屋面板、电杆等混凝土构件中；钢渣用于铁路和公路路基、建筑物垫层、临时道路等方面。共利用钢铁渣 370 余万立方米，既降低了成本，又节约运输力 4.7 亿吨公里，少占渣场用地 359964m²。

8.1.3　案例小结

经过历史的检验，现在回头来看，中部某企业"一米七"轧机系统工程从决策到组织建设都是成功的，产线具有大型化、高速化、连续化和自动化的鲜明特点，产品主要为当时我国严重紧缺的热轧薄板、冷轧薄板、镀锌板、镀锡板、船板和冷轧硅钢片等钢材品种，其中冷轧取向硅钢片等品种填补了国内空白，一定程度上改变了我国关键钢材品种全部依赖进口的局面，开创了我国钢铁行业成套引进西方发达国家先进技术和装备的先河。特别是 1985 年通过"四恢复"等一系列具体措施后，"一米七"轧机系统达到甚至部分超过了核定设计能力。通过引进消化吸收再创新的发展道路，"中部某企业一米七轧机系统新技术开发与创新"获国家科技进步奖特等奖，"中部某企业一米七热轧计算机控制新系统"获国家科技进步奖一等奖等。经过一系列技术的突破和创新快速提升了我国钢铁工业的整体发展水平，实现了我国钢铁工业的跨越式发展，培养了大批技术型和管理型人才，为中部某企业二次创业、实现"质量效益型"发展道路提供了有力支撑，为后来钢铁行业的宝钢、鞍钢等现代化钢厂建设与改造，积累了宝贵经验，输送了大量人才。

8.2 东部某企业工程建设

8.2.1 工程建设概述

东部某企业工程从 1978 年 12 月 23 日开始建设，是中国改革开放以后第一个特大型现代化建设项目，东部某企业的投产使我国开始拥有向国际先进水平进军的钢铁工业，极大地缓解了国民经济高速发展对高端钢材的需求。同时，通过东部某企业工程的建设极大地带动了我国装备制造行业的能力提升，促进了钢铁装备领域设计、制造、施工自主技术和能力的形成，对我国工业综合实力上台阶发挥了巨大作用。东部某企业工程的建设在我国现代化建设中具有里程碑式的意义。

东部某企业一二期工程设计年产铁 650 万吨，钢（水）671 万吨，商品坯材 122 万吨，钢材 422 万吨。主要装备有：4063m³ 高炉 2 座，450m² 烧结机 2 套，50 孔大容积焦炉 8 座，300t 大型转炉 3 座，1900mm 双流板坯连铸机 2 套，1300mm 初轧机 1 套，140mm 无缝钢管轧机 1 套，2050mm 热连轧机组 1 套，2030mm 冷连轧机组 1 套，35 万瓦火力发电机组 2 套，以及与此配套的有主、副原料码头，原料场、化工、制氧、石灰、能源中心、水源工程，还有运输、环保、绿化工程。一期工程预算投资 128.77 亿元，竣工决算节约 2.3 亿元；二期工程投资 172.4 亿元，竣工决算节约 2.5 亿元。

在一二期建设取得成功的基础上，东部某企业自筹资金高起点建设三期工程。设计年产铁 325 万吨，钢（水）429 万吨（其中电炉炼钢 100 万吨）、钢材 291.4 万吨（其中商品热轧板卷 113.9 万吨、镀锡板卷 40 万吨、中低牌号冷轧硅钢 32.5 万吨、热镀锌板 35 万吨、电镀锌板 25 万吨、普通冷轧板卷 40 万吨）、商品钢坯 96 万吨，主要装备有：4350m³ 高炉 1 座，450m² 烧结机 1 套，50 孔大容积焦炉 4 座，250t 顶底复吹转炉 2 座，1450mm 双流板坯连铸机 2 套，150t 高功率电弧炉 1 座，6 流圆坯连铸机 1 套，1580mm 热轧连轧机组 1 套，1420mm 冷轧连轧机组 1 套（含 2 条电镀锡生产线），1550mm 冷轧机组 1 套（含 2 条硅钢生产线），35 万瓦发电机组 1 套，14.5 万千瓦热电机组 1 套，以及扩建能源、码头、原料场和全厂性公用辅助设施，三期工程投资概算 623.4 亿元，2000 年 6 月全部建成投产，工程决算 525.28 亿元，扣除未设施项目节省投资 70 多亿元。

一期工程设计以外商为主，设备主要从日本和德国成套引进，国内制造仅 12%。二期工程吸收一期工程的技术，高炉、烧结、焦炉等主要装备国内设计为主，国产设备达到 88%，冷轧、热轧、连铸等以与外商联合设计为主，国产设备达到 43.5%。三期工程总体规划和总体设计全部由国内承担，共采用新技术、新工艺、新装备 243 项，其中自主开发 53 项、合作开发 28 项，达到世界领先水平 158 项；一期工程施工技术获得国家科技进步奖特等奖，二号高炉技术成果被列入 1992 年"全国十大科技成就"。三期建设结束总规模为年产 1100 万吨钢，一个具有世界先进水平的钢铁精品基地和钢铁工业新技术、新工艺、新材料研究开发基地基本建成，东部某企业跻身世界千万吨级特大型现代化钢铁企业行列。

8.2.2　东部某企业工程建设的启示

东部某企业工程建设的实践，为我国钢铁工业的发展提供了丰富的经验和工程示范蓝本，概括起来有以下几个方面：

（1）东部某企业工程的建设是学习与创新的典范。"掌握新技术、要善于学习，更要善于创新"是邓小平同志对东部某企业的殷切希望，在东部某企业建设中，充分利用了国内、国际两种资源、两个市场，学习、引进别人的技术和经验，迅速缩短差距。东部某企业坚持研究开发、持续改进和自主集成三位一体的创新之路，培育开放式自主集成创新能力，高品质的汽车用钢、取向硅钢、超超临界用锅炉管等先后获得国家科技进步奖一等奖。

（2）东部某企业工程的建设过程以现代化工程建设管理模式为基本保障。其主要特点是以总进度为核心的工程管理、全过程的投资控制、"四结合"的实施方法、全方位的质量管理和绿色发展。

以总进度为核心的工程管理：在项目策划决策的同时，按合理、先进的原则确定工程建设的总进度。总进度管理采用集团公司、项目组和施工层进行三级控制，以总进度为核心的工程管理有以下特点：1）按网络计划总进度的要求对总进度目标进行科学的分解，形成层层保总进度的态势，工程必须正点运行，确定的投产时间不能拖延。2）在施工过程中必须保证工程质量，当施工进度与工程质量冲突时，坚持质量第一。3）总进度目标实现不仅是主体工程，而是配套的所有辅助工程必须与主体工程同步建成。4）严格按批准的设计概算搞好投资控制。5）决不搞简易投产。

全过程的投资控制：东部某企业在建设初期针对工程建设中投资控制不力的现象，提出了投资包干的管理模式，在当时历史条件下，行之有效，降低了工程投资成本。在此基础上，东部某企业在二期、三期工程项目的生命周期内实施全过程的投资控制，从项目可行性研究、初步设计、施工图设计至项目竣工验收、合同结算收尾做到"算了用"，通过实施精细化的全过程投资管理，使整体项目的投资控制在项目批复概算内。

"四结合"的工程建设协作管理："四结合"就是设计、施工、设备和生产一种合作体制和管理方法，"四结合"贯穿于工程建设的全过程、全方位、全系统，并在工程建设的不同阶段各有侧重，将"既相互制约又相互依赖"辩证地统一到工程建设中。实践证明"四结合"是东部某企业创造性的优化设计、提高工程质量、解决施工问题的有效手段和政治优势，有利于形成稳固的长期合作伙伴关系。

全方位的质量管理：质量是工程的生命，质量管理是企业管理的中心环节。在东部某企业工程中，始终强调"严格苛求"的精神，狠抓技术创新，积极推进全面质量管理，健全质量保证体系，强化施工过程的质量管理，为工程建设保驾护航。

工程建设管理坚持绿色、可持续发展的理念。东部某企业工程建设中特别重视采用有效的节能降耗的先进装备，一项基本原则就是工厂设计标准必须高于社会环境要求的标准，从源头控制污染物的排放，坚持节能环保设施与主体工程同步设计、同步施工、同步投产。在一期、二期引进节能设施的基础上，通过技术创新和管理创新，形成了一批具有东部某企业自主知识产权的节能环保技术，提高了东部某企业可持续发展和综合竞争力，也有力推动了我国钢铁行业节能环保的技术进步，能耗指标处于全国的领先水平，是全国环境保护的先进企业，全国节能先进企业。

（3）东部某企业工程的建设按照现代化大生产的要求，以社会化协助为前提，以"集中一贯"管理体系为核心，以"五制配套"管理为基础，探索出一条具有东部某企业特色的现代化管理之路。

在社会化协助方面，凡是地方能管的事建完交地方管理，由社会为东部某企业提供服务；暂时难以承担的生活后勤集中起来统一管理。在生产协作方面，按照谁建设谁维护的原则由参加东部某企业建设的冶金建设单位承担，备件供应也按社会化协助方式解决，成立了东部某企业备件联合研制中心，大大提高我国冶金装备的国产化水平。

在"集中一贯"管理方面，生产、设备、能源、物质、采购、运输、财务、安全、环保、培训等，全部实行集中管理，一以贯之。生产厂只管三件事：带好队伍、管好生产、跟踪先进技术并赶超世界一流水平。

在基础管理方面，推行"以作业长为中心、以标准化为准绳、以设备点检定修为重点、以计划值为目标、以自主管理为基础"的管理模式，并发挥员工人人参与管理的优势，提高企业的效益和活力。

8.3　辽宁某企业的发展和现代化改造

辽宁某企业的前身是日本满铁株式会社 1916 年创建的昭和制铁所。1948 年鞍山解放回到人民手中，多年兵连祸结，当时的钢铁厂已成为一块"只能种高粱的土地"（日本专家说），但却是新生共和国唯一的钢铁基地。1949 年 7 月辽宁某企业举行开工典礼，毛主席派李富春（政务院副总理）代表党中央、中央军委与会庆祝，并送来"为工业中国而斗争"的贺幛。1949 年全国钢产量只有 15.8 万吨，其中刚刚复工的辽宁某企业生产了 9.97 万吨（生铁 10.16 万吨，钢材 7.76 万吨），占全国钢产量的 63%。1950 年 3 月，中苏签订了"关于苏联给予中华人民共和国恢复与改造鞍山钢铁公司方面以技术援助的协定书"。1952 年 5 月 4 日中共中央批示"要集中全国力量首先恢复和改建鞍山钢铁公司"。1952 年年底辽宁某企业旧有生产设施陆续恢复了生产。1958 年苏联援建了辽宁某企业二初轧厂和辽宁某企业半连轧厂（2800/1700）成为中国第一座连续轧钢厂（原设计能力为 80 万吨/年，其中厚板 20 万吨/年）。当年大量苏联专家参与了辽宁某企业建设和生产（制定了全套技术标准和操作规程），他们还为辽宁某企业培养了一大批钢铁冶金专业的学生，后来这批学生成为辽宁某企业乃至中国的冶金专家，如炼铁厂的周传典、炼钢厂的曾扬清、半连轧厂的朱宝理等。1959 年即使是在全国"全民大炼钢铁"的形势下，全国产钢 1070 万吨，其中辽宁某企业产钢铁 491.38 万吨（钢材 365.8 万吨），占全国产量近一半。1956 年国家设立冶金工业部，毛主席批准了冶金系统"大，中，小"三结合的发展规划，即"三大五中十八小"的全国冶金战略发展布局，三大（以辽宁某企业为首，建设武钢、包钢）五中（太原钢厂、重庆钢厂、石景山钢厂/首钢、本溪钢厂、湘潭钢厂）十八小（邯郸钢厂、济南钢厂、临汾钢厂、新余钢厂、南京钢厂、柳州钢厂、广州钢厂、江油钢厂、新疆八一钢厂、杭州钢厂、鄂城钢厂、涟源钢厂、兰州钢厂、安阳钢厂、通化钢厂等）直至 1965 年开建的三线水城钢厂和攀枝花钢厂等，这些钢厂都是以辽宁某企业的工艺、设备、技术、管理为模式，或由辽宁某企业出技术，或出设备，或既出设备又出人员，包建包管（如水城、攀枝花等）"凡有钢铁处，便有辽宁某企业人"。辽宁某企业成为中国钢铁工厂的样板，辽宁某企业的工艺设备技术管理的水平代表了 20 世纪 60~80 年代中国钢铁的先进水平。

中国"改革开放"总设计师邓小平最先想到并提出"辽宁某企业要进行现代化改造"。1978 年 9 月 18 日中国"改革开放"总设计师邓小平到辽宁某企业视察后听取并接见沈越（时任鞍山市委第一书记兼辽宁某企业党委第一书记）、马宾、李东冶（二人时任冶金部副部长，并兼辽宁某企业党委书记）时说："现在摆在你们面前的问题是辽宁某企业如何改造。引进技术改造企业，第一要学会，第二要提高、创新，凡是引进的技术设备都应该是现代化的。世界在发展，我们不在技术上前进，不要说超过赶都赶不上去，那才是爬行主义。我们要以世界先进的科学技术成果作为我们发展的起点，我们要有这个雄心壮志……"这个讲话文载入《邓小平文选》第二卷，题为"用先进技术和管理方法改造企业"。可惜直到 20 年后的 1997 年辽宁某企业才开始真正意义上的现代化改造。现在想起来原因一是当时没有明确的改造目标，二是钢厂缺乏"创新、改造"的机制和动力。

1978 年 12 月 23 日（党的十届三中全会闭幕的第二天）宝钢工程启动，1985 年 9 月建成投产，建成的宝钢年产钢 300 万吨；1989 年到 1991 年 6 月 30 日宝钢二期建成，历时 3 年，宝钢形成了年产 670 万吨钢的生产能力；1993～2000 年历时 7 年宝钢三期建成，宝钢建成了年产 1000 万吨钢的现代化钢铁厂。

辽宁某企业 1994 年年底的生产工艺和设备落后具体情况为：（1）烧结机：一烧 4 台 $50m^2$；二烧 4 台 $75m^2$；三烧 4 台 $120m^2$；东烧 4 台 $75m^2$；合计 16 台 $1160m^2$，100%的热矿无过筛。（2）焦化：二炼焦 4 座 36 孔（4m）；三炼焦 4 座 36 孔（4m）；四炼焦 4 座 36 孔（4m）；五炼焦 4 座 65 孔（5m）；六炼焦 4 座 36 孔（4.3m）；100%的湿法水洗焦。（3）炼铁厂：当时辽宁某企业有 10 座高炉，其中 3 座 $2580m^3$，7 座容积分别为 $633～1000m^3$，1999 年高炉利用系数平均只有 1.84。（4）一、二炼钢厂：300t 平炉 8 座，200t 平炉 2 座，100t 双床平炉 1 座，年产 520 万吨平炉钢。（5）全模铸。（6）一、二初轧厂开坯。（7）半连轧 2800/1700 机组：年产量 200 万吨（1993 年），全手动操作轧钢，无精度检测和控制，有些品种同板差竟高达 50%。（8）冷连轧为国外二手四机架轧机，硫酸酸洗且与冷轧机不连续，年产 120 万吨。（9）无缝钢管厂：始建于 1953 年直径 140mm 机组，产量 12 万吨/年，一般管占 80%钢管外径公差超过±1%，壁厚公差达到 ±12.5%。（10）原燃料场：有 7 个堆场，原料不能混匀，无机械化倒运装卸。（11）动力：只有一台 2.8 万千瓦的燃（重）油锅炉机组，时值重油涨价，又无资金，"油改煤"，处于几乎停产状态。

当时辽宁某企业在以下几方面亟须改造向宝钢学习：

（1）能源：能源是钢铁厂的动力。当时辽宁某企业氧气厂主力制氧机是 $3350m^3/h$ 和 $6000m^3/h$ 两台，另有 3 台号称万立方米制氧机组，由于氧压机和不锈钢板式换热器不过关，经常是这台坏，那台修，还有一台开不起来。供配电系统，辽宁某企业从东北 220kV 一次变下来分为 66kV、33kV、10kV 及车间变电所四级，全公司近二百个变电站，四班三运转看值运行，供电厂有员工 2400 多人。

给水系统，辽宁某企业在辽阳蔡庄建有 1 号、2 号两个水源地（日本昭和制铁所，发现辽阳一含水丰富的地下洪积扇可保证建钢厂的用水，据查当时是按照吨钢耗水 30t 设计的），在辽阳太子河南 64km² 的范围内打了 54 眼百米深井，新水泵抽泵送至水源地（这个区域上的农户吃水饮马、种花浇地用水都是辽宁某企业给水厂无偿不计量供应），水源地再建 9 条直径 1m 的钢管，铸管将水泵送 18.5km 至四水站 2 个 6 万立方米池，并通过厂内管网送到各个用户，高炉水冷却、文氏管水捕尘、焦化水熄焦、轧钢厂冲铁皮等是主要水用途，由于工艺落后，当时吨钢耗水 22～26t。夏季冷却水不够用，又在太子河上游筑坝通过暗渠将水送到河水处理场澄清处理后泵送厂内。燃气，辽宁某企业平炉炼钢，只有高炉煤气和焦炉煤气，除铁厂及轧钢加热炉用之外，计划经济时低价供市民做饭。企业本身既无调节储柜，又无经济效益。

（2）环境和三废（废渣、废水、废气）："三废是没有放在对地方的宝贝"，最主要的是高炉渣和平炉渣，辽宁某企业的工艺是"先出渣，后出铁（钢）"，熔融状态的高炉渣，主要成分是碳酸钙；还有一个占地 2.6km² 的尾矿库，最高时水面距地面有 40m 高，是发电厂的粉煤粉水和高炉平流池排出的矿粉泥浆，从日伪时期开始形成的"矿渣山和尾矿海"。

辽宁某企业要进行现代化的"改造"，不仅要"移山填海"（搬走矿渣山、尾矿海），消除废渣的积弊，首先更要关注废渣的"增量"。辽宁某企业分析了现有钢铁厂废渣及粉尘的来源为：烧结矿生产"热矿不过筛"，小于 0.074mm（200 目）的粉矿在烧结，卸矿和返矿过程中，铁路装卸车运输过程中有 3%～5% 成为粉尘的污染源；高炉生产、露天料仓储存、开口料车上料、三钟式装料设备没有也无法控制扬尘，出铁口、出渣口及敞口渣罐和铁罐都是产尘扬尘点；炼钢平炉并不是封闭的容器，为了强化冶炼而吹氧，同时"伴着出钢的钟声，红云升腾"粉尘四散，有人估算，辽宁某企业粉尘污染主要在炼钢（包括模铸）工艺之前，厂区内积尘约 64t/km²。

1994 年的辽宁某企业废水有两个显著特点：一是废水量大，吨钢耗新水 25t（均值），800 万吨钢/年，年用水量近 2 亿吨，钢铁厂用水主要是冷却、捕尘（焦、烧、铁、钢）、轧钢厂冲氧化铁皮等，冷却水蒸发补充新水一般不超过 5%，其余的水被尘污染成泥浆，经过简单的平流池沉淀，全部废水被无有效处理地向厂外排放，前期排到尾矿（坝）海里，但最终也被排放，通过北大沟、西大沟和南大沟三个污水沟排入运粮河和太子河，废污水量大得惊人。二是工业废水没有处理手段和措施。因此，辽宁某企业各生产工艺按照宝钢的经验进行现代化改造，每个厂的工业废水都有专门有效工艺处理后达标排放，这样耗水少了，废水变清了（辽宁某企业鲅鱼圈钢铁厂年产 650 万吨钢铁材，投产 10 年设计吨钢耗新水 4t，实际达到 2.94t，几乎是"零"排放）。

废气：改造以前钢厂的黑烟、红烟、白烟和无色的"烟"都大大超标，烟囱冒"黑烟"是某企业存在上千座燃煤锅炉，大到发电厂锅炉，小到各单位的小锅炉、小茶炉，中到辽宁某企业铁路是用火管或蒸汽机车牵引，200多个火车头牵引着4000多节各类车厢，在辽宁某企业26km^{2}的厂区里，760km的铁路上运行，大量的能源未充分燃烧变成浓浓的黑烟污染了辽宁某企业。改造以后彻底取缔了烧煤的锅炉、茶炉，牵引机车换成89台内燃机车。再后来在辽宁某企业鲅鱼圈钢铁厂只有5台内燃机车，也就消灭了"钢厂的黑烟"。所谓"红烟"就是矿粉尘，从烧结—炼铁高炉—炼钢平炉—铸锭模铸，由于没有除尘设备，一路"红烟滚滚"，晴天迷眼睛，雨天粉尘变成浊流。改造后企业鲅鱼圈钢铁厂的数据：烟尘治理共上除尘器144台套，其中布袋除尘器136套，含脱硫除尘2套，静电除尘7套，塑烧板除尘1套，实现了粉尘除尘的全覆盖，除尘器出口粉尘低于20mg/m^3。2016年吨钢烟尘排放量小于0.32kg，达到宝钢0.45的水平；吨钢SO$_2$排放量0.61kg，与韩国浦项钢厂0.56的指标相当，都远远低于国家标准，辽宁某企业变成了彩色涂层钢板的厂房，矗立在蔚蓝天空之下。至于"白烟"那是宝贵的能源，被回收发电了。

辽宁某企业的原料——铁矿。鞍山周围有中国最大的铁矿，储量约100亿吨（探明储量约占全国的30%）。到1994年辽宁某企业矿山年产铁矿1800万吨自用，是鞍山成为祖国的"钢都"的物质条件。辽宁某企业的铁矿石品位只有29%，要选到64%入炉标准，需要选掉50%的脉石，工作量大，消耗高，工作极其困难。后来辽宁某企业创新了"反浮选工艺"，终于可以达到选出铁精矿含铁62%的标准，但生产成本高达人民币510元/t（近10年来同品位进口铁精矿到岸价35~70美元/t），这就是辽宁某企业在海边建设鲅鱼圈钢铁厂的重要原因之一。

辽宁某企业的三废（废渣、废水和废气）处理投入大量的精力和资金。从辽宁某企业鲅鱼圈新建钢铁厂来看，三废处理的投资不应低于总投资的7%~12%。这是现代化钢铁厂之必须，否则会严重破坏环境。

辽宁某企业工艺的现代化改造是学习和借鉴了宝钢的经验，当时辽宁某企业还有一批轧钢厂也亟须现代化改造，如大型厂（生产轨道、大型材等——1957年苏联引进）；中型厂（生产型材"工角槽"）；小型厂（生产钢筋、螺纹等）；焊管厂（生产有缝卷焊钢管）；一薄、二薄厂（生产热轧硅钢片）配件厂（生产空腹钢窗料）；中板厂（生产2350mm中板）；厚板厂（生产3800mm中厚板——引进日本和歌山二手设备）；无缝钢管厂（生产直径159mm无缝钢管——1956年苏联引进设备）；高速线材厂（年产50万吨线材——引进美国摩根公司二手设备）等还有一初轧厂、二初轧厂（均为开坯轧机）；半连轧厂（2800/1700连轧机组，1959年由苏联引进）；四机架冷轧（德国蒂森公司二手设备）。还有耐火厂（生产冶金耐火砖、耐火泥和活性白灰）；水泥厂（生产硅酸盐水泥和矿渣水泥）等。约 20 多个工厂或生产工艺设备落后，或产品质次价高没有市场。

辽宁某企业现代化改造，要充分了解辽宁某企业生产工艺，冶金设备的现状与现代化的钢铁生产工艺和冶金设备的差异，主要体现是：在大型化、机械化、连续化、自动化和无污染这五个方面；而在钢铁产品上，主要体现在，钢铁产品产量大、质量好、成本低、品种规格满足日益增长的市场需求四个方面。当然从冶金生产工艺流程烧结、焦化、炼铁、炼钢、连铸、轧钢、公辅动力（煤气、氧气、发电、供电）、三废处理这八个环节来看：烧、焦、铁、钢四大前置环节，工艺设备主要矛盾是大型化、机械化和无污染；产品主要矛盾是产量大、成本低。而炼钢、连铸、轧钢是钢铁厂出产品、出质量、出规格品种，即出效益的关键环节，生产工艺必须连续化、自动化。至于公辅动力和三废处理则是以降低成本、无污染为核心进行改造成。再从投资一座年产 500 万～650 万吨的钢铁厂来看：原料场、烧结、焦化、炼铁约占 27%，炼钢、连铸约占 20%，轧钢约占 20%～40%（视产品而变），能源、运输公辅约占 9%，环境保护约占 7%。

辽宁某企业则根据自己的条件开始钢铁厂现代化的进程。1986 年 3 月，辽宁某企业购买了美钢联费尔利斯线材厂的二手设备（美国摩根公司 1969 年设计制造的高速线材轧机）设计三线轧制，轧速为 50m/s，年产钢线 50 万吨。1986 年辽宁某企业从日本神户制钢厂引进板坯连铸机生产（210～230）mm×（900～1500）mm 板坯，年产 200 万吨，投资 11 亿元，1990 年投产。1988 年辽宁某企业引进德国蒂森公司二手四机架冷连轧机 1676mm（66 吋）及 HPH 全氢罩式退火炉，年产 0.5～3.0mm 冷轧板 80 万吨，1991 年年底搬迁建成，投资 3.3 亿元。1992 年，辽宁某企业引进日本住友金属和歌山厚板厂的二手设备 4300mm 四辊可逆式轧机及组合剪切，强力矫直和热处理炉等投资 10.7 亿元，年产宽 1300～4000mm 钢板 100 万吨，只用了一年多即搬迁建成投产。

8.4　苏南某企业的崛起

苏南某企业位于江苏省江阴经济开发区，北临长江，具有独特的交通物流优势，是当前全球最大的特钢生产基地。二十年前，香港中信泰富与江阴钢厂合资，组建中外合资钢铁有限公司，简称苏南某企业。苏南某企业以此为契机，以建成全球最具竞争力的特钢企业为愿景，以特钢强国为己任，掀开了苏南某企业跨越式发展的序幕，成为中国特钢行业的领跑者。

二十年来，经过三期工程的建设，苏南某企业实现了从零到年产 500 万吨精品特殊钢的跨越。公司现有三个厂区，自建 15 万吨级远洋码头两座，拥有公路、运河、长江和远洋海运等发达的交通物流优势。具有铁 500 万吨/年；钢 690 万吨/年；轧材 660 万吨/年的生产能力，拥有世界领先的棒材、线材、板卷材生产线 9 条，为世界上单体最大的特钢企业。固定资产从合资初的 4.3 亿元发展到目前的超 260 亿元；二十年累计实现销售收入 2302 亿元、利税总额 192.8 亿元。二十年的合资路，见证了苏南某企业从零起步、从弱到强。如今，苏南某企业已发展成产品涵盖 3000 多个钢种、4000 多个规格、"棒、线、板、坯"门类齐全的综合类大型特钢企业，工艺技术和装备已具世界先进水平，是全球最大的特钢制造基地和中国最大的高标准轴承钢、齿轮钢、汽车用钢、弹簧钢、高合金钢、银亮材、易切削非调质钢、标准件用钢等优、特钢材生产基地，其中"银亮材"具有精度高、表面无缺陷的特点，产品畅销全国，广泛用于国民经济建设各领域和国防军事、科技领域并远销韩、日、美、东南亚、欧盟等 60 多个国家和地区。

8.4.1 历史的回顾

苏南某企业的前身是 1959 年由两个手工业组合建立的江阴要塞农具修配厂，1970 年自制 1.5t 工频炉，包括两台感应炉。全体员工依靠不屈不挠、艰苦奋斗精神，炼出了苏州地区第一炉电炉钢。1972 年更名为江阴钢厂，自 1970 年到 1990 年，经过二十年的努力，形成了年产 20 万吨普钢，18 万吨材的生产规模。企业依靠品种立厂、科技兴厂、制度治厂、机制活厂，成为江苏省重点中型钢铁骨干企业。

江阴钢厂充分利用国家的改革开放政策，1993 年 12 月与香港中信泰富合资组建中外合资钢铁有限公司，公司以"建成全球最具竞争力的特钢企业"为愿景，确立"特钢是科技炼成的"理念，在完成三期工程建设后，以"普转优""优转特""特转精"三次递进式的战略进行工程建设从而推进企业发展。经过二十余年的历练，企业现已成为中国特钢行业龙头企业，被国家《钢铁工业"十二五"规划》列为四大特钢产业基地之一和中国特钢技术引领企业，是国家火炬计划重点高新技术企业、全国节能先进集体、全国首批两化融合示范企业。

8.4.2 发展历程

为实现以"普转优""优转特""特转精"三次递进式的战略，苏南某企业实施了三期工程建设。一期工程，实现了棒材生产的"普转优"和"优转特"。使公司在产品质量和效益上取得巨大成功。二期工程，建成了精品棒材生产线，生产的轴承钢、齿轮钢、汽车用钢、弹簧钢、油井管坯钢、锚链钢等品种在质量上稳居国内一流水平完成了公司的"特转精"战略，成为全球最大的特钢生产企业。完成一期和二期工程建设后，苏南某企业已经实现了棒线材品种的"普转优""优转特""特转精"战略。三期钢板项目的建设使苏南某企业开创了生产特钢钢板的历史，特钢冶炼的高超的技术优势从棒线产品扩展到了钢板产品，拓宽了产品范围，替代进口特种板材，整体产品范围实现了全领域的全覆盖。

8.4.2.1　一期工程建设

苏南某企业一期工程原计划总投资 16 亿元，从开始设计到投产原计划建设期两年，实际建设期为 14 个月。

苏南某企业一期工程的建设是高起点、依靠高新技术，从普钢生产向优、特钢的转型（见图 8-1）。1995 年 9 月一期工程奠基，1997 年炼钢系统投产，1998 年 5 月，全线投产，总投资控制在 16 亿元内。生产工艺为"四位一体"短流程。即炼钢、精炼、连铸、连轧为一体的"一火成材"连续生产。从德国全线引进现代化的"四位一体"短流程优特钢生产线，由一座超高功率电炉、一套与产品特性相适应的炉外精炼装置、一台连铸机和一组热连轧成品轧机优化组成，包括 100t EAF 炉、100t LF 精炼炉和 100t VD 炉、R12m 方坯合金钢连铸、热送、合金钢连轧在线精整。

图 8-1　苏南某企业一期工程

1998 年 5 月"四位一体"短流程生产线全线贯通，顺利投产，产能达到了 100 万吨/年，初步实现了产品从普钢向优质钢的战略升级。

8.4.2.2　二期工程建设

2003 年 7 月，国家发改委和江苏省发改委核准苏南某企业建设"替代进口"特钢生产线移地改造项目，即"二期工程"开始规划。二期工程开创了"产品特转精"的发展新阶段，有 50% 以上产品是替代进口或用于出口的高技术含量特殊钢精品。

二期工程原计划投资 32 亿元，分阶段实施，2005 年 9 月炼钢系统投产，2006 年小棒项目投产，2007 年 3 月计划的项目全部投产（见图 8-2~图 8-4）。

图 8-2 建设中的苏南某企业二期工程炼钢厂房

图 8-3 苏南某企业二期大棒生产线

图 8-4   轧机机架

苏南某企业二期轧钢工程有小棒和大棒两条生产线，小棒的产品规格是 φ15~60mm 的特钢精品，大棒的产品规格是 φ120~250mm 的特钢精品。小棒生产线的主要设备包含能满足低温控制和高精度轧制等先进工艺要求的三辊 kocks 减定径机、六轴摆动旋转测径仪和五段穿水冷却箱等工艺设备。

二期工程建设是在一期工程建设的基础上完善生产工艺流程、继续创新和提升。一期建设的特钢生产线采用高功率电弧炉炼钢，配套 VD 真空脱气精炼炉，二期特钢生产线炼钢采用转炉，配套 RH 真空脱气精炼炉。

二期工程建成后，在新生产线上开发了 5 个系列、9 个钢种，之后又陆续开发了 7 个系列、11 个钢种；承担国家、省火炬攻关项目 16 项，拥有 32 项国家级技术专利，在自主创新中实现"优转特"蝶变。

2005 年 10 月二期轧钢小棒项目全线正常运行，产品符合国家标准要求，实现了高精度轧制，产能达到了设计要求。10 月小棒轧钢生产线开始生产合结、碳结钢等二十多个规格的产品，达到了小批量多品种快速换辊轧制的设计要求。苏南某企业用 4 年的时间完成了由生产优质钢产品向特殊钢产品的"特转精"的战略目标，开创了发展新阶段。

8.4.2.3   三期工程建设

进入 21 世纪以来，国内经济建设飞速发展，市场对特种钢板的需求日益增加，特别是部分高档精品钢板还需要从国外进口。针对迅速增长的国内外特种钢板需求，综观企业产品结构全局，苏南某企业决定进一步利用公司专有的特钢冶炼技术优势，拓宽产品范围，向高档特种钢板的生产进军，生产高档特钢产品替代进口，实施三期工程建设。三期项目品种规划立足于市场紧缺、弥补国内空白，在三期工程建设中，利用国外成熟的技术、经验，引进国外先进的工艺和装备技术，自主集成，设备国内制造。重点生产高档特厚板、高强钢板、海事工程用钢、容器板、耐磨钢、模具钢、管线钢等，产品实物质量居于国内领先、国际一流水平。

兴澄三期项目自 2007 年开始筹建，高炉、烧结、炼钢、3500mm 中板、4300mm 特板轧机及热处理项目陆续实施。三期工程总计投资 116 亿元，总建设费用控制在预算范围内。既实现了最优的设计指标，并大大缩短了建设周期、降低了工程费用（见图 8-5 和图 8-6）。

图 8-5　苏南某企业总貌

图 8-6　苏南某企业三期 4300mm 特板轧制线

三期工程实施整体配套，包括：360m² 烧结机、3200m³ 高炉、炼钢连铸系统（2×150t 转炉、2×150t LF 炉、RH、宽板坯连铸机、厚板坯连铸机等，其最大铸坯厚度已达 450mm）、3500mm 炉卷轧机、4300mm 中厚生产线、热处理线、配套新建码头、原料场、活性石灰生产线以及相应的公辅设施，包括 38000m³/h（标态）制氧机组、空压站、供电、水、气、道路的配套改造。

苏南某企业前后三期工程建设无论投资、工期、工程质量、产品质量、市场验证、全球用户反馈等角度的评价均达到了董事会的要求，确立了集团在特钢业界的市场主导地位，成为中外合资特钢企业的标杆和样板。

8.4.3　环保、绿色生产及资源再利用

苏南某企业在发展生产的同时，注重能源管理，率先建成能源管控中心，管理和统一调度能源资源，实施执行一贯制集中管理，优化生产过程中二次能源的再利用，实施清洁生产，以降低能源消耗和生产成本，满足日益提高的环境要求。

苏南某企业在生产过程中完成了固体废弃物无害化和资源再利用处理，建设了年产 100 万吨的矿渣微粉生产线、回收钢渣的含铁成分；收集除尘灰，参与配料，充分利用余热余能发电，其中包括 TRT 发电、烧结余热发电、高炉及转炉煤气发电等，全公司余热发电 12.7 亿千瓦时，相当于减排 CO_2 共 30.9 万吨。

在清洁生产方面实施污染控制，实施电厂、烧结等脱硫脱硝以及炼铁、炼钢等生产过程的所有粉尘收集。其中电厂湿法脱硫每年减排 SO_2 约 2000t；大、小烧结脱硫减排 SO_2 共约 18000t；所有产生粉尘的生产系统均建设了除尘设施。环保减排污染的排放量数据见表 8-1。

表 8-1　环保减排污染物排放量数据

项　目	2016 年实际	国家"十三五"吨钢指标
吨钢 SO_2 排放量/kg	0.47	≤0.8
吨钢颗粒物排放量/kg	0.52	≤0.6
吨钢废水排放量/kg	1.05	≤1.4
吨钢 COD 排放量/kg	0.01	≤0.06
固体废弃物综合利用率/%	100	100

8.4.4　集中一贯制管理及信息化建设

苏南某企业信息系统以覆盖和贯通苏南某企业及特钢集团所有业务流程，信息化与生产管理体系高度融合为目标，建立基于"一张网""三个平台""核心业务系统"的信息化应用系统架构，以信息技术与创新驱动实现集团公司两化深度融合，推动集团和各企业技术、生产、管理创新，促进轻型发展，大数据、智能制造、绿色制造的智能化工厂建设（见图 8-7）。

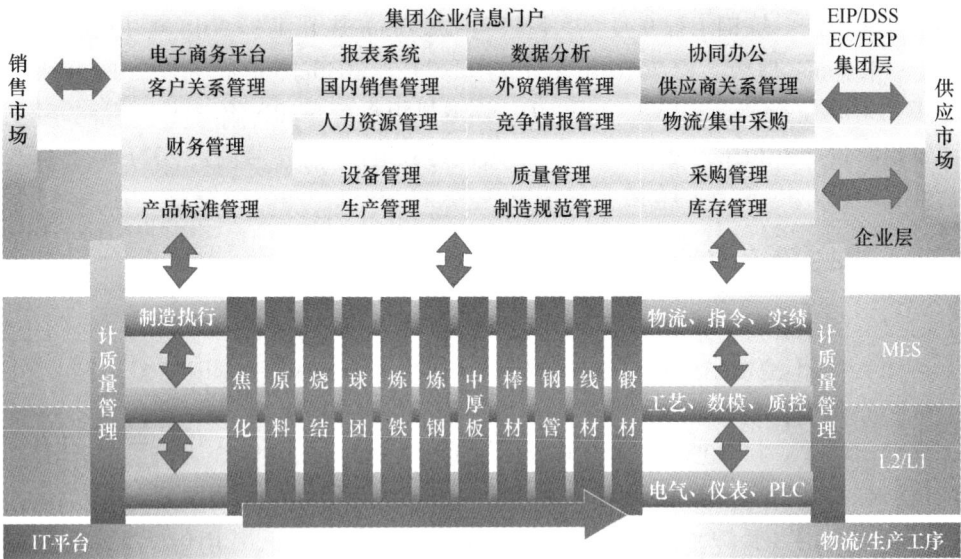

图 8-7 苏南某企业信息化建设系统关联图

8.5 南部某企业

南部某企业项目概算总投资控制目标额为 502 亿元，决算总投资 446 亿元，节约率 11%。

南部某企业项目按年产 875 万吨钢坯作为建设规模，其产品方案见表 8-2。

表 8-2 南部某企业产品方案

序号	产品分类	产量/万吨	备注
1	热轧板卷	313.4	
	其中：热轧商品板卷	263.4	包括拟向广州南沙供应的冷轧原料
	平整分卷钢卷	50	
2	冷轧商品板卷	220	
	其中：普通冷轧卷	100	
	冷硬卷	30	
	热镀锌卷	90	
3	宽厚板	159	
4	总计（商品材）	692.4	

南部某企业项目于 2013 年 5 月 17 日项目桩基开工，2015 年 9 月 25 日 1 号高炉点火投产；炼钢工程 9 月 27 日投产；2250mm 热轧工程 2015 年 12 月 15 日投产；4200mm 厚板工程 2016 年 5 月 27 日投产；2030mm 冷轧工程 2016 年 1 月 15 日酸轧机组投产，2016 年 2 月 29 日连退机组投产，2016 年 3 月 30 日 2 号热镀锌机组投产，2016 年 5 月 30 日 1 号热镀锌机组投产。2 号高炉 2014 年 2 月 29 日开工建设，2016 年 7 月 15 日建成投产。

8.5.1　主要生产工艺的主体设备能力

（1）烧结：2×550m² 烧结机，年产烧结矿 1226 万吨。

（2）球团：先期建设链算机–回转窑球团生产线，年产球团矿 500 万吨。

（3）焦炉：4×65 孔 7m 大容积焦炉，年产焦炭 339 万吨。

（4）高炉：2×5050m³ 高炉及其附属设施，年产铁水 823 万吨，年产水渣 271 万吨，年产高炉煤气 119 亿立方米。

（5）炼钢（转炉、精炼）：配置 3×350t 转炉及 2×单工位 RH、2×LATS 等精炼设施，年产钢水 892.8 万吨。

（6）连铸机：2×2 机 2 流 2150mm 板坯连铸机；1×2 机 2 流 2300mm 板坯连铸机（罗泾搬迁改造），年产连铸坯 874.9 万吨。

（7）轧钢（热连轧、冷连轧及其他轧材厂）：轧钢系统建设 2250mm 热轧，配置 1 条平整分卷机组，年产 550 万吨热轧卷；2030mm 冷轧，主要包括 1 条酸连轧机组（220 万吨/年）、1 条连退机组（100 万吨/年）、1 条热镀锌 GI 机组（45 万吨/年，具备耐指纹产品生产能力）、1 条热镀锌 GA 机组（45 万吨/年）、3 条重卷机组（每条 15 万吨/年）、2 条半自动包装机组、配套公辅设施等；厚板工程搬迁罗泾 4200mm 厚板产线、3 号和 4 号热处理线以及配套设施，年产 159 万吨厚板。

（8）动力（制氧机、发电）：新建 2×350MW 级煤–气混烧发电机组，同步建设脱硫、脱硝装置。

（9）环保（废渣、废水、废气）：项目全球首个采用低温脱硝技术的钢铁项目、中国首个对焦炉烟气采用同步脱硫脱硝工艺、采用人工湿地净化焦化废水、拥有全封闭原料堆场和防尘网的钢铁厂。项目的吨钢综合能耗达到了 604kgce，低于国家《钢铁产业调整与振兴规划》620kgce 的要求。项目采用了当今成熟先进的余热回收技术和装备，优化提升余热利用水平，全厂烟气排放温度普遍达到 200℃ 以下，全年回收利用生产过程中的余热余压折标煤 70 万吨以上，达到世界先进水平。采用了独特的水资源"1+3"模式，以"鉴江引水"作为主要水源的基础上，海水淡化、废水回收和雨水收集相结合模式，全面采用节水的工艺和设备，并采取先进的串级供水技术，利用不同用户对水温、水质的差异，实行串联供水，同时设置中央水处理厂对废水进行深度处理后回用，达到对废水的100%处理，水资源重复利用率达到98%以上。项目固废处置严格遵循"减量化、资源化、再利用化"的原则，建设含铁固废处置中心（转底炉）等，实现"高效率、低消耗和低排放"，综合利用率达99.96%。

（10）原料场：新建11个料场，其中5个普通矿石料场（A型），4个封闭煤堆场（2个B型2个D型），2个混匀料场（B型），年处理量9015万吨。

（11）成品码头：南部某企业项目建设3000吨级至30万吨级泊位14个，码头总长度3225m，设计年通过能力5150万吨。其中成品泊位3个，1个5万吨级，1个1万吨级，1个3000吨级。

8.5.2 新技术、新工艺

南部某企业项目主体工程共采用新技术、新工艺、新装备93项，其中采用新工艺运用28项，新技术采用39项，新装备采用27项，特别是在高炉工程上突破性的应用了具有自主知识产权的三套重要设备：新一代BCQ串罐无料钟炉顶设备、AV-100轴向进气静叶可调式轴流鼓风机、5000m³级高炉上首套使用国产化TRT装备。

（1）5000m³级特大高炉上首套国产化TRT装备。主机采用干式轴流反动式透平机，同步发电机采用水冷式无刷励磁形式、额定功率33MW。该装备采用了多项新技术，大大提升了高炉配套TRT国产化水平，包括改进安保系统控制技术、改进关键零部件及材料、优化透平设备结构和优化TRT系统管系设计。TRT投产后总体运行稳定、故障率较低，TRT平均发电量达47kWh/t，达到了较高水平。

（2）新一代BCQ串罐无料钟炉顶设备打破外国公司技术垄断。由宝钢、中冶赛迪、秦冶重工共同研发、秦冶重工制造的新一代BCQ串罐无料钟炉顶设备投产以后，高炉呈现炉顶稳定顺行、高效低耗态势，各项运行指标基本达到了设计要求。其中布料溜槽倾动角度定位精度和料流调节阀开度定位精度均达到了±0.1°，溜槽倾动速度达到了0~6°/s，高耐磨溜槽的使用寿命达到了过料量超过800万吨。新型密封技术和直接水冷技术同传统技术相比，布料器氮气消耗量降低67%，冷却水消耗量降低31%。高炉运行平均顶压大于0.26MPa，平均风温高于1260℃（最高1280℃），煤气利用率达到50%~52%，TRT发电量达到46~48kWh/t，高炉燃料高炉利用运行状态达到了国内最好水平。以该5050m³高炉炉顶实际使用为依托的"特大型高炉无料钟炉顶关键工艺技术与装备开发及应用"项目科技成果评价会于2017年12月20日在湛江钢铁召开，以殷瑞钰院士为组长的评价委员会专家一致评价该项目成果为国际领先水平，同时该项目获得了2018年度中国冶金科学技术奖二等奖。

（3）AV-100 轴向进气静叶可调式轴流鼓风机。两座 5050m³ 高炉共设置 3 台 AV-100 轴向进气静叶可调式轴流鼓风机，其中 1 号、2 号鼓风机为 MAN 公司制造，3 号鼓风机为宝钢、陕鼓、中冶赛迪联合攻关、陕鼓制造，配套 55000kW 电机均由日本 TMEIC 公司制造。3 号鼓风机效率为 91.8%，1 号、2 号鼓风机本体运行效率为 92.6%，3 号鼓风机的其他各项指标也与德国 MAN 公司生产的 1 号、2 号风机基本相当。该鼓风机的成功使用，标志着我国已实现了 5000m³ 以上级高炉鼓风技术的突破，也首次实现了轴向进气、焊接机壳、防喘振、防阻塞设计等多项全新技术突破，为我国大型轴流压缩机整体技术水平提升奠定了基础。

参 考 文 献

[1] 徐匡迪. 低碳经济与钢铁工业 [J]. 钢铁, 2010, 45 (3): 1-12.

[2] 李新创. 中国钢铁未来发展之路 [M]. 北京: 冶金工业出版社, 2018.

[3] 宋志平. 中国企业改革发展优秀成果 (首届) [M]. 北京: 中国经济出版社, 2017.

[4] 李新创, 姜晓东, 周翔, 等. 关于中国钢铁产业深化落实供给侧结构性改革的战略思考 [C] //中国企业改革发展优秀成果 (首届) 上卷. 2017.

[5] 干勇, 钟志华, 李新男, 等. 支柱性产业技术创新支撑体系研究 [M]. 北京: 经济管理出版社, 2019.

[6] 中国电子信息产业发展研究院. 中国工业转型升级发展蓝皮书 [M]. 北京: 中央文献出版社, 2012.

[7] 熊超, 史君杰, 翁雪鹤. 我国钢铁工业余热余能发电现状分析 [J]. 中国产业经济动态, 2017 (23): 40-46.

[8] 周渝生, 钱晖, 张友平, 等. 现有主要炼铁工艺的优缺点和研发方向 [C] //全国炼铁生产技术会议暨炼铁年会. 2008.

[9] 徐匡迪. 中国特钢生产 60 年 [J]. 钢铁, 2014, 49 (7): 2-7.

[10] 徐匡迪, 肖丽俊, 干勇, 等. 新一代洁净钢生产流程的理论解析 [J]. 金属学报, 2012, 48 (1): 1-10.

[11] 邵安林. 铁矿资源战略与矿冶工程管理——工程哲学理念下的 "五品联动" 模式研究与实践 [C] //2013 中国工程管理论坛. 2013.

[12] 本刊记者. 鞍钢矿业的成本革命 [J]. 企业管理, 2013 (10): 102-107.

[13] 于淼. 鞍钢矿业价值链的战略成本管理研究 [J]. 中国钢铁业, 2014 (1): 28-31.

[14] 蔺石柱, 闫文周. 工程项目管理 [M]. 北京: 机械工业出版社, 2015.

[15] 中国工程院. 工程哲学与工程管理 [M]. 北京: 高等教育出版社, 2016.

[16] 刘玠. 热轧生产自动化技术 [M]. 北京: 冶金工业出版社, 2006.

[17] 刘玠. 冶金企业管理信息化技术 [M]. 北京: 冶金工业出版社, 2006.

[18] 冯瑜. 基于 5S 的鞍钢建设铝业施工现场信息化管理研究 [D]. 哈尔滨: 哈尔滨工业大学, 2019.

[19] 王寒晋. 建设项目环境影响后评价制度研究 [D]. 苏州: 苏州大学, 2017.

[20] 李晓梅. 曹妃甸电厂供热机组工程项目环境后评价研究 [D]. 北京: 华北电力大学, 2011.

[21] 化学工业出版社. 咨询工程师 (投资) 手册 [M]. 北京: 化学工业出版社, 2010.

[22] 关于印发《中央企业固定资产投资项目后评价工作指南》的通知. 国务院国有资产监督管理委员会公告, 2005 (5): 6-20.

[23] 王洪德. 安全管理与安全评价 [M]. 北京: 清华大学出版社, 2010.

[24] 刘华. 水电工程项目环境影响后评价探讨 [J]. 科教文汇, 2006 (11X): 112-113.

[25] 许海洪, 林瑜, 何浩然. 冶金企业管理信息化技术 [M]. 2 版. 北京: 冶金工业出版社, 2014.

［26］毕英杰. 宝钢：信息化道路稳中求进［J］. 中国信息界：E 制造，2012（2）：34-36.

［27］江若尘，王丹，翟青. 中国 500 强企业案例精选（第二辑）［M］. 北京：经济管理出版
　　　社，2017.

［28］胡成飞，姜勇，张旋. 智能制造体系构建：面向中国制造 2025 的实施路线［M］. 北京：
　　　机械工业出版社，2017.

［29］国家制造强国建设战略咨询委员会. 中国制造 2025 蓝皮书（2017）［M］. 北京：电子工
　　　业出版社，2017.

［30］国家制造强国建设战略咨询委员会.《中国制造 2025》重点领域技术创新绿皮书［M］.
　　　北京：电子工业出版社，2016.

［31］曲泰安，高大鹏，白雪，等. 钢铁行业智能化能源管控平台的建设与应用［J］. 鞍钢技
　　　术，2020（4）：65-70.

［32］中国钢铁工业协会. 中国钢铁工业改革开放 40 年［M］. 北京：冶金工业出版社，2019.

［33］陈子泉. 对武钢一米七轧机建设投资效果评价的初步探讨［J］. 基建优化，1982（3）：
　　　3-15.

［34］王忠诚，马凌云，刘长勤. 经济社会效益并举　优质高产屡创第一——宝钢湛江钢铁基
　　　地［J］. 中国工程咨询，2018（11）：6-10.

［35］刘波，宋家齐. 湛江钢铁项目建设及高炉关键装备技术开发应用［J］. 中国冶金，2019，
　　　29（3）：63-66.

［36］打造世界最高效率的绿色碳钢生产基地——宝钢湛江钢铁有限公司刘代德总经理谈绿色
　　　发展［J］. 中国环境监察，2018（Z1）：108-111.

［37］中信泰富特钢集团. 改革开放南海定坤春风起江尾海头中特熔铸特钢梦［J］. 中国钢铁
　　　业，2019（3）：13-20.

［38］杨永龄，郭代仪. 淘汰平炉　发展全连铸　优化炼钢生产结构［J］. 炼钢，1997，13
　　　（5）：30-34.